真田信治

方言の日本地図

ことばの旅

講談社+α《プラスアルファ》新書

はじめに

岩手県遠野市は、「民話のふるさと」というキャッチフレーズのもとに多くの観光客を集めています。「昔あったずもな」ではじまり、「どんとはれ（これでおしまい）」で終わる民話が人々をひきつけるのは語られることばの魅力によるところが大きいのです。かつての生活に根ざしたこまやかな感情のひだを表現したことばに対する郷愁の思いは、われわれの身のまわりから伝統的方言がなくなっていくという喪失の意識と対応しているでしょう。

方言はしかし地域で見直されはじめています。

「遠野弁が恥ずかしい、かっこう悪いという思いが若いときにはやっぱりあって、無理にそういうことばを直そうとした記憶もあります。でも今は逆に、本当の遠野ことばを覚えたいという気持ちになっています」と、遠野市内の保育園に勤務しながら民話の語りの活動をしているTさん（一九四七年生まれ）は自分の意識の変化を振り返ります。今日も子供たちを前に、ザシキワラシやマヨイガ、オシラサマ、河童など妖怪や神様の昔話を語り聞かせていることでしょう。

たとえば、フィリピンには現在、言語の種類が一〇〇以上もあるといいます。また、台湾も同様、多言語・多民族社会です。一方、極北の地域でもさまざまな少数民族・少数言語が存在します。その中間に位置する日本列島をそれらと比較して、「単一民族国家・単一言語社会」と称する人がいます。そういう人は、アイヌの人々や在日コリアンの存在が見えない不見識な人だと言えるのですが、ひょっとして、それらのアイヌ語や韓国語を除けば、言語変種としての方言は存在するとしても、日本語は言語としてはあくまで一つである、と思っている人が多いのではないでしょうか。しかし、言語か方言かの認定は、実は政治的、あるいは社会的なことにも左右されるのです。琉球王国が存続していれば、沖縄のことばは、琉球語というれっきとした言語として展開しつづけたでしょう。また、たとえば東北民国や北海道共和国などが成立していれば、東北語、北海道語といった言語が正式に確立していたことでしょう。そのことは、ヨーロッパ近代における言語状況と対照してみれば明らかです。

「日本語は一言語」とする意識の生成には、近代の国民国家の成立が密接なかかわりをもっていると考えます。国民国家という統治機構は、国民の存在を前提とします。領域内の集団意識や地域意識をやわらげ、国家をささえる国民層を形成するにあたって、国語や国歌、国旗の制定、そして義務教育制度がつくられたのでした。したがって、右のような意識は、明治以来の国民統合的な精神支配に冒された結果であるとも言えるのです。

いずれにしても、私はこの列島言語の地理的変異のなかにその多元的な形成の痕跡《こんせき》があるのではないかと見ています。

ところで、ことばの地理的変異を綿密に調査してその結果を地図に描き、それぞれがどのように発生し、進出し、消滅していったかといった、ことばの歴史的展開を考察する学問分野があります。これは、二〇世紀の初頭フランスで創始された学問で「言語地理学」と言いますが、最近は「地理言語学」とも呼ばれています。国立国語研究所の『日本言語地図』（一九六六〜七四）、および『方言文法全国地図』（一九八九〜）は、この地理言語学の方法に基づいて日本の方言分布を研究したもので世界に誇っていい成果です。

本書では、これらの地図集とともに私が今日まで直接あるいは間接的に関係をもった地域言語地図のデータをもとに、日本語の地域的多様性とその背景、そしてその多様性による日本語の活力について考えます。ただし、日本語の多様性の基盤としての各地の伝統方言は、今そのいずれもが消滅の危機に瀕《ひん》していることを付け加えておかなければなりません。そして、この状況は世界の先住民言語の衰退と軌を一にする動きでもあるのです。たとえば、オーストラリアで一九九〇年に行われた調査によると、先住民の言語で現存する九〇の言語のうち、七〇はもはやすべての世代で日常的には使われなくなっていると言います。状況はアメリカでも同じようです。言語学者のクラウス（Michael Krauss）は、先住民の言語のうち、今も母語として話されているか知識として残っているものは一七五あるが、そのうちで日常的に使われているものは二〇だけである、と報告しています。先住民言語にしろ方言にしろ、その衰退を押しとどめるための万全の努力をはらわない限り、それらは確実に消滅していくでしょう。人類文化の多元的な形成過程を示す貴重な要素が今まさに失われつつあるのです。

冒頭で掲げた民話（昔話）で使われていることばは、伝統的な方言を基盤として構成されたものではありますが、それは本来の伝統方言そのものではありません。語り手が、外部からの昔話を聞きたいという要求に応じて、自分の記憶をたどりながら再構築したものなのです。しかし、このような伝統的方言の再生による語りでも、外部から、また地元からも肯定的な反応が多いのです。そして、このような肯定的な評価は、方言そのものに対する地域人の意識にも確実に影響を与えているのです。私はそこに方言の将来への望みをつないでいます。

本書の編集、出版に際しては講談社生活文化局の早川真さんと彩雲社の齋藤尚美さんにお世話になりました。心から感謝いたします。

二〇〇二年一一月

真田《さなだ》信治《しんじ》

◉目次

第二章　地図で楽しむ各地方言の旅

第三章　老人、幼児、若者語、学校、コンビニ・ファミレス用語

第一章　日本方言の分布パターン

方言が強く残る県別ランク

国立国語研究所による『日本言語地図』（一九六六〜七四）の作成によって、日本における方言語彙《ごい》の分布実態はかなりのところまで明らかになってきました。

『日本言語地図』は三〇〇枚のアトラス（全六巻）です。資料収集のための調査は、一九五七〜六五年までの九年間に及びます。調査地点は全国の二四〇〇ヵ所です。すべて研究員たちが現地に赴《おもむ》いて、土地の老年層（明治三六年以前生まれの男性）から直接に方言を聞き取ることによって資料が集められました。

ここでは、まず、このアトラスのなかに収められているデータを利用して、各地の方言残存率について見てみましょう。

対象としたのは、アトラスから抽出《ちゅうしゅつ》した八二項目の言語分布図です。その八二項目の個々の図について、対象地点での方言語形（＝非標準語形）の出現地点を、一つひとつすべて数え、それを都道府県ごとに集計して、それぞれの県における全調査地点数に対する方言語形の出現地点数の割合（方言語形残存率）を算出しました。

なお、伊豆諸島は、行政区画のうえで東京都に含まれますが、ここでは東京島嶼部《とうしょぶ》として独立して扱いました。これらを総合して、方言分布率の高い順にランク付けしたものが表1です。

表1　方言分布率の全国順位（%）

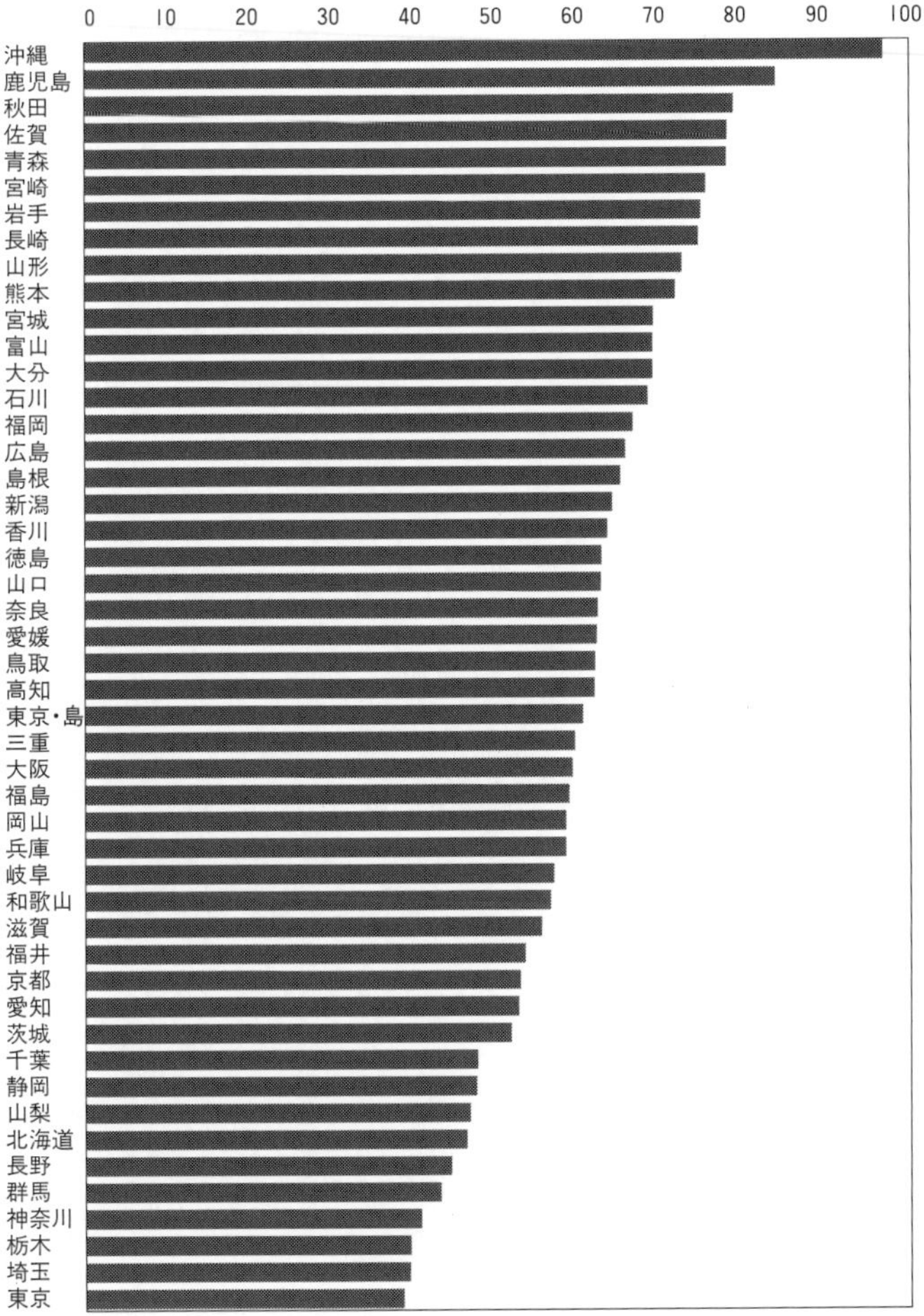

上の表から、沖縄・九州・東北地方には多くの伝統的な方言が残っていることがわかります。

表1によると、方言語形の残存率がもっとも高いのは沖縄で、九六・七％の平均分布率です。これは沖縄の歴史、琉球王国の経緯からして当然のことなのかもしれません。そして、以下、一一位までを九州と東北の県が独占しています。九州および東北地方は、地理的に中央から遠く隔たっているためその影響を受けにくいものと見られ、それだけ固有の方言を残しやすく、標準語が浸透しにくい地域であると考えられます。

一二位からは北陸地方が加わってきます。そして、一六位からは中国・四国地方が加わります。メディアでもよく耳にする関西弁ではありますが、関西地方が加わるのは二二位からです。方言語形の残存率が低いのは関東地方です。なお、全国でもっとも方言語形の平均分布率が低いのは東京ですが、東京でも方言三八・四％の残存率となっています。これは、東京都下で、たとえば、「ひ孫」をヒコ、「唇」をクチベロ、「どくだみ」をジューヤク、「畦《あぜ》」をクロということなどが影響しているのです。

図1は、これら残存率を五段階に区切ってその分布傾向を示したものです。この図によれば、残存率の全国的な地域差はさらに明確に捉《とら》えられます。すなわち、図1は、方言語形の平均分布率が、北海道を別にすれば、東京、そして関東を中心として周辺地域に向かうにつれてしだいに高くなっていくことを示しています。つまり、その分布はまさに周圏的な形を描いていると言えるのです。

図１　東京から遠くなるほど方言が強くなることを示した分布図

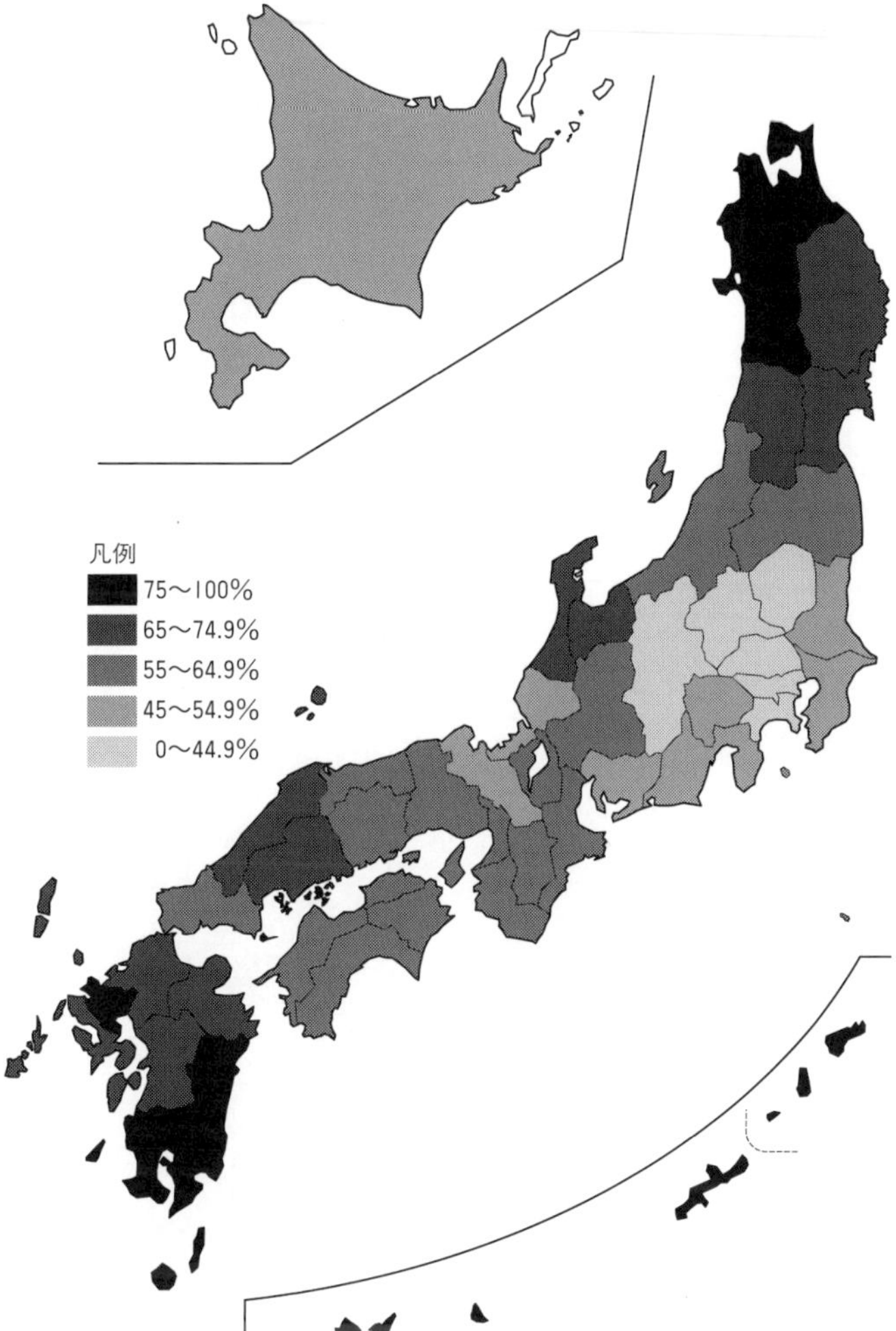

〈地図からわかる方言分布の型〉

日本海側特有の気候と方言分布

ここでは、日本海型の方言分布パターンについて検討してみましょう。日本海側に特有の分布領域をもつ言語形式の一部には内容的にある共通の性格が認められます。それはたとえば、「しもやけ」を表すユキヤケという形式や「ふくろうの鳴き声」を表すノリツケホーセという形式が存在すること、また、「つむじ風」を表現する言語記号が存在しないこと、などです。それぞれを具体的に見ていきましょう。

雪国ならではの方言「ユキヤケ」

まず、いわゆる凍傷「しもやけ」を表すユキヤケという方言語形の分布についてです。この語形は、日本海側に限られた分布領域をもっています。もちろん、厳密に見れば東北地方で一部太平洋側まで食い込んでいるし、四国の愛媛あたりにも分布領域が認められるのですが、ともかく、これは日本海型分布の代表的なものです。その大部分が降雪量の多い地域であることが指摘されます。雪国では日常の生活体験から、この凍傷を「霜」によって生じるより「雪」によって生じると見立てたほうがふさわしかったのです。なお、ユキヤケということばが最初に文

図 2　降雪量の多い日本海側に広がるユキヤケ

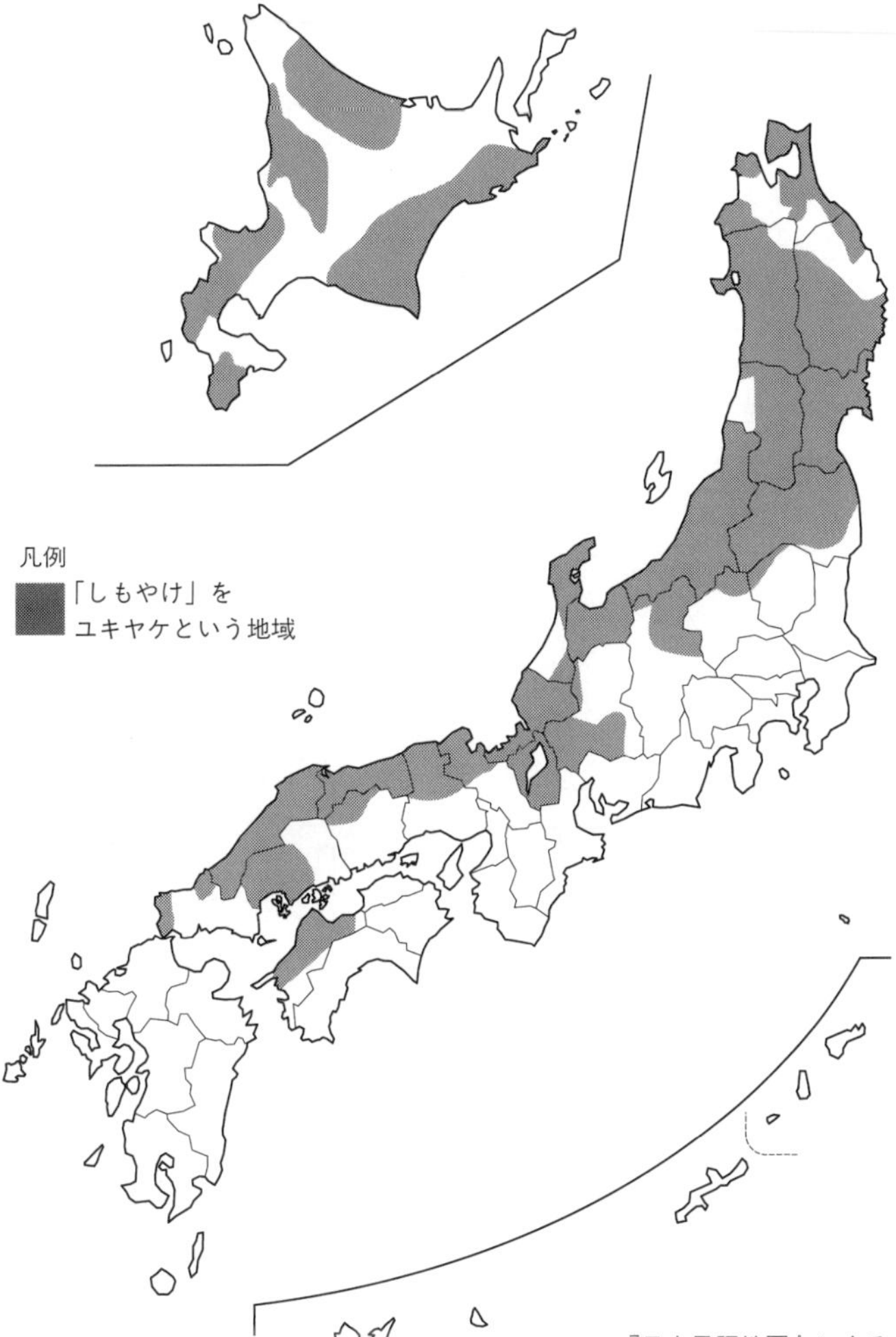

『日本言語地図』による

表 2　ユキヤケはシモヤケより200年以上も前から使われていました

年代	資料＼語形	シモクチ	シモバレ	シモヤケ	ユキヤケ
934	倭名類聚抄《わみようるいじゆうしよう》	○			
974	蜻蛉日記《かげろうにつき》	○			
984	医心方《いしんほう》	○			
1180	色葉字類抄《いろはじるいしよう》	○			
～1182	類聚名義抄《るいじゆうみようぎしよう》	○			
1477	史記抄《しきしよう》				○
1595	拉葡日対訳辞書《らほにちたいやくじしよ》		○		
1603	日葡辞書《につぽじしよ》		○		
1610	倭玉篇《わごくへん》	○			
1623	古活字本狭衣物語《こかつじぽんさごろもものがたり》				○
1633	犬子集《えのこしゆう》				○
1643	安布良加須《あぶらかす》				○
1669	増補下学集《ぞうほかがくしゆう》	○	○		
1680	合類節用集《ごうるいせつようしゆう》	○		○	
1702	新板増補女重宝記《しんぱんぞうほおんなちようほうき》		○	○	
1707	高麗陣日記《こうらいじんにつき》				○
1782	蜻蛉日記解環《かげろうにつきかいかん》		○	○	
1816	北辺随筆《きたのべずいひつ》			○	
1827	箋注倭名類聚抄《せんちゆうわみようるいじゆうしよう》			○	
1830	嬉遊笑覧《きゆうしようらん》			○	
～1847	松屋筆記《まつやひつき》			○	
1849～	増補雅言集覧《ぞうほがげんしゆうらん》			○	
現代	方言	——	近畿南部・九州・東北一部など	全国的	日本海側

献に登場したのは一四七七年です（表2）。ユキヤケはある時期、おそらく都（京都）から、強い勢いをもって日本海側一帯に席巻したものと推測されます。

ところで、太平洋側のシモヤケ地域では、ユキヤケという語が「しもやけ」とは別意を担《にな》い、「スキーなどで雪に反射する光で皮膚の焦《こ》げること」として使われています。したがって、場合によっては、日本海側の老年層の人々と太平洋側の若い人々の間でユキヤケという語をめぐっての意思伝達にずれの生じることがあるかもしれません。

生活感ある「ふくろうの鳴き声」

次に、擬態語《ぎたい》としての「ふくろうの鳴き声」の方言分布を取り上げます。「ふくろうの鳴き声」を表す方言形式は全国的に多彩です。ホーホー、オホオホ、ポーポー、ホイホイなどをはじめとして実に数百種の変種を数えることができます。さて、これら種々の変種のうちで、ノリツケホーセの類に注目してみましょう。この鳥の鳴き声をノリツケホーセと聞くところは島根から秋田にかけての日本海側に連続して分布しています。また、先の「しもやけ」におけるユキヤケと同様、なぜか愛媛にも見られます。ノリツケは洗濯での「糊付《のり》け」らしいのです。これらの地域では、ふくろうが鳴くと翌日は晴天であるから、「糊付けして干せ」とこの鳥が呼びかけているのだと解するところが多いのです。比較的天候に恵まれなくて、とかく空模様の気になる日本海側

図3 「ふくろうの鳴き声」をノリツケホーセと聞く地域

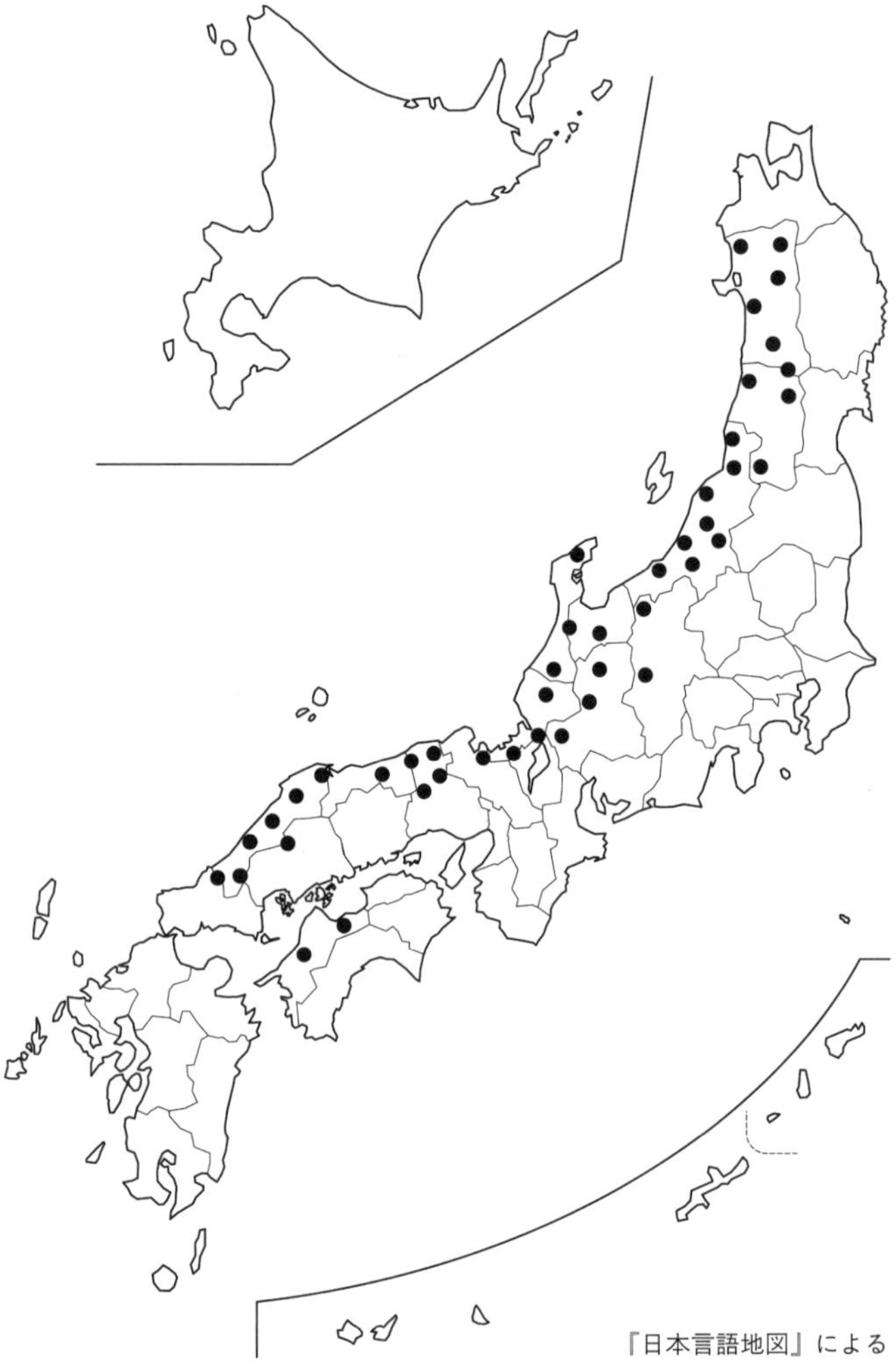

『日本言語地図』による

図4　「つむじ風」に対する名称がない地域

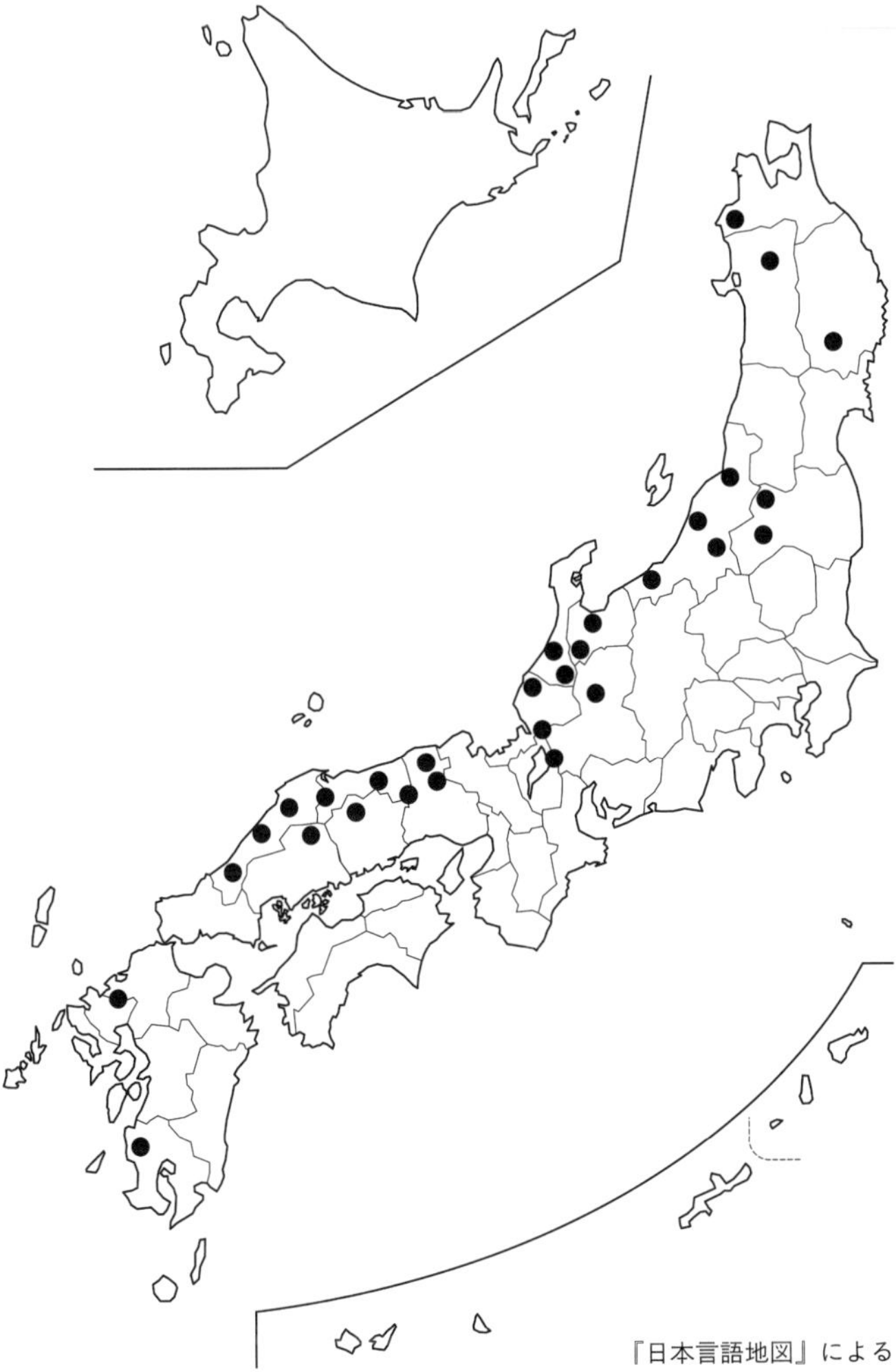

『日本言語地図』による

の人々の生活意識をこの表現形のなかに汲み取ることができるでしょう。

日本海側には「つむじ風」がない

軒先や校庭などでぐるぐると回って吹く風、いわゆる「つむじ風」（「竜巻《たつまき》」ではない）を表現する言語記号が存在しない地点もまた、主に日本海側に集中しています。

私は、北陸の山間部の出身ですが、「つむじ風」はまさに学齢期に達してから学習した概念《がいねん》であり、語でありました。以前そのことを関東のある友人に話したとき、「広場で枯れ葉が風に巻き上げられて舞うでしょう。あなたのところではそのような広場もなかったのですか」のように言われたことがあります。しかし考えてみると、枯れ葉の時期は時雨《しぐれ》の候、そしてやがて雪の来る頃です。吹雪《ふぶき》は別として、雪上では物が巻き上げられて舞うのは普通ではありません。もっとも、「つむじ風」は季節を問わず起こりうる現象ですから、降雪とのかかわりだけが問題ではないでしょうが、日本海側の人々にこの風に対する意識が希薄なのは、やはり現実の気象上、そのような現象の発生が少ないことによる結果だと思われます。

以上の三項目は、いずれも日本海側特有の気候と関連づけてその存在・非存在の説明をすることができます。ある言語記号の存在・非存在について、地域の自然や風土といった言語外的な環境からの説明がつくという点で、日本海型の方言分布パターンの一部は注目されるのです。

日本海側に広がる基層的なことば

豊漁をもたらす「アユノカゼ」

日本海沿岸部の漁村では、東北ないし北の方角から吹いてくる風を、アユノカゼ、あるいはそれから変化したアエノカゼ、アイノカゼ、エーカゼなどと呼んでいます。陸に向けてほぼ直角に、早朝から夕方にかけてかなり強く吹き、漁民たちを難渋《なんじゆう》させる風ですが、翌早朝には浜辺に多くの魚介や海藻が打ち寄せられていたりして、豊漁をもたらす風とされています。

方言研究者、室山敏昭《むろやまとしあき》さんは、このアユノカゼという風名は、大和や奈良の中央の言語文化とはまったく関係のない、さらに古い時代にさかのぼる、この列島における基層言語、それも出雲《いずも》地方を中心に定住したと推定される海人の流れを引く言語文化を特徴づける重要な指標の一つで、多元的な原始日本語のきわめて貴重な痕跡を示す表象と推定しています。

図5は、このアユ系風名の分布地点を示したものです。アユ系風名は島根と鳥取の二県にとりわけ多く、一方、島根県以南には分布がほとんど認められません。日本海文化を特徴づける海人の文化の多くが、出雲地方を発信基地として北へ進展している点を勘案すると、この分布状況にはたいへんに興味深いものがあります。

図5　アユノカゼの分布地域

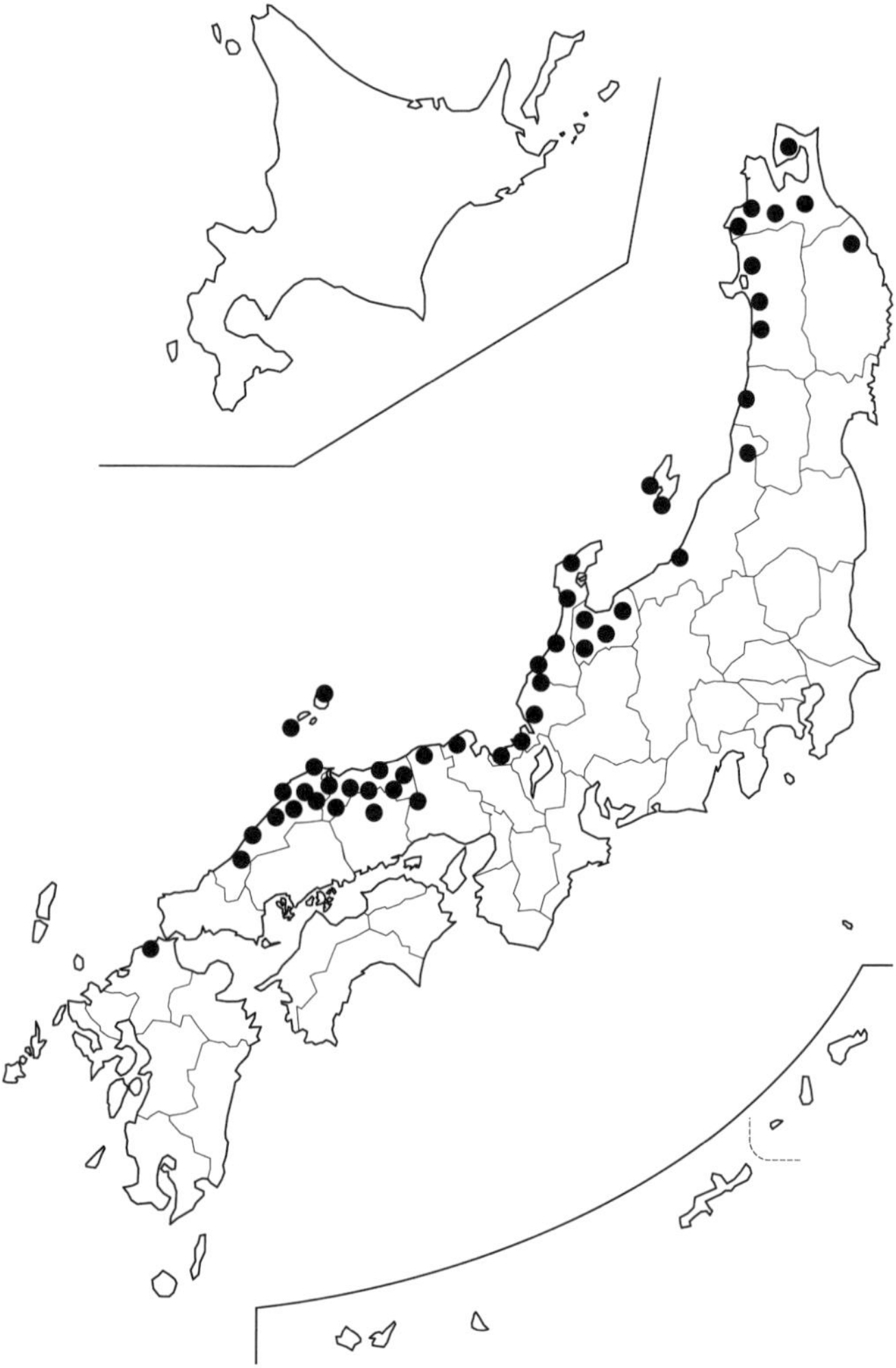

出典：室山敏昭『アユノカゼの文化史――出雲王権と海人文化――』ワン・ライン　二〇〇一

代表的な方言「ズーズー弁」

ズーズー弁という名称の起こりは、北関東あたりでの「ジュ」を「ズ」と発音する現象（「一三」がズーサンと発音される）にあると思われますが、ここでは、「ス・ズ・ツ」と「シ・ジ・チ」の混同現象を広く指して用いることにします。

東北地方のズーズー弁については、音声の違いに則して南奥型と北奥型とに分けられます。南奥型は、「ス・ズ・ツ」と「シ・ジ・チ」の区別はないのですが、その音価《おんか》（文字一つひとつに対応する音声）は、どちらかというと「ス・ズ・ツ」に近く聞こえます。たとえば、「清水の次郎長」は「スムズのズロチョー」のようになります。一方、北奥型は、やはり「ス・ズ・ツ」と「シ・ジ・チ」の区別はないのですが、その音価は、どちらかというと「シ・ジ・チ」に近く聞こえます。「清水の次郎長」は「シミジのジロチョー」のようになります。南奥型と北奥型の境界はほぼ図6に示した通りです。

ところで、富山・石川の沿岸部や出雲、伯耆《ほうき》（現在の鳥取県西部）の西伯《さいはく》・日野両郡、隠岐《おき》などにもズーズー弁の領域があるのですが、この地での音価は北奥型に分類できそうです。したがって、東北から北陸を経て出雲に至る日本海側に、連続して北奥型ズーズー弁が分布していると

図6 「ス・ズ・ツ」と「シ・ジ・チ」を区別しない地域

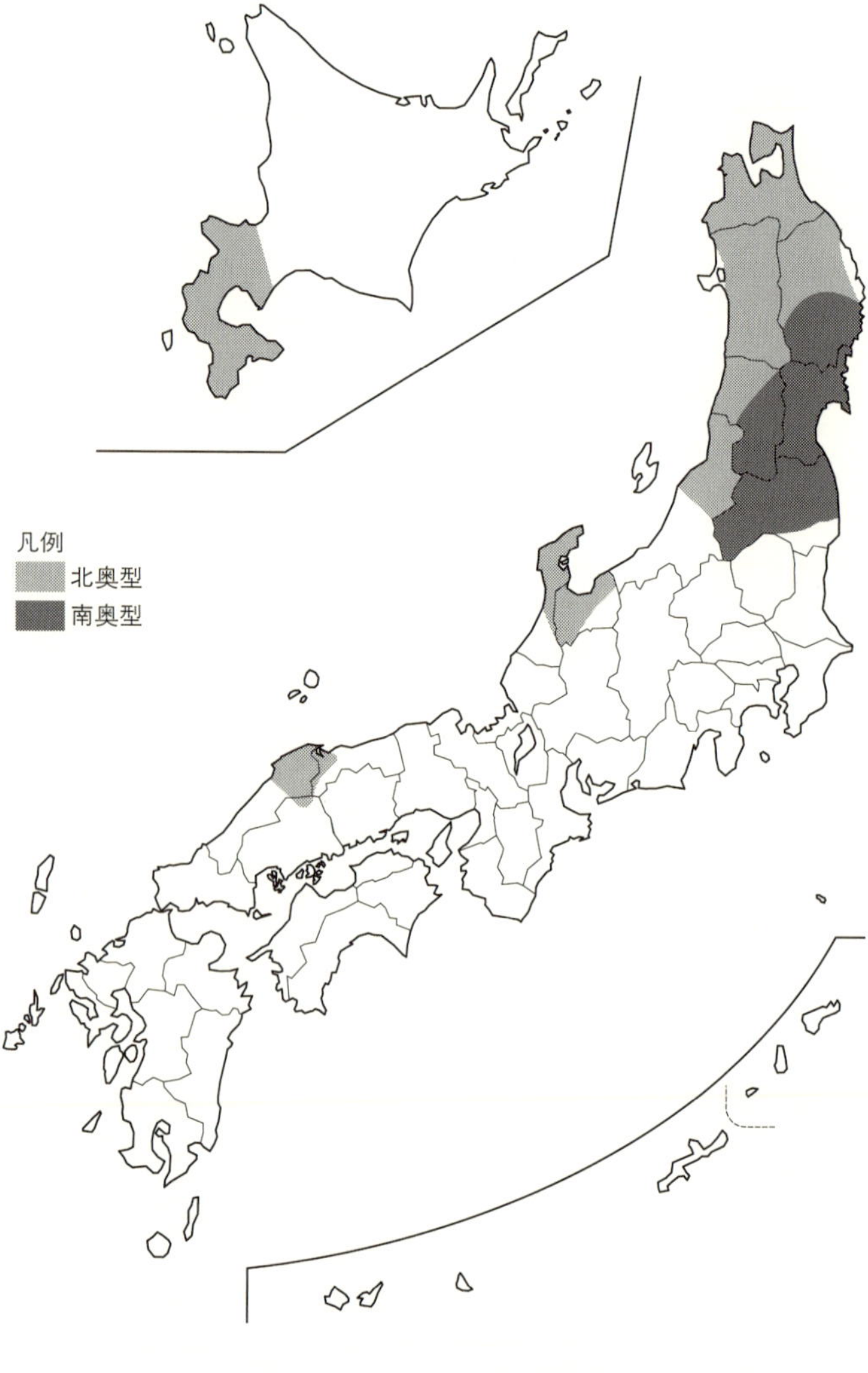

いうことになります。

アクセントにかかわる語音

次に、アクセントが語の音（母音の広狭《こうきょう》）によって左右される地域を見ましょう（図7）。アクセントが語音によって左右される、ということは一体どのようなことなのか。ここでは、北陸の富山の方言について具体的に見てみましょう。たとえば、「歌」「川」「胸」「池」「音」「色」「雪」「橋」「犬」「夏」などの語のアクセント形は、東京では○●（第二拍目が高い尾高形《おだかけい》）です。一方、京都では逆になってすべてが●○（第一拍が高い頭高形《あたまだかけい》）です。表3で見る通りです。

ところが、富山では、「歌」から「色」までは東京と同じ尾高形ですが、「雪」から「夏」までは関西と同じ頭高形になっています。この現象については、富山が地理的に関東と関西との中間にあるので、アクセントも中間型を取るのだ、と説明されると納得してしまうかもしれませんが、実はそうではないのです。

富山のアクセントでは二拍名詞の尾高形と頭高形は、語末の母音の種類によって決定されます。表3でのそれぞれの語末の母音を見てみましょう。「歌」「川」は母音のア、「胸」「池」は母音のエ、そして「音」「色」は母音のオで終わる単語です。これらア・エ・オは広母音（広い母

図7　母音の広狭によってアクセントが変化する地域

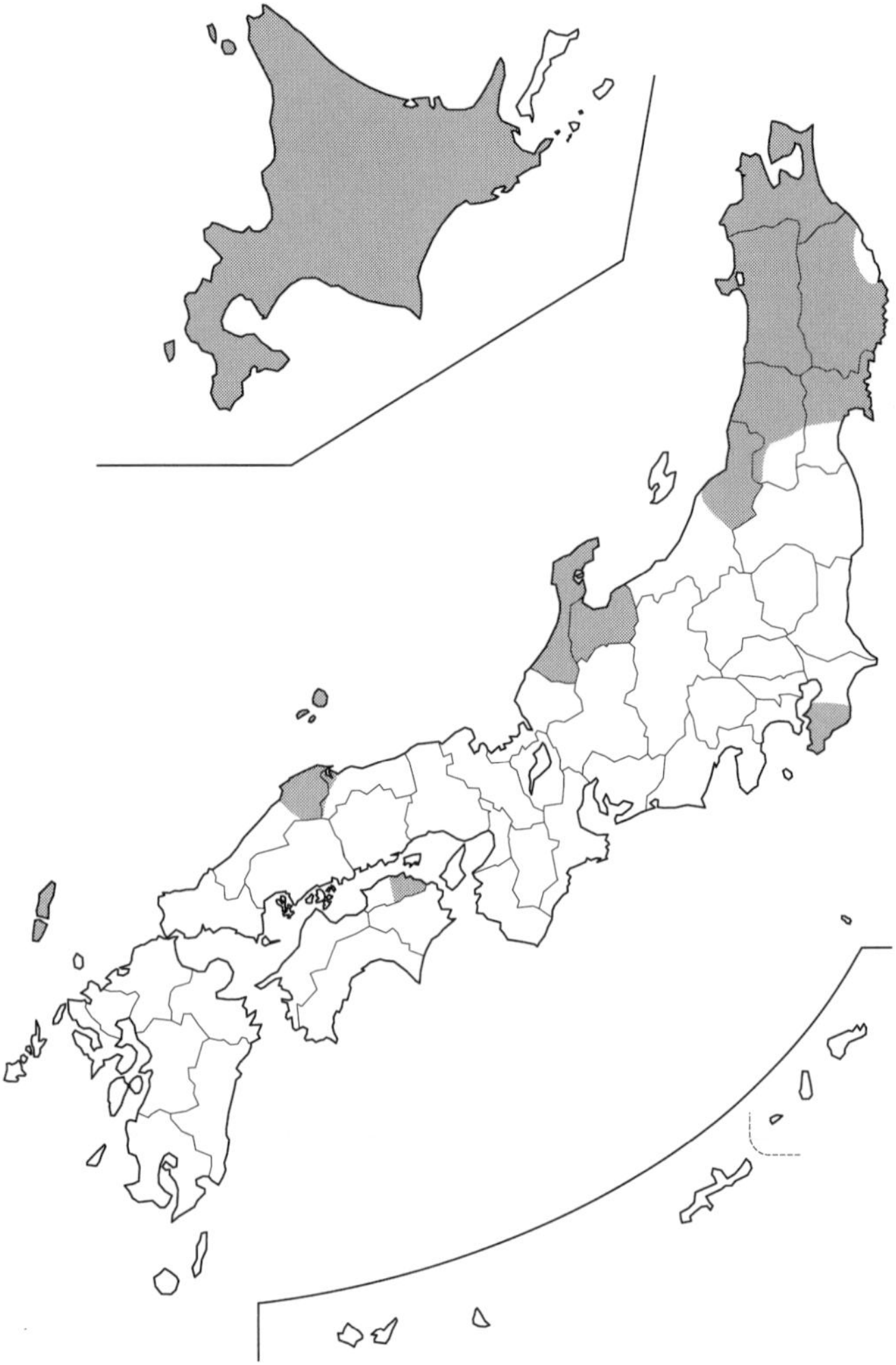

表3　富山には独特な音韻規則があります

	東　京	富　山	京　都
歌（-a）	○●	○●	●○
川（-a）	○●	○●	●○
胸（-e）	○●	○●	●○
池（-e）	○●	○●	●○
音（-o）	○●	○●	●○
色（-o）	○●	○●	●○
雪（-i）	○●	●○	●○
橋（-i）	○●	●○	●○
犬（-u）	○●	●○	●○
夏（-u）	○●	●○	●○

●は高く発音される部分を示し、○は低く発音される部分を示します。富山は、広母音（ア・エ・オ）で終わる単語では尾高形アクセント、狭母音（イ・ウ）で終わる単語は頭高形という規則があることがわかります。

音）と言われます。一方、「雪」「橋」は母音のイ、「犬」「夏」は母音のウで終わる単語です。これらイ・ウは狭母音（狭い母音）と言われます。富山アクセントでは、こうして語末の母音がアクセントの位置を決めているのです。

したがって、富山のアクセントが表3のような形で出現するのは、富山が東西の中間にあるからではなく、この方言自体の音韻規則による結果なのです。

ところで、ズーズー弁に関して、「気候が寒いために口の開け方が不活発になったので発音が不明瞭《ふめいりょう》になった」といったようなことがかつて言われたりしましたが、それは認められません。そもそも暑い琉球列島などにおいてもズーズー弁的現象は存在するのですから。

アクセントにしろ、このようなズーズー弁的音韻規則にしろ、その存在、非存在について言語外的な環境からの説明がつかないという点で、これは中央日本語が伝播《でんぱ》する以前のわが列島周縁部での基層の音的フィルターではないかと考えるのです。その分布領域が北関東から東北、北陸、そして出雲へと連続していることも注目されます。

東と西ことばの対立

標準語選定のプロセス

一九〇二年、当時の文部省のなかに設置された国語調査委員会は、国語・国字の近代化をはかるにあたっての基礎データを得るための政府調査機関でしたが、その委員会がはじめに立てた調査方針に、次の一項がありました。

〈方言ヲ調査シテ標準語ヲ選定スルコト〉

これは、日本人が指標とすべき標準語として、どこのことばを採用したらいいか（直接的には、東京のことばか京都のことばか）を検討するためのデータを得ることを目的としてのものでした。このような方針に沿って、全国的な方言調査を実施することが決定されました。そして、翌一九〇三年、委員会は各都府県に調査表を送って報告を求めました。返送された報告内容は府県によって精粗さまざまではありましたが、ともかくも、広くほぼ全国をカバーするデータが集まったのです。このデータは、きわめて短い期間のうちに手早く整理され、早くも二年後の一九〇五年に『音韻調査報告書』（地図二九葉付き）が、そして三年後の一九〇六年には『口語法調査報告書』（地図三七葉付き）が刊行されました。

「東西方言境界線」という虚構《きょこう》

『口語法調査報告書』の解説における〝親不知《おやしらず》〟と〝浜名湖〟を結ぶという、いわゆる東西方言境界線の画定のコメントは有名です。

仮ニ全国ノ言語区域ヲ東西ニ分タントスル時ハ大略越中《えっちゅう》飛驒《ひだ》美濃《みの》三河《みかわ》ノ東境ニ沿其境界線ヲ引キ此線以東ヲ東部方言トシ、以西ヲ西部方言トスルコトヲ得ルガ如シ。

このコメントは、当時の知的興味に合致し、かつ一般の人々が素朴ながらにも感じていた両方言の対立・境界線の存在を、科学的な立場から証明してみせたことにおいて、大きなインパクトを与えるものでした。

ただし、留意しなくてはならないのは、この調査研究の課題が、標準語選定の際の判断材料を得ることにあったという点です。方言分布の状況把握《はあく》といっても、それは具体的には東京のことばと京都のことばの勢力範囲を画定することにあったわけです。したがって、対象項目も東京と京都で対立する言語事象が選ばれています。

しかしながら、そのような項目においては、東と西の境界線がその中間に存在するのは、いわば当然でしょう。そして、問題は、最大の言語境界であるべき琉球列島がそこで無視されていることです。

ここでは、語法の面にしぼって、その対立事象のいくつかを具体的に見ることにします。

項目	東	西
①「動詞の命令形」	起きろ	起きよ（起きい）
②「動詞の音便形」	買った	買《こ》うた
③「形容詞の音便形」	白くなった	白うなった（白なった）
④「打消の助動詞」	行かない	行かん（行かぬ）
⑤「断定の助動詞」	これだ	これぢゃ（これや）

それぞれの項目の境界線を図8で確認してください。

①に関して、この図では示し得ませんが、新潟県以北の日本海側、北海道、そして知多半島や紀伊半島中部など、さらには九州・沖縄には広く「起きれ」という形（五段活用化）がありま

図8　東西方言境界線

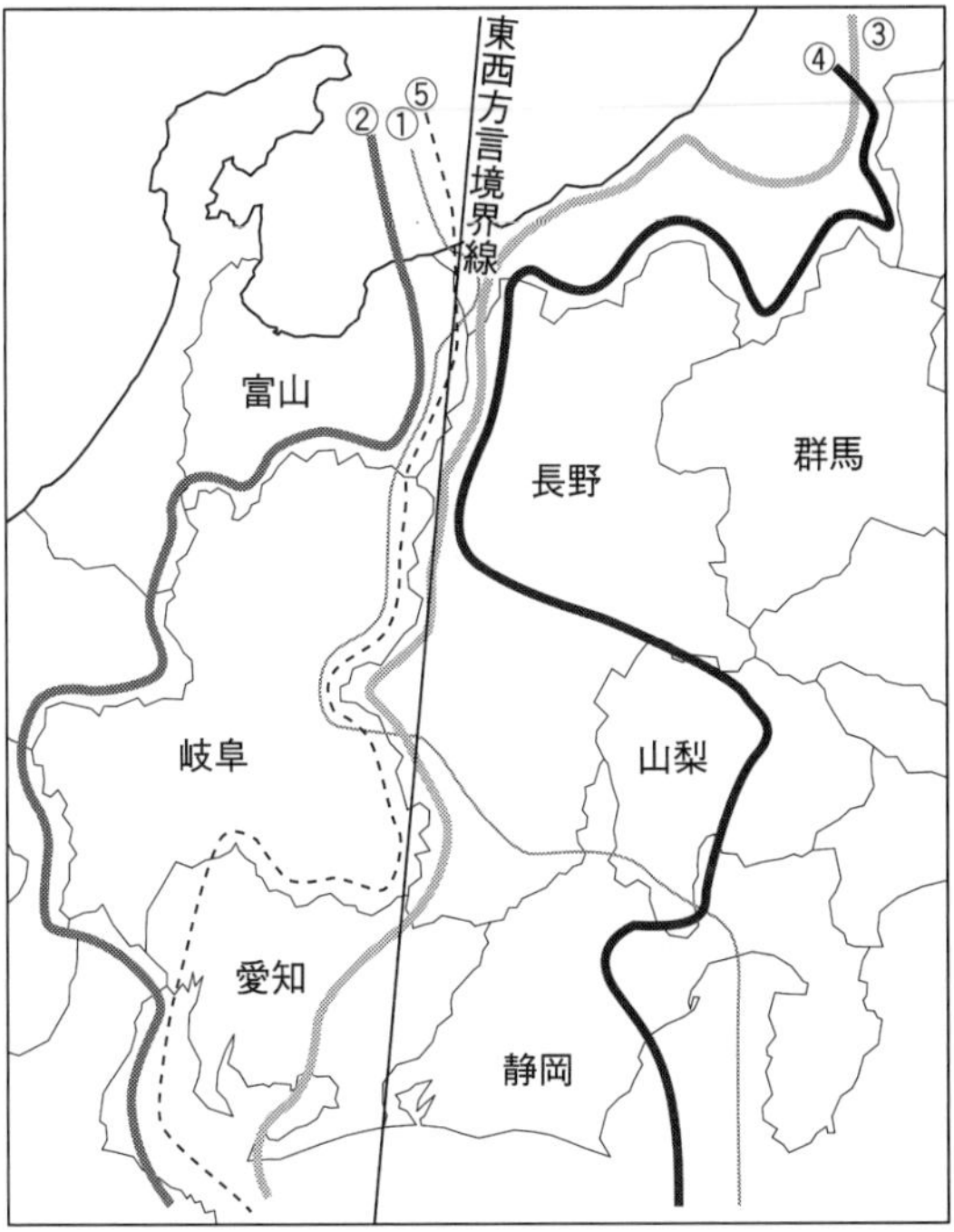

凡例
—— 東西方言境界線
① 起きよ（い）・起きろの境界線
② 買うた・買ったの境界線
③ 白う（白）・白くの境界線
④ 行かん（ぬ）・行かないの境界線
⑤ ちゃ（や）・だの境界線

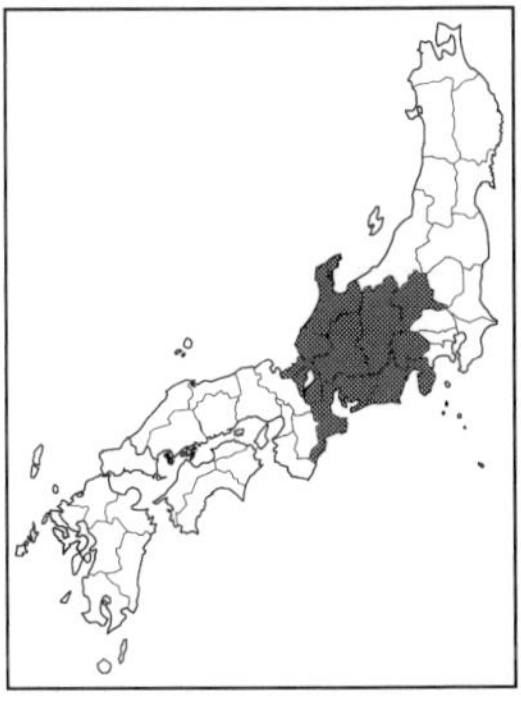

長野と富山の県境では境界線が束になっていますが、東海側ではそれぞれが拡散して扇状になっています。

す。また、東の指標とされる「起きろ」は、九州北西部や沖縄の宮古島などにも存在します。したがって、厳密には、「起きろ」（東）対「起きよ」（西）の対立というべきではなく、「起きろ」の分布領域の内側に「起きよ」が分布するという状況にあるわけです。

②に関しては、但馬（兵庫県北部）から出雲、隠岐などに「買った」の領域が存在します。

また、③に関しても、四国の一部などに「白く」を用いる地域があります。いずれにしても、「白う」は音便形と言われるように、後世における変化形です。

④に関して、確かに助動詞「ない」は本来東日本だけの語形です。これを『万葉集』の東歌《あずまうた》に見られる「なふ」とつなげて解釈する人もいます。しかし、私は静岡県の大井《おおい》川《がわ》と安倍《あべ》川《かわ》の上流域に存在する「行かノー」などの「ノー」（八七頁参照）こそが、この「なふ」の直接の子孫であると見ています。「ない」もまたこの「なふ」の連体形「なへ」にかかわるものだとしても、現在の「ない」は室町時代以降に出現し領域を拡大した新しい形なのです。

⑤に関しては、東の指標とされる「だ」が、山陰や九州の熊本などにも、まとまった分布領域を形成していることを指摘したいと思います。この「だ」と「ぢゃ（や）」の対立にしても、東と西として割り切るほどには単純ではないのです。

ところで、国語調査委員会は、これらの事象を総合して、〝浜名湖〟上に東西の境界線が走るとしたわけですが、ここに見るように、浜名湖あたりで境界線が重なるというわけでもないのです。

「東西方言境界線」という虚構に必要以上にこだわらないほうがいいのではないでしょうか。

近畿を中心とする方言の周圏分布《しゅうけんぶんぷ》

「かたつむり」の名称

民俗学者、柳田国男《やなぎたくにお》の『蝸牛考《かぎゅうこう》』（一九三〇）は、日本人による地理言語学の最初の著作とされるものです。そして「方言周圏論」をはじめて提唱した記念すべき論文でもあります。すなわち、「蝸牛」の名称が、東北北部と九州西部でナメクジ、同じく東北と九州の一部でツブリ、関東や四国などでカタツムリ、中部や中国などでマイマイ、そして近畿ではデンデンムシというように、近畿を中心にその周辺にだんだんと輪のように分布していることを発見し、これは文化の中心であった近畿で新語が発生するにつれて、前代の語がしだいにその周辺に追いやられた結果生じたものであり、したがって、外層のものほど古い語であろうと推定したのです。これを一般化して、ことばが文化的中心地を軸に同心円状に分布する場合、外層から内側に向けて順次変化してきたと考える立場が「方言周圏論」なのです。図9を参照してください。

「方言周圏論」は柳田国男による名付けです。ただし、その方法については西欧の地理言語学から学んでいたことが明らかになっています。柳田は、後年（一九五九年）、方言研究者のW・A

図 9　近畿を中心に周辺に輪のように広がる「かたつむり」の方言分布図

・グロータース神父の、「あの『蝸牛考』をお書きになったとき、フランスの言語地理学かスイスの言語地理学から影響を受けているとお感じになりましたか」といった質問に対して、「そうです。一九二二年から二三年にかけて、国際連盟委任統治委員会の仕事でジュネーブにいたとき、ジュネーブ大学でピタル教授の人類学の講義を聞きました。ピタル教授がドーザの本（『言語地理学』）のことについて話しましたし、わたしもそれを当時原文で読みました」というふうに答えています。

しかし、柳田は早く『後狩詞記《のちのかりことばのき》』（一九〇九）のなかで、宮崎県椎葉《しいば》の山村を訪れた折の印象を記して、

山におればかくまでも今に遠いものであろうか。思うに古今は直立する一の棒ではなくて、山地に向けてこれを横に寝かしたようなのがわが国のさまである。

と述べています。これはまさしく歴史的変化が地理的変異との相関で把握できることに触れた注目すべき言及《げんきゅう》です。したがって、柳田のなかには、海外での刺激に対応すべきものがすでに醸成《じょうせい》されていたと考えられるのです。

「方言周圏論」は、いわば簡単明瞭な原理であるために、一般に与えるインパクトは強烈でした。それゆえに、それを金科玉条《きんかぎょくじょう》のもののように考え、すべての分布事象が周圏論で説明できるとする誤解を一部で生むことになりました。そして逆に、周圏論が適用できない事例を掲げて、

その有効性を全面的に否定する傾向も見られたのです。また、周圏論は方言だけではなく民俗にも適用できるという観点から、民俗学の世界でも、その後「民俗周圏論」あるいは「文化周圏論」の名のもとにアピールされた時期があります。しかし、この分野においては周圏論で説明できない現象が多いこともあって、民俗関係では周圏論はあまり問題にされなくなってきました。

柳田は、「方言周圏論」提唱の初期においては、「これはさしずめ博士論文に価する」というようなことを周囲に語っていたそうですから、はじめはたいへんな自信をもっていたと推測されます。しかし、以降の学界の反応を考慮してか、『蝸牛考』新版（一九四三）においては、

> 発見などというほどの物々しい法則でも何でもない。私は単に方言という顕著なる文化現象が、だいたいにこれで説明し得られるということを、注意してみたに過ぎぬのである。

とトーンダウンし、また、『蝸牛考』を著した目的も、「児童の今までの言葉を変えて行こうとする力と、国語に対する歌謡・唱辞の要求と、この二つだけを抽《ひ》き出して考えてみようとしたのである」として、その重点を、ことばの創造の方面に巧《たく》みに移行させています。そして、さらに、

> 今頃あのようなありふれた法則を、わざわざ証明しなければならぬ必要などがどこにあろうか。

とまで述べているのです。

「方言周圏論」の落とし穴

しかし、「方言周圏論」は、分布事象の解釈における一つの有力な武器であることは疑いのないところです。たとえば、『全国アホ・バカ分布考』(一九九三)をはじめとする最近の松本修さんの研究によっても、周圏論によって解釈できる現象が次々と掘り起こされています。

柳田国男は、晩年、「あれはどうも成り立つかどうかわかりません」(『わたしの方言研究』一九六〇)と「方言周圏論」についてやや卑屈とも取れる言及をしています。柳田はまたなぜか、若い人が分布図をつくることを極度に嫌ったといいます。柳田が、地理的分布をめぐっての本格的な研究を進めることに消極的な態度をとるようになった理由は何だったのでしょうか。

ここでわたしの見解を述べてみましょう。

周縁部の文化や方言が、中央部のものを変形させた新しいものであれ、あるいはかつての中央部のものの残存であれ、周圏論は、周縁の文化や言語が中央のものと均質であるとする前提の上に成り立っています。そこには基層文化や基層言語との接触を考えるといったダイナミックな発想がないように思うのです。

この周縁部と中央部の一体化ということの強調が、結果として、近代日本における国民統合的な精神支配を背景から支える、あるいはそれに貢献するという役割をも担ったのではないでしょうか。

日本文化の形成における「海上の道」を構想した柳田です。したがって、柳田のなかには当然、異質の文化、異質の言語との接触、そして民族の多様性といった本質的な課題が迫ってきたはずなのです。

柳田は、ひょっとして、国家の形成にかかわる、見てはいけないものを見てしまったのではないでしょうか。それが彼の晩年における沈黙の本当の理由なのではないか、と私はひそかに考えているのです。

一般に認識される方言の境界線

「標準語」の認識使用領域

ある言語、あるいは言語変種の使用領域に対する一般話者の認識を総合し、その認識使用領域を地図上に描いたものを「認知言語地図」と呼びます。

ある方言の使用領域について専門的な知識をもっていない民衆の、その方言境界線に対する意識の研究は、二〇世紀の半ばに、オランダ、ドイツ、そして日本で独自に提案され、ある程度まで進展したテーマでしたが、方法論的、技術論的に問題点が多く現れたために、長期的な研究課題とはなりませんでした。しかし、近年、パソコンの計算能力が飛躍的に向上したことにより、

図10　金沢の若者を対象に調べた「標準語」認識の領域

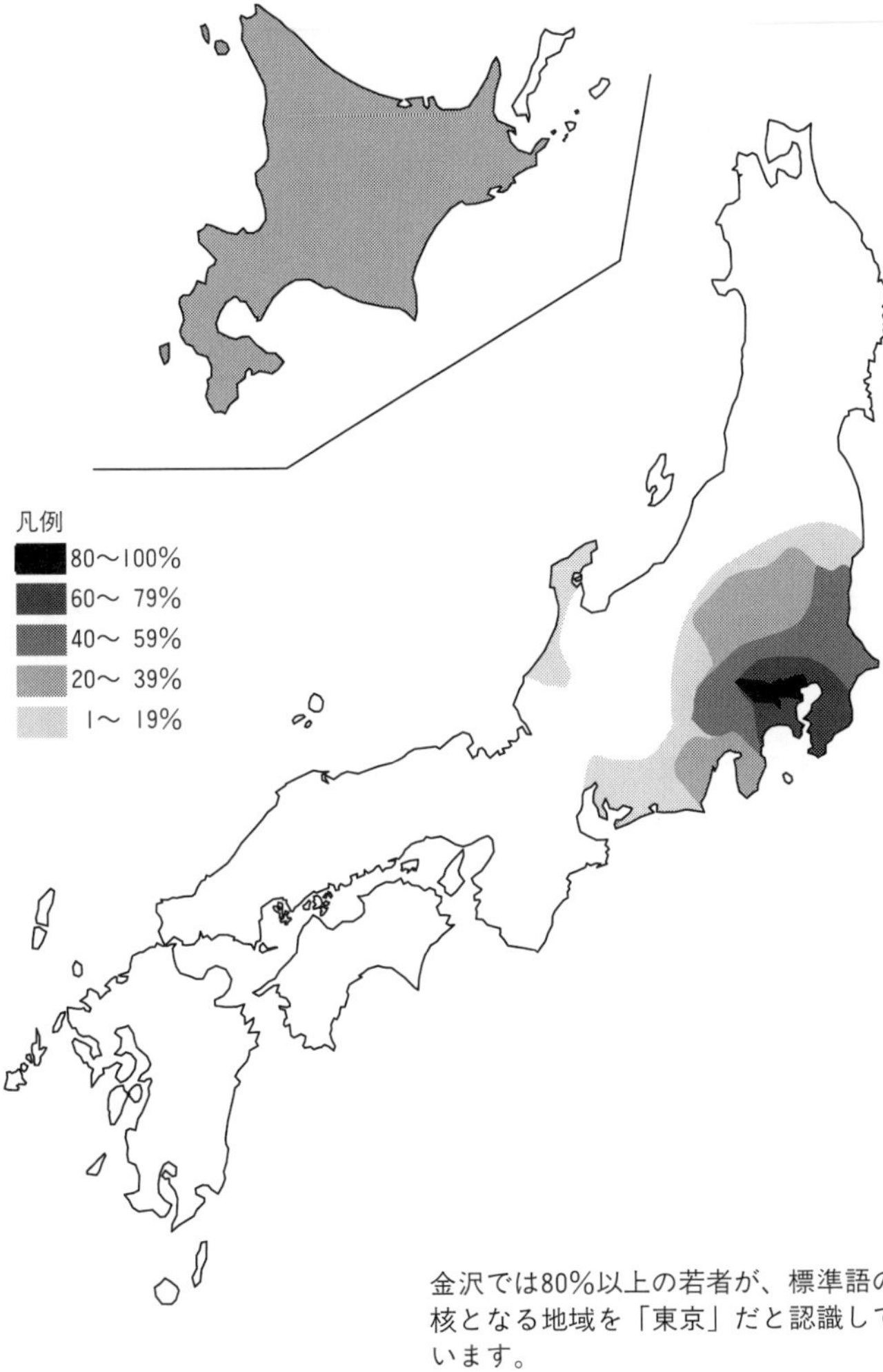

金沢では80%以上の若者が、標準語の核となる地域を「東京」だと認識しています。

図11　大阪の若者を対象に調べた「標準語」認識の領域

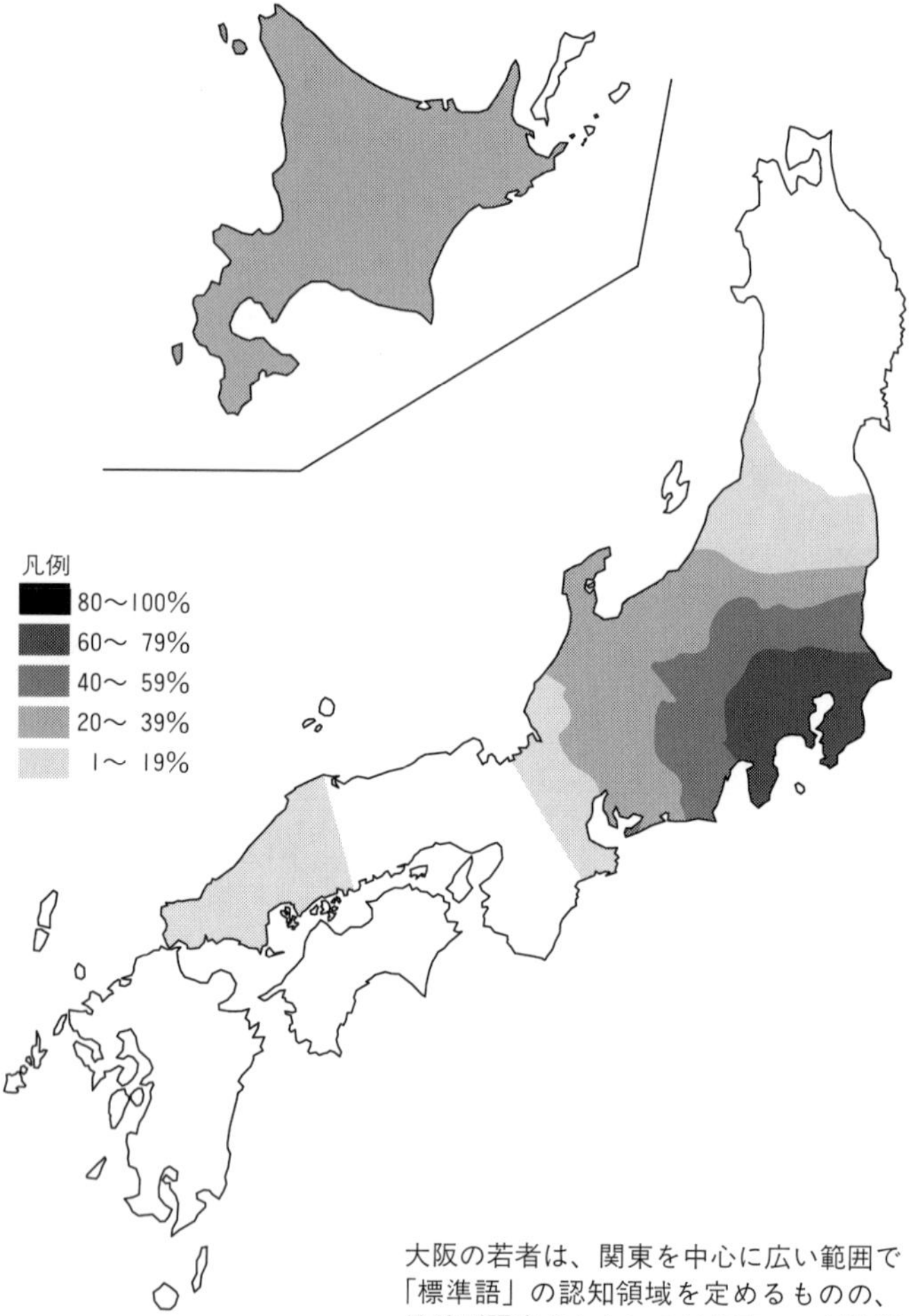

大阪の若者は、関東を中心に広い範囲で「標準語」の認知領域を定めるものの、地域が限定されないのは東京への対抗意識の現れかもしれません。

かつて時間的に解明不可能だと思われたデータ処理が現実のものとなってきたのです。

図10、図11は、「標準語」に対して、金沢と大阪の若者が認識している領域を描いたものです。大阪の場合、その認知領域は、関東地方を中心に、中部地方を含み、東北地方や中国地方にまで広がっています。北海道を「標準語」の領域とする人も少なくはありません。ただし、注目したいのは、八〇%以上の人が認めるような、「標準語」の核となる地域が認められないことです。金沢では、八〇%以上の人が等しく東京をその核として認識しています。ここには、往々指摘されるように、大阪人の東京への対抗意識が現れているのではないでしょうか。

出典：ダニエル・ロング「方言認知地図」『パソコン国語国文学』啓文社　一九九五

方言差に対する意識

奄美・沖縄地方では方言差が著《いちじる》しく、字《あざ》ごとにことばが違うとさえ言われています。そこで、奄美大島方言の話者たちが方言差についてどのように意識しているかを知るために、各地で、「この地域では、集落ごとにことばが違うと言いますが、本当でしょうか」という質問をしてみました（図12）。予想通り、ほとんどの地点でYESの回答が得られました。なお、YESの回答のなかには、「発音・訛《なま》りが違う」とか「調子・アクセントが違う」というように、発音・アクセントについて方言差を意識したものはあっても、語彙や文法について意識した回答はま

図12　奄美大島はことばが集落ごとに違うか

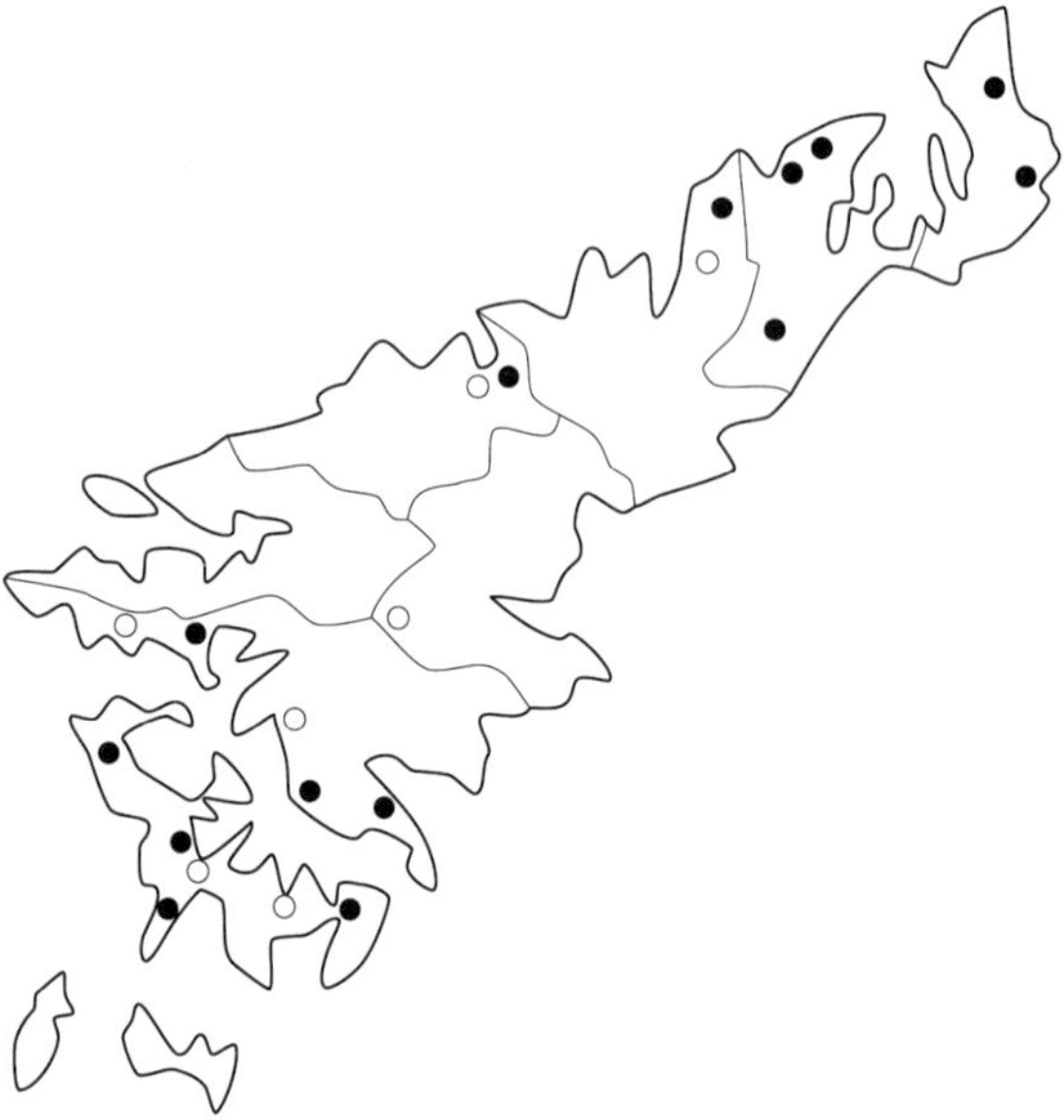

凡例
● YES（発音・訛りが違う）
○ YES（調子・アクセントが違う）

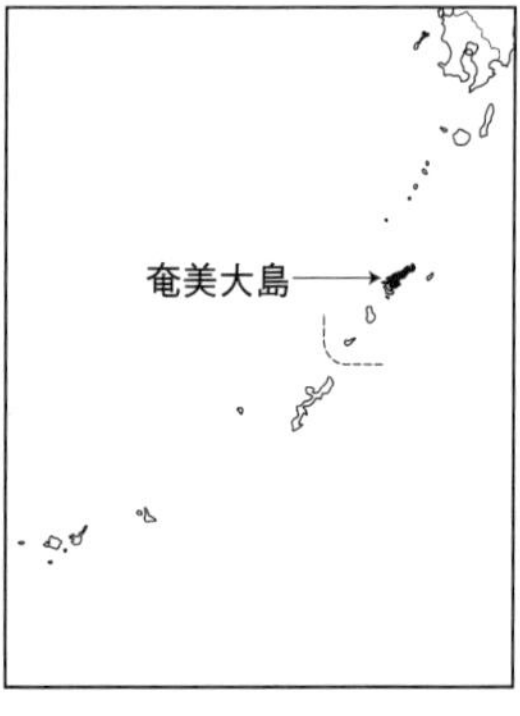

「奄美大島のことばは集落ごとに違うといいますが、本当ですか？」という質問に対してほとんどの地域でYESの回答が得られました。

図13　奄美大島のことばは沖縄と鹿児島のどちらに近いか

凡例
● 沖縄
○ 鹿児島
▲ どちらでもない

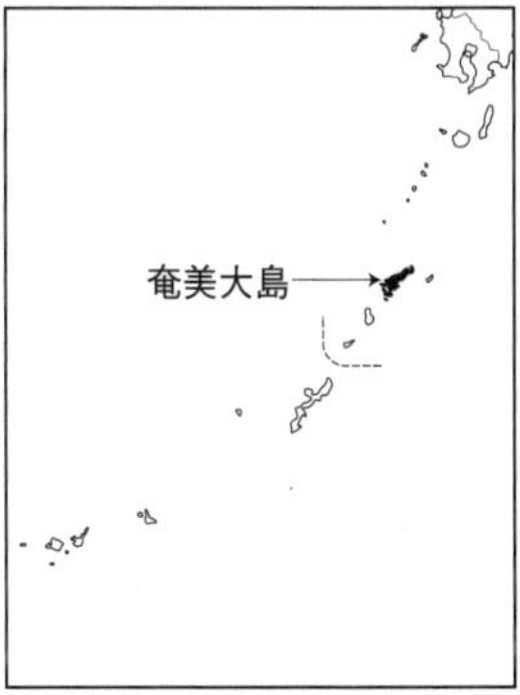

「あなたの集落のことばは、鹿児島のことばに近いですか？　それとも沖縄のことばに近いですか？」という質問に対して多くが沖縄と回答しています。

ったくありませんでした。この地域では、語彙や文法のことについて意識する前に発音・アクセントのことが意識されるのです。図12では、この発音・アクセントが違うと回答した地点のみを示しています。

図13は、自分の集落のことばについて、それが沖縄のことばに近いか、鹿児島のことばに近いかをたずねた結果です。回答の可能性は、「沖縄」「鹿児島」「どちらでもない」の三つですが、いずれの回答も全域に散らばって分布しています。ただ地点数から言うと「沖縄」のほうが「鹿児島」よりも多いことがわかります。方言学的に言っても、奄美方言は鹿児島方言より沖縄方言に近いのです。

出典：柴田武編『奄美大島のことば——分布から歴史へ——』秋山書店　一九八四

第二章　地図で楽しむ各地方言の旅

ことばの伝わり方

地理言語学では、まず、〈ことばは地理的に伝播する〉ということを前提としています。地理的伝播のうちでもっとも基本的なものは、吸取紙《すいとりがみ》に落としたインクのつくるシミに似た〈地を這《は》うような伝播〉です。新しい表現が周辺地域にその領域を広げていく（進出していく）様相、およびその結果（接触・変容の諸相）を、本章では具体的に示します。

ことばの地を這うような伝播も、けわしい山や急流などに阻まれることがあります。方言領域は、いつも順調に拡大していくとは限らないのです。東西方言対立の指標とされる事象の分布状況には、中部山岳地帯の存在や浜名湖・木曾三川《さんせん》などの湖・河川の存在がかかわっています——八六頁・九三頁・九六頁——。

一方、ことばの伝播を阻止し、また推進するものは、なにも自然境界のみではありません。実は人文地理的な環境こそが、もっとも注目しなくてはならない点だと思います。社会圏として、本章では行政圏（近世藩領域・近代行政域）と通学区（近代の小学校区）を掲《かか》げました——六二頁・六四頁・一〇六頁・一四三頁——。

方言の分布を見ると、飛び火的伝播によって形成されたと考えられるものがあります。飛び火的伝播には、移住によるものや海上交通路によるものがあります——七一頁・一三四頁——。なお、現代のいわゆる新方言の分布は、地を這うというより、〈空からばらまくような伝播〉と表現すべき、あるいは都市間伝播の様相を呈しています。

さて、方言の地図は、表現の地理的関係を直接的に示しますが、その裏面には、表面に現れない一種の厚みが存在します。本章ではその検証も試みます。

まず、地図においては話者の属性などを一定にして調べた結果を掲げるわけですが、たとえば、年層が異なるとどのような分布になるのでしょうか。老年層の地図と若年層の地図とを比較することによって、その事象の変遷《へんせん》を辿《たど》ることができます――一〇一頁――。なお、グロットグラム（地理年代方言図）では変遷の様相を緻密《ちみつ》に観察することができます――一一三頁・一一五頁・一一九頁・一二九頁――。性差の地図では性別による違いを見ることができます――一一七頁――。個人差についても同様です――一三一頁――。

地理言語学の調査では、その表現の現れる場面を限定してあたるのですが、話者はいつもその表現だけを使っているわけではありません。特定個人も、場所や相手などによって、さまざまな表現を用いているはずです。方言的場面と標準語的場面のあることは容易に想像することができるのです。隣接場面におけるその様相の一端を見ました――八五頁・一三九頁――。

また、地理言語学の調査では、ふつう調べるべき語の使われる文脈（意味・用法）を限定します。しかし、そのすぐ隣には、その文脈では現れない隣接する意味・用法の言語状況が存在するのです——六七頁・七七頁・九二頁・一〇九頁——。

以下、日本列島を北から順に方言を旅してみましょう。

〈北海道〉

地名の交替で知るアイヌ語の衰退

北海道がかつてアイヌの人々の専住の地であったときには、地名はすべてアイヌ語であったはずです。しかし、その地名もしだいに日本語の地名に浸食されていきました。

図14は、アイヌ語地名がどのように退縮していったか、代わりに日本語地名が地理的にどのように浸透していったかを示したものです。国土地理院の五万分の一地形図を対象にして、それぞれの地区で、アイヌ語地名が多いか日本語地名が多いかを調べた結果です。

図14の上は一九一五〜二四年作成の地図、図14の下は一九七六年作成の地図によります。日本語地名の浸透は半世紀の間に驚くべきものがありました。現在、日本語地名は、道南はもちろん、道央でも優勢です。一方、襟裳岬《えりもみさき》あたりの南部から東部にかけて、そして稚内《わっかない》付近の北部あたりではアイヌ語地名がこの時点でまだ優勢なことが認められます。

なお、アイヌ語の日本語化には、アイヌ語を日本語に翻訳するやり方とアイヌ語を漢字で書くことによって外見を日本語風にするやり方とがありました。ちなみに、アイヌ語地名は仮名書き

図14　50年の間に北海道のアイヌ語地名の多くが消滅しました

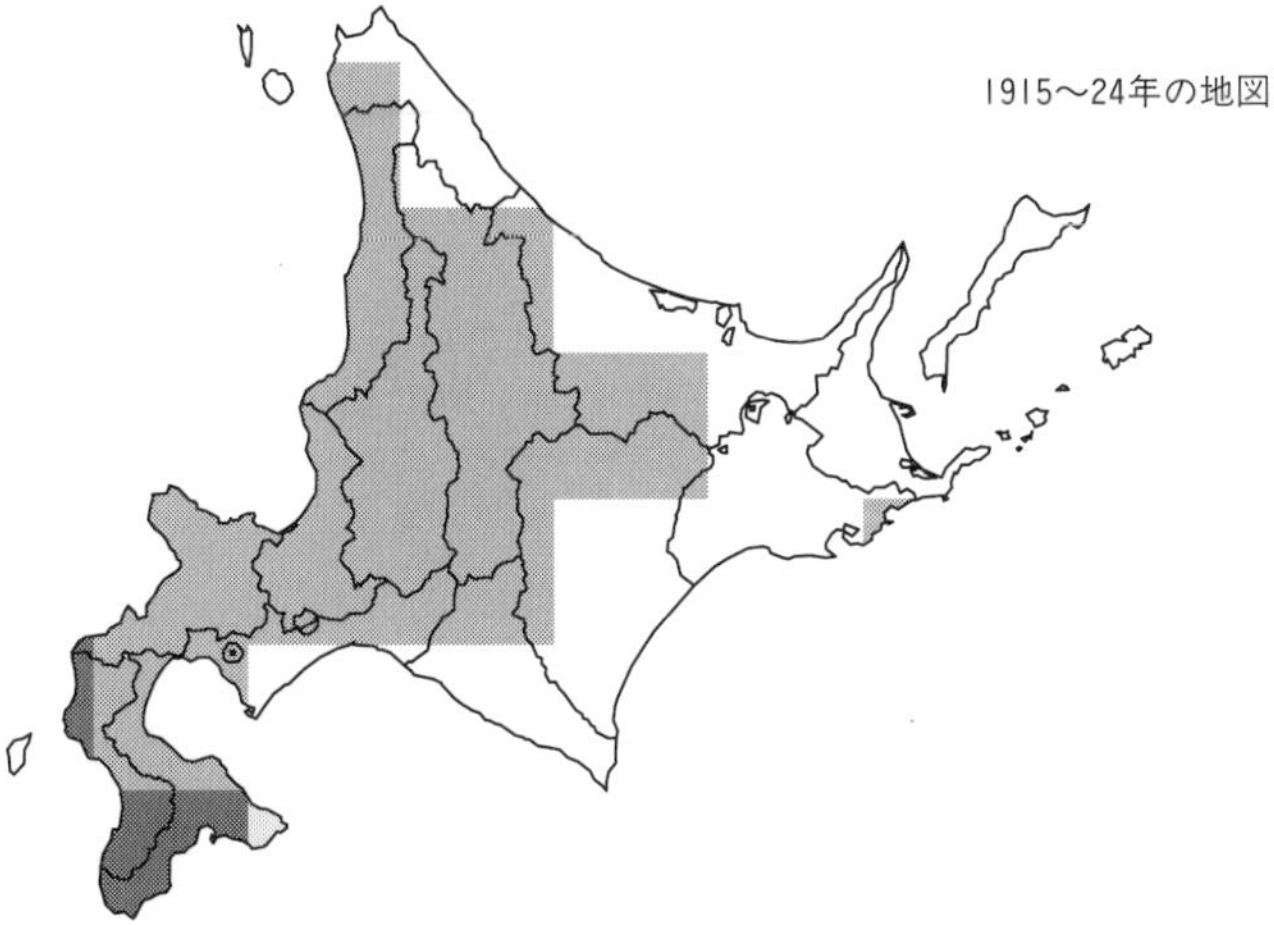

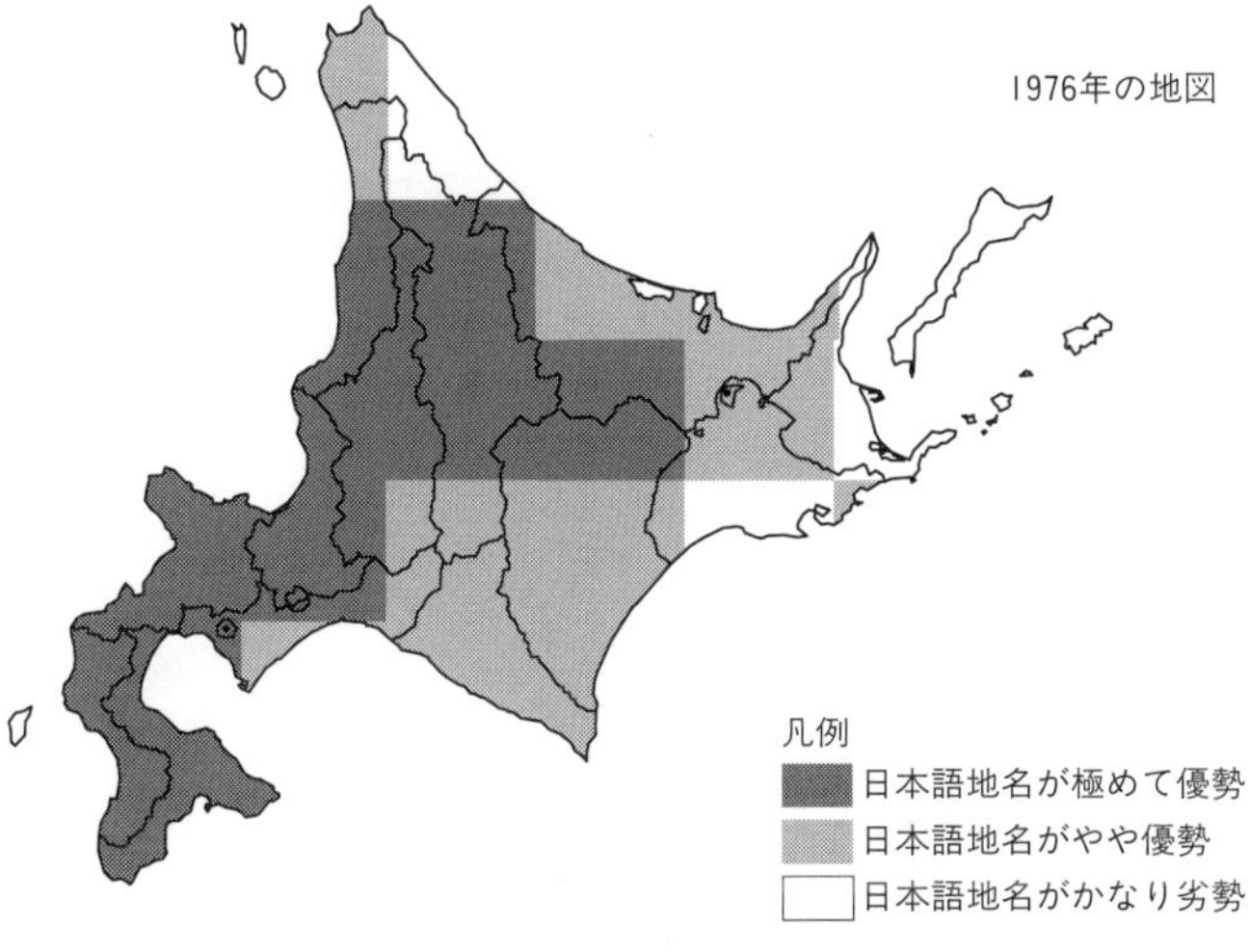

（例、ピンネシリ）によって命脈を保っているともいえるでしょう。
出典：柴田武『柴田武・にほんごエッセイ1　ことばの背後』大修館書店　一九八七

シバレル（凍る）——北海道共通語

ここでは、具体的に「手拭いが凍る」における「凍る」についての表現形を話題にします。この意味でシバレルを使うのは北海道だけです。北海道ではしかし全域で使われています。このシバレルは、いわば北海道共通語なのです。

シバレルという語は東北の各地では、「非常に寒い」「冷える」の意味のみで使われています。たとえば、岩手県花巻市では次のように言います。

・オハヨーゴザンス　マンズ　ケサノシバレルゴドー　タマゲタナッスー

ところで、東北地方では「凍る」ことをシミルと言う（古語では「しむ」の形で平安時代から現れます）ので、このシバレルはシミバレル（「凍み腫れる」）に由来するものと考えられます。実際、「しもやけ」のことを東北北部などでシミバレと言うところがあります。シミバレルがシンバレル、そしてシバレルとなったのでしょう。

図15 「凍る」の方言分布図

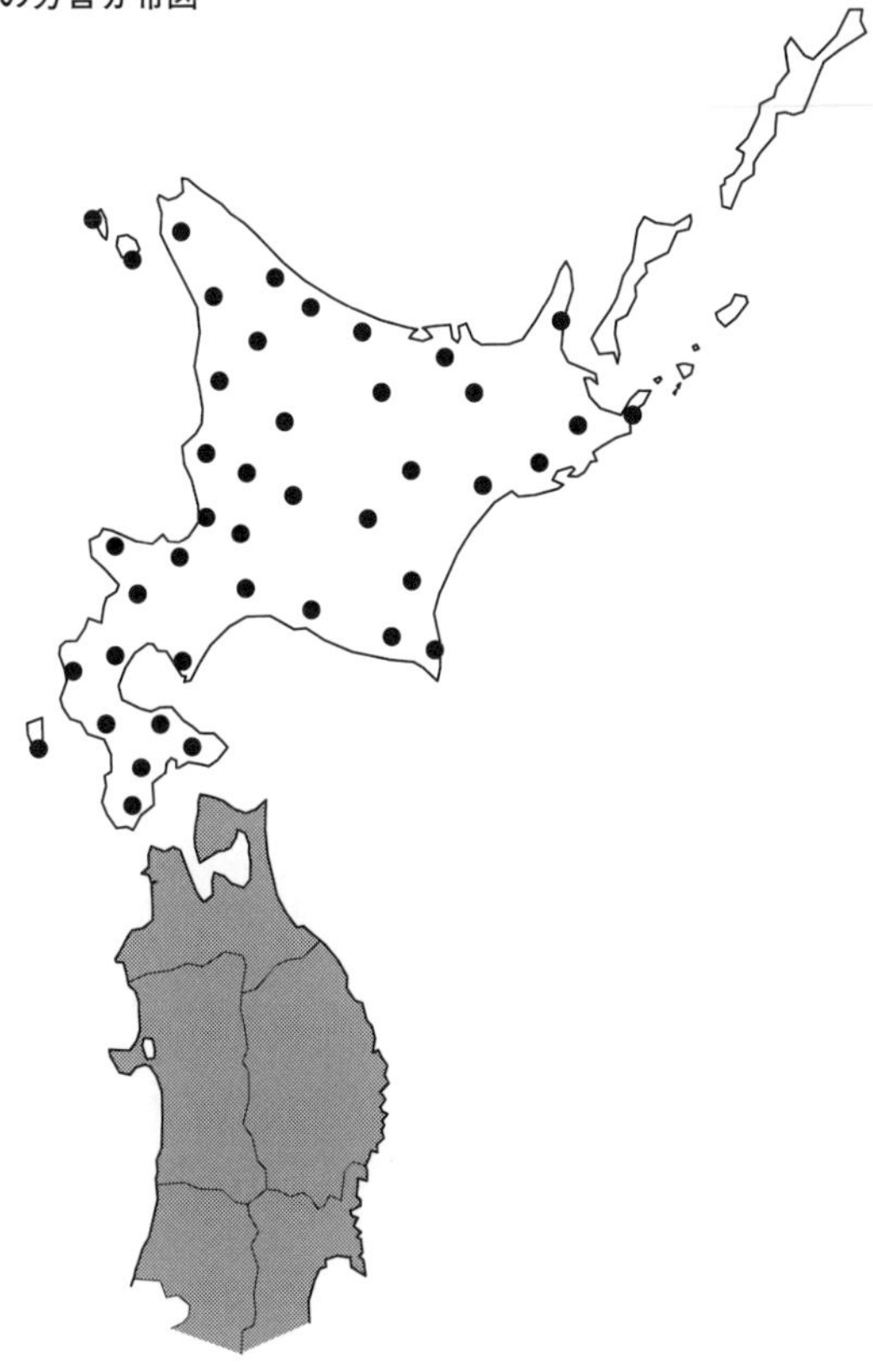

凡例

● シバレル

▒ シミル

北海道と東北ではシバレルの意味の範囲が異なります。

『日本言語地図』による

しかし、図15に見られる北海道のシバレルは「凍る」の意味ですから、北海道と東北では意味の範囲が異なることになります。東北地方のシバレルが北海道に渡り、意味を拡大・変化させて広がったのです。

北海道にも梅雨はある

「梅雨」を表す言い方は、日本を東西に分ける指標の一つです。東日本では全域的に本来ニューバイと言いました。東京でも老年層はニューバイ・ニューベーと表現しています。現在、共通語として機能しているツユという言い方は本来西日本での表現でした（ただし、四国・九州ではナガセ、ナガシ）。すなわち、西日本系の語形が標準語として採用されたのです。

この状況は、北海道でのこれら語形の分布様相にもかかわっています。

図16に見るように、道南部や沿岸部ではニューバイの勢力が強く、ツユは、主として内陸部に存在しています。北海道には「梅雨」がないと言われていますが、分布を見る限り、その傾向はつかめません。それどころか、北海道だけに分布するズリという語さえ、道南部に存在していて、興味を引きます。ただし、このズリ（ジリ）は、青森方言では「霧《きり》のように細かく降る雨」、つまり「霧雨」の意味として使われているものです。

北海道のズリは、この語が渡ってきて、意味を変化させたのだろうと考えられます。

図16　「梅雨」の方言分布図

凡例
● ニューバイ
○ ツユ
▲ ズリ
△ ナガメ

岩手県でのナガメは古典にも見える語です。

『日本言語地図』による

新方言「行くショ」「シタッケ」

図17は、北海道での特有な新方言についての分布を見たものです。項目は、相手に念を押すとき「行くショ」と言うかどうか、別れのあいさつで「シタッケ」と言うかどうかの二つです。対象は道内各地の高校生です。調査時期は一九八九年でした。

当時、北海道で販売されていた、いわゆる方言グッズ（方言のれん、湯飲み茶碗など）にはこれら新しい表現を取り込んだものがありました。また、市販のインスタント・ラーメンに「うまいっしょラーメン」や「シタッケラーメン」などがありました。

「行くショ」は、図17のような分布となって、全道の高校生にかなり優勢に用いられる表現であることがわかります。全体で七五・〇％と、回答者の四分の三が使うと答えています。大都市であると否とにかかわらず、全道で平均した分布です。

「シタッケ」は、道央部を中心にした地域に分布が集中します。全道では二四・〇％であって、右の〜ショほどではありませんが、地点によっては六割という過半数の生徒が用いると答えました。なお、この回答率には女子が多いという性差も見られました。それが目立つ学校では、三分の二以上の女子生徒が使うと答えています。

出典：国立国語研究所『北海道における共通語化と言語生活の実態（中間報告）』一九九七

図17　新方言の「行くショ」「シタッケ」の使用分布率

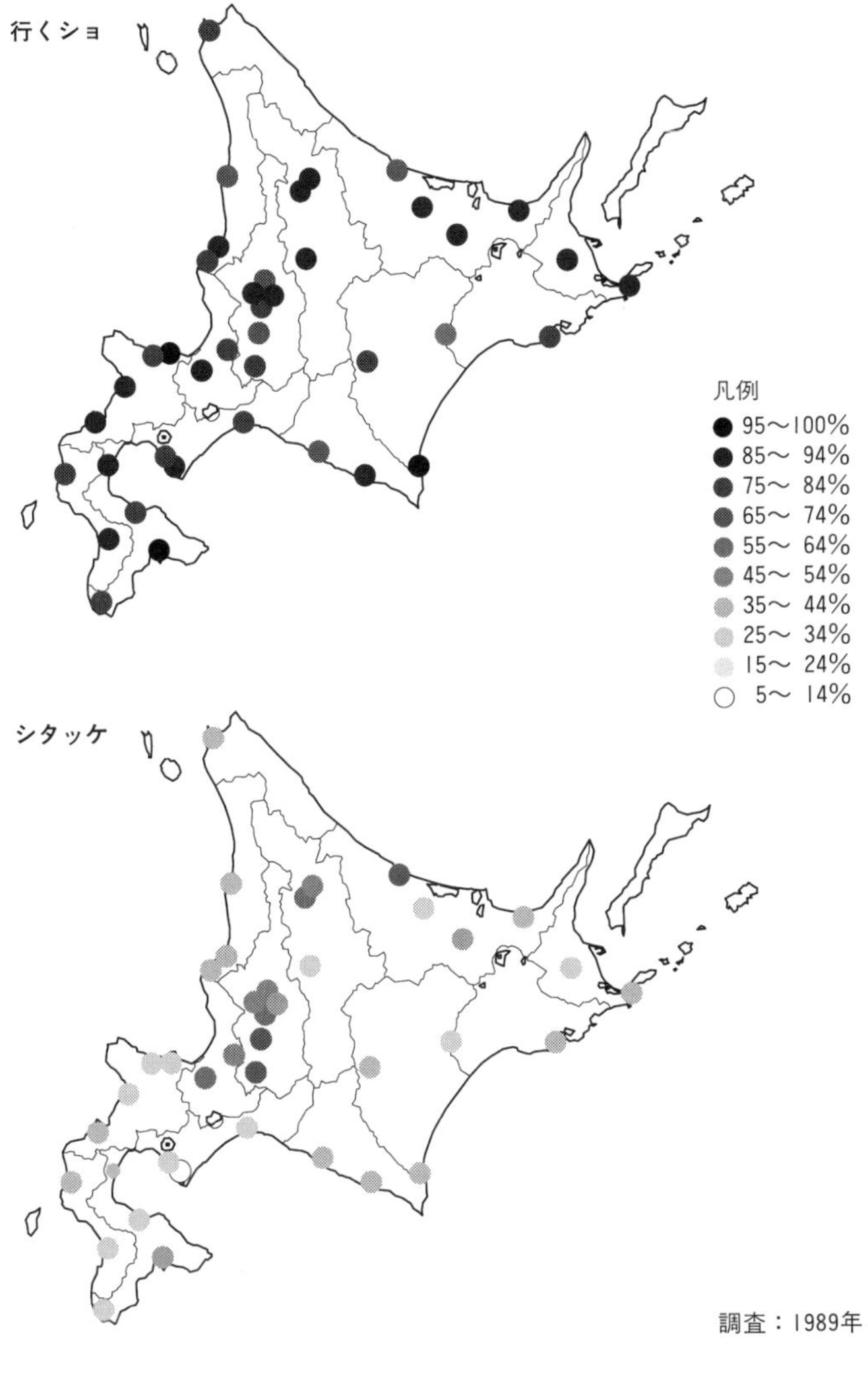

〈東北〉

語の接触で生まれた「いなご」の名称

東北地方において、「いなご」の名称として広い分布領域をもつ語形は、ハッタギの類、トラボの類、そしてイナゴの類です。

ハッタギ類（ハッタギ、ハタギ、ヘタギ）は、青森県東部、岩手県全域、秋田県全域、および宮城県北部に分布しています。トラボ類（トラボ、トラボー、トラバ）は、青森県西部の津軽地方に集中的に分布するほか、青森県東部および秋田県にも散在しています。そして、イナゴの類のうちナゴは、山形県中央部および宮城・福島県境の海岸地帯に集中的に分布するほか、福島県南部にも広く散在しています。

ところで、津軽半島の一地点と秋田県北部の二地点とに見られるハッタボという語形はハッタギとトラボとの接触によってできあがった両者の混交形と認められます。また、岩手県南部と秋田県中部とにそれぞれ一地点ずつ見られるトラボーハッタギは、ハッタギとトラボとが接触して生まれた新しい複合語形と認められます。

なお、このデータは、一九四一年、当時の東北帝国大学の小林好日《こばやしよしはる》教授が実施した通信調査によって得られたものです。

図18 「いなご」の方言分布図

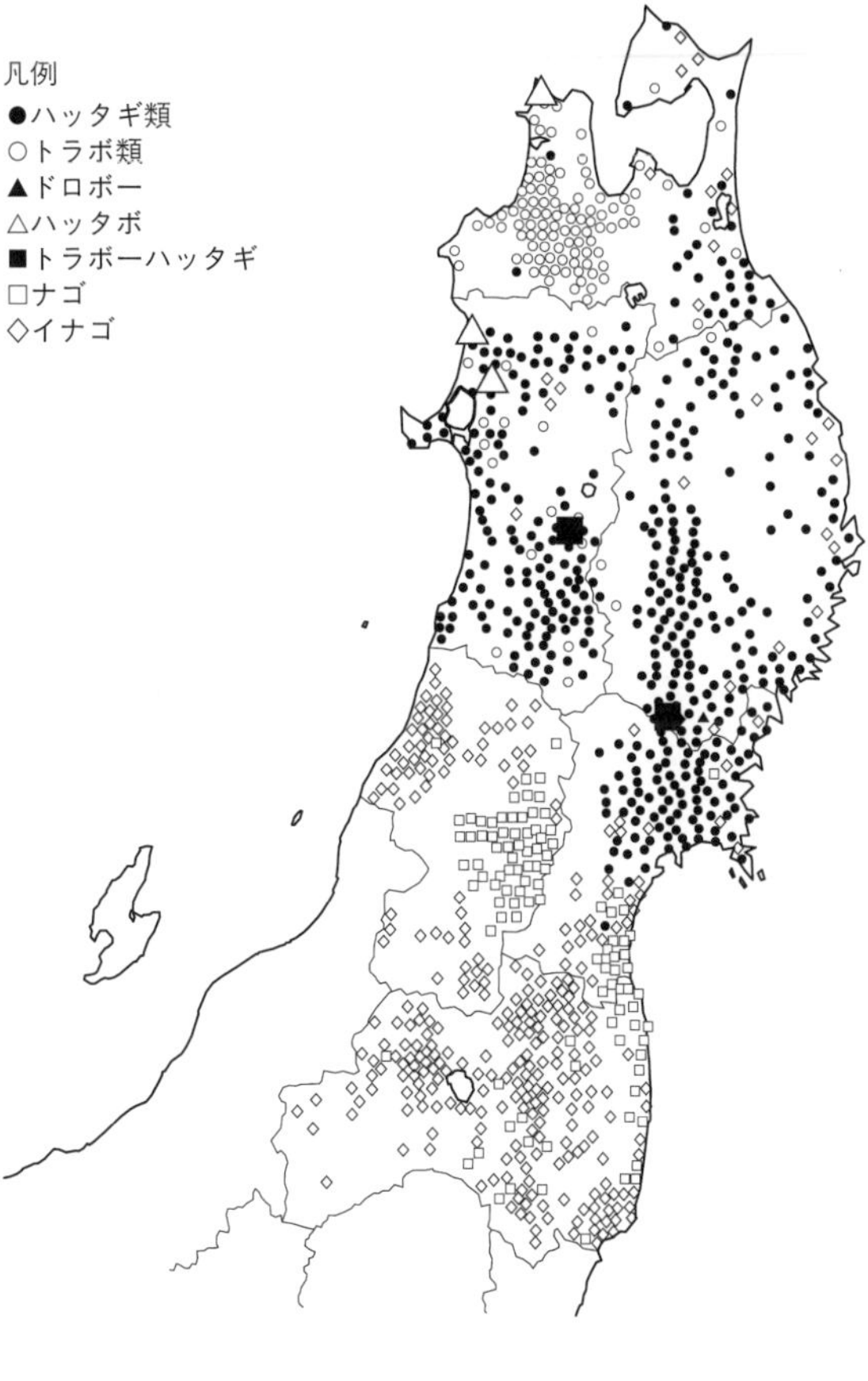

調査：1941年

藩境と方言――津軽《つがる》と南部の場合

図19は、青森県の全域で、「買い物のために店に入るとき、店の人に何とことばをかけて入りますか」とたずねて得られた結果です。

県の中央部に引いた実線が旧津軽藩と旧南部藩の境界ですが、ケへとカルは、この旧藩の領域と地理的にほぼ対応して分布していることが認められます。ただし、カルは旧津軽藩の東津軽郡平内町にも存在しますし、津軽西海岸の西津軽郡深浦町・岩崎村、北津軽郡小泊村などにも存在してケへを取り囲んでいます。この周圏的分布の様相からは、カル→ケへの変遷が推定されます。

ケへは津軽独特の津軽ことばの特色を示す表現とされるものです。ケへのもとはケサイ（くれさい）で、それが音変化してケハイ、そしてケへとなったものでしょう。

カルは、本来のハ行四段動詞「買う」がラ行化してカルとなったものです。ハ行動詞のラ行化は東北北部方言に顕著な現象です。たとえば、本来のハ行四段動詞「貰《もら》う」「違う」「洗う」「払う」「縫う」などは、この方言ではそれぞれモラル、チガル、アラル、ハラル、ヌルのようになるのです。

出典：川本栄一郎「津軽と南部のことば」『国語論究4　現代語・方言の研究』明治書院　一九九四

図19　青森県の旧藩領の境界線と「下さい」の方言分布図

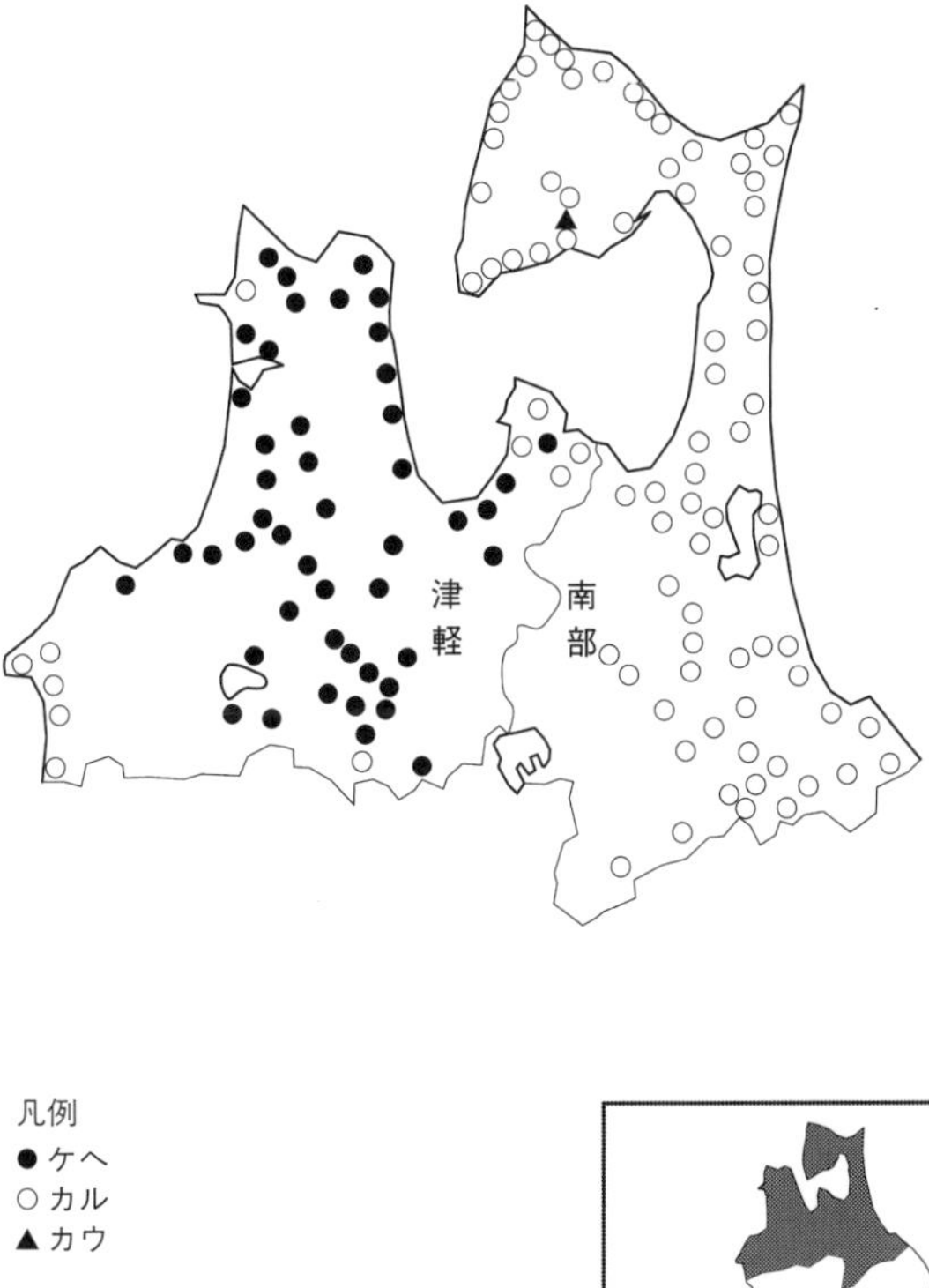

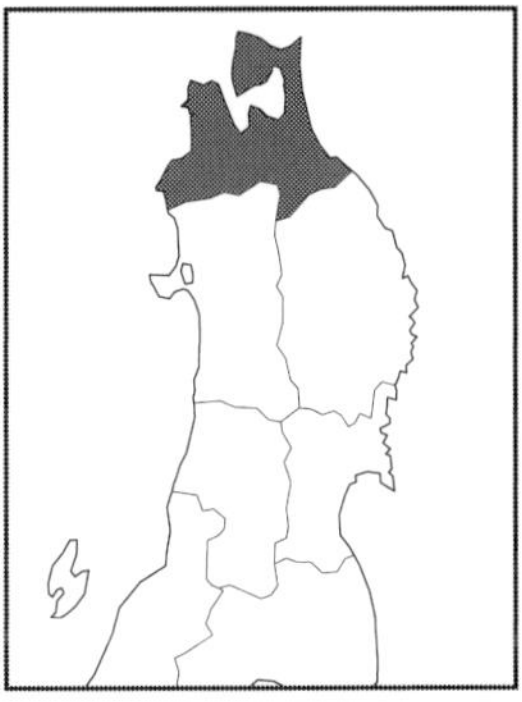

青森県全域で「買い物のために店に入ったとき、店の人になんとことばをかけて入りますか？」とたずねて得られた結果です。旧津軽藩と旧南部藩の境界がことばの境界に一致することがわかります。

藩境と方言――南部と伊達《だて》の場合

諸方言のアクセントを比較してみると、いくつかの単語が、常に一群をなして、ある一つの型に属しているという事実があります。これを「アクセント型の対応」と呼びます。二拍の名詞については、これまでに五つのグループ（第I〜V類）があることが判明しています。

図20は、岩手県の三陸地方南部でのアクセントの分布を見たものです。「粟・板・糸・稲・肩・鎌・下駄・種・船・汗・井戸・桶《おけ》・陰・蜘蛛《くも》・鮒《ふな》・窓」の一六語のアクセント形をまとめて、●○（頭高形）の出現率を示しています。なお、これらは、研究上、第IV／V類に属するとされる語群で、しかもいずれも語末がア・エ・オ（広母音）で終わる語です。

釜石市北部以北では、頭高形が一〇〇％出現しています。この点は、現在の東京アクセントの場合と同様です。しかし、遠野市などでは頭高形が少なく、中高形で発音する人が多くなります。実は、この地域は、第一章でも記したように、アクセントが語の音（母音の広狭）によって左右される地域なのです。釜石市の南部では移行的状況にあるのですが、その基本的な境界は南部と伊達という旧藩領の境界に一致していると言えます。

出典：佐藤喜代治・加藤正信・真田信治「三陸地方南部の言語調査報告」『東北文化研究所研究報告』別巻8・9　一九七二

図20　岩手県南部の旧藩領の境界とアクセント分布図

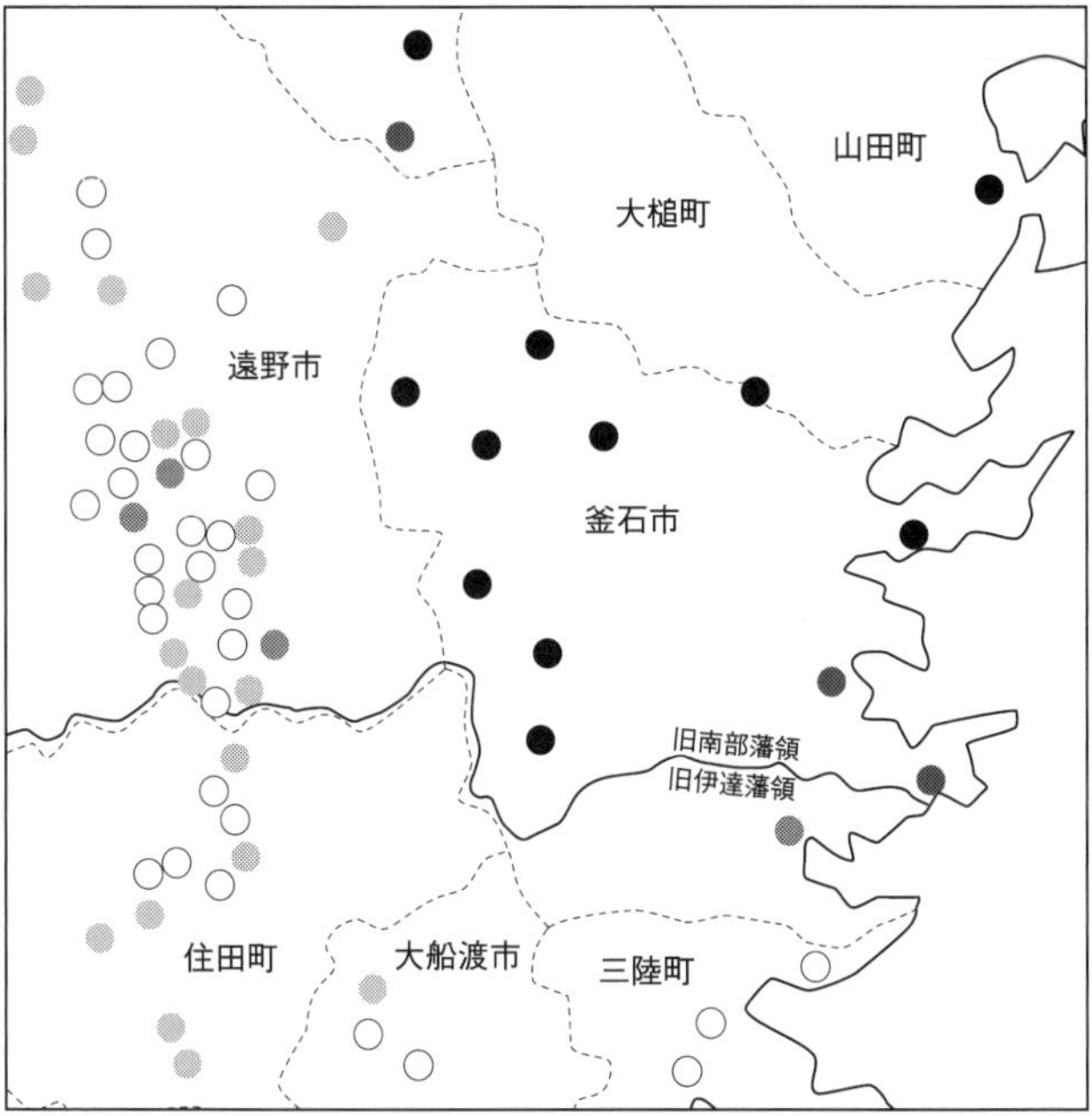

栗・板・糸・稲・肩・鎌・下駄・種・船・汗・井戸・桶・陰・鮒・蜘蛛・窓の16語のアクセントを調べたところ、旧南部藩と旧伊達藩の境界を境にアクセント形が異なることが判明しました。

図21 「○○さん、いるか」の表現分布図

イタ類の地域では、玄関での「イタか？」という問いかけに対して、本人が「イタ、イタ」と言って応じるわけです。

『方言文法全国地図』による

図22 「あの人は、さっきまで確かここにいた」の表現分布図

現在時制をイタ類で表す地域では過去をさらにさかのぼる時制で表す必要があるのです。

『方言文法全国地図』による

現在時制の「イタ」は東日本の特徴

存在を表す動詞イルの、いわゆる時の表現に関する図です。

図21は、現在時制を表す形式の分布を示しています。このように、イル（西日本はオル）について、タ形で現在を表す用法は東日本方言の大きな特徴の一つです。そして、存在動詞イルがタ形で現在を表す地域では、過去時制専用の特殊な形式を用いる傾向があります。

図22は、過去時制を表す形式の分布を示しています。イテアッタ類が主に青森西部（旧津軽藩）から秋田にかけて存在し、イタッタ類が青森東部（旧南部藩）から岩手、宮城、山形内陸部、福島にかけて存在します。

なお、地図では省きましたが、各地にイタッケなどのケ形が散在します。これは、過去の記憶の喚起《かんき》、目撃したことの報告などを表す過去時制辞です。これらの過去時制辞はいずれもイタ類を現在時制の表現として用いる地域の範囲内にあります。イテアッタ、イタッタなどが発達したそもそもの原因は、存在動詞イルがタ形で現在時制を表しうる方言において、イルに過去専用の表現形式を分化させる必要が生じたことによると考えられるのです。

出典：日高水穂「東北方言のテンス・アスペクト体系の分布と変遷」『20世紀フィールド言語学の軌跡』変異理論研究会　二〇〇〇

〈関東〉

動詞の活用――サ変・カ変の一段化

動詞に「べー」を付けて「カクべー」（書こう）のような形で意志を表すことは関東地方の全域に存在します。したがって、ここでは標準語の五段活用に対して四段活用だということになります。サ変活用は多く一段化して、たとえば、「いたずらする」に対応する形式では、「〜シラレル」（〜される）、「〜シナイ」、「〜シタ」、「〜シル」（〜する）、「〜シル人」（〜する人）、「〜シレバ」（〜すれば）、「〜シロ」のように活用します。

カ変活用もかなり一段化していて、茨城県の大部分では命令形が「コー」（来い）であることを除くと、すべて「着る」の場合と同じになっています。したがって、茨城県では四段活用と一段活用の二種類に整理、合理化されかかっていると言えます。

カ変活用の一段化は、その西南部を除いて、関東には大なり小なり存在しています。「キラレル」（来られる）は、東北部・東南部・西北部の全域で見られますし、「キナイ」（来ない）は茨城県・千葉県・埼玉県・群馬県の大部分に見られます（図23）。なお、「キレバ」（来れば）は茨城県と千葉県に見られますが、「キル人」（来る人）が見られるのは茨城県だけです。

図23 「来ない」をキナイ・キネーと言う地域

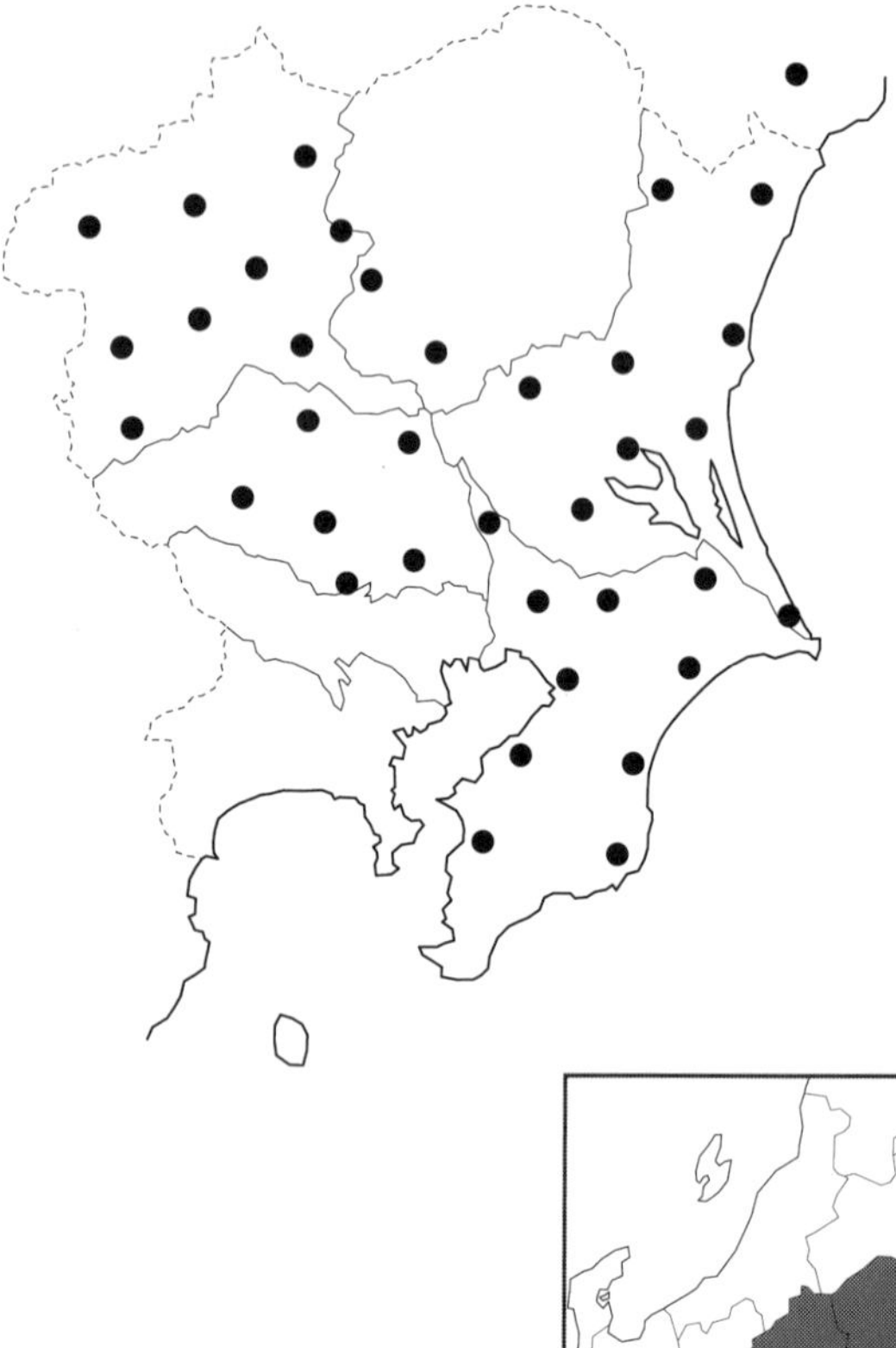

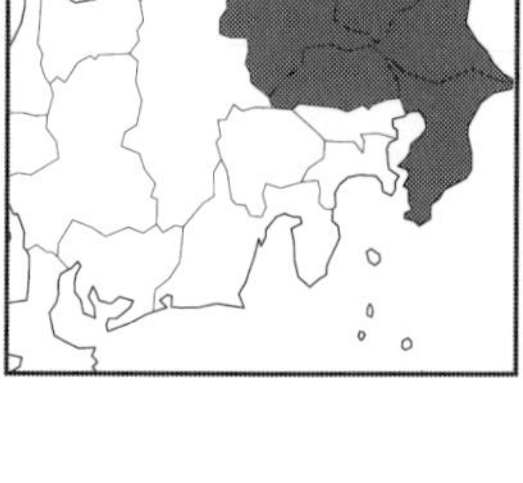

『方言文法全国地図』による

紀州の方言が銚子《ちょうし》に飛び火

利根川河口の地域言語地図のなかから、「まつかさ」の方言分布図を取り上げます。フィールドは、河口の銚子市とその周辺、および対岸の茨城県波崎《はさき》町です。調査は、一九八〇年に、長田《おさだ》洋子《ようこ》さんと南《みなみ》かおるさん（いずれも当時学生）が実施しました。

マツカサが全域に分布していますが、注目されるのは、波崎町南部に見られるチンチロ、チンチリという語形です。これらの語形は関西の和歌山周辺に存在するものですが、『日本言語地図』などによっても当該地域からその存在がまったく報告されてはいませんでした。ちなみに、このチンチロ、チンチリは、銚子市など隣接地域からは旧波崎町内だけの特別な言い方だと認知されているようです。

ところで、当該地の波崎は、中世以来、紀州から出稼ぎに来た漁夫たちの地引き網《あみ》の網干し場として知られるところです。和歌山との交流は深いのです。チンチロ、チンチリは紀州人によってこの地に持ち込まれたのではないでしょうか。

利根川河口における「まつかさ」を意味するチンチロ、チンチリという語形について、私は和歌山からの飛び火的伝播の可能性が高いと考えています。

図24　利根川河口における「まつかさ」の方言分布図

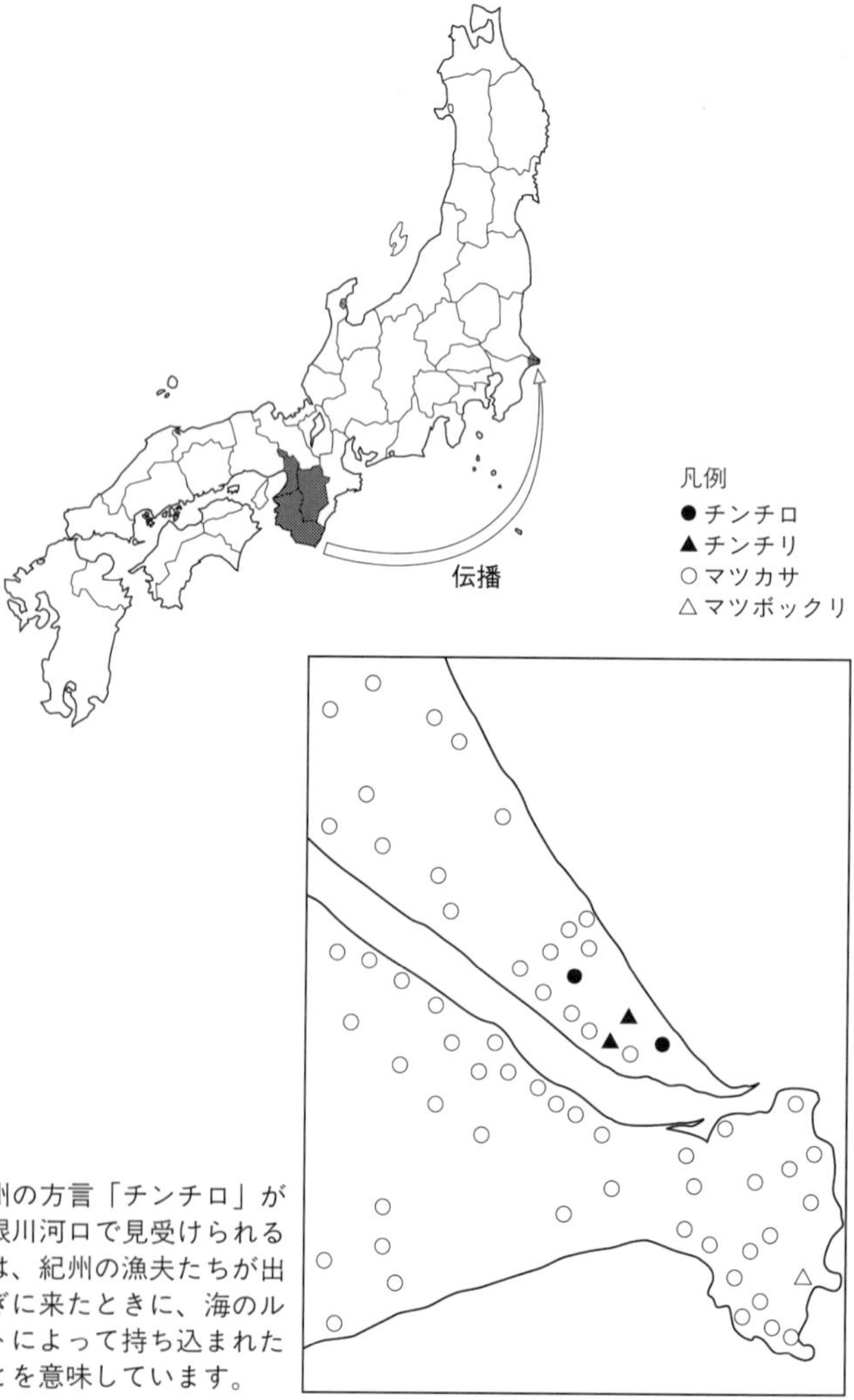

紀州の方言「チンチロ」が利根川河口で見受けられるのは、紀州の漁夫たちが出稼ぎに来たときに、海のルートによって持ち込まれたことを意味しています。

ハソンスルは修繕すること？

ハソン〈破損〉は壊れることですから、「修繕する」ことをハソンスルと言うのは奇妙です。ですが、現実には関東とその周辺部に広くこの用法が存在します。ただし、修繕といっても、それは限られた意味、とくに衣類の補修・繕《つくろ》いにのみ使うと答える地点が周辺部には多いことがわかります。なお、周辺部には理解語のみの地点もあります。

さて、衣類の繕いという点にこの地図の謎をとく鍵がありそうです。室町末期に成った虎明《とらあきら》本《ぼん》狂言『若市』には、「だんなかたに把針（ハシン）を頼ませられて毎日しこう致す」といった用例が見えます。すなわち、裁縫を意味するハシンという語が存在したのです。また、『拉葡日対訳辞書』（一五九五）にも「ハシンスルオンナ〈針仕事する女〉」という用例があります。

ハシンであれば各地の方言にも存在します。このハシンの音がハソンに重なって、ハソンに針仕事の意味が移ったのではないでしょうか。そして、繕いからさらに一般の修繕へと意味が広がったのだと考えられます。

いずれにしても、このような変化が生起した中心地は、分布様相からして、かつての江戸であっただろうと推測されます。

図25　ハソンスルを「修繕する」の意味で使うか

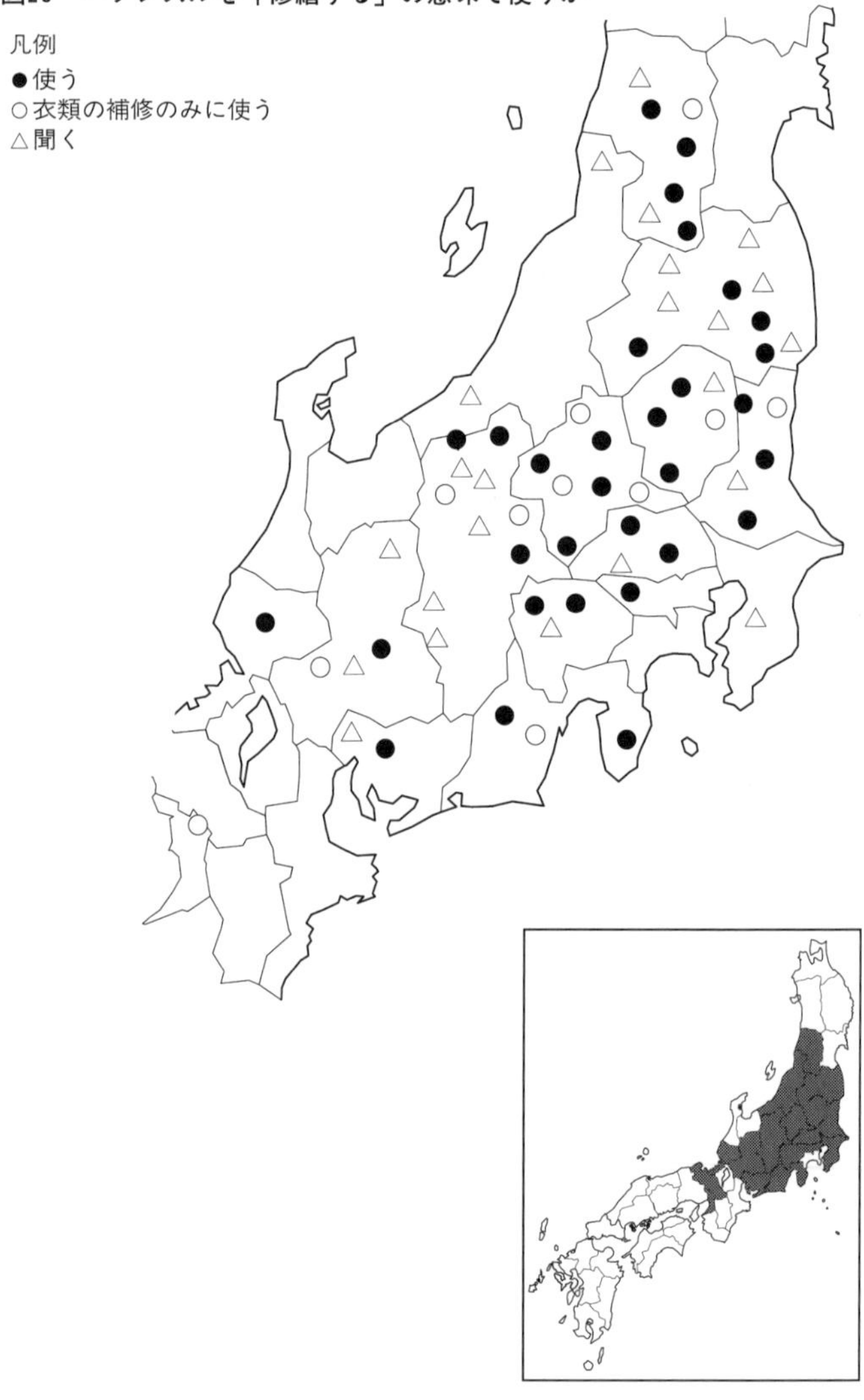

「かまきり」と「とかげ」が逆転

埼玉県南部と東京都北部地域では「かまきり」と「とかげ」の混同があり、荒川以西の荒川沿いの地域には、どちらもトカゲと言って両者を区別しないところがあります。ある話者は「トカゲの孵化《ふか》したものがカマキリだ」などと言っています。

この地域では本来「かまきり」をオマンバカとかハラタチゴンベとか言い、「とかげ」をカガミッチョ、カマギッチョと言っていたようです。そこへ共通語のカマキリ、トカゲが侵入したことで混乱がはじまりました。カマキリのカマが「とかげ」のカガミッチョ、カマギッチョのカガ、カマの音と牽引《けんいん》しあったのです。

その混乱の解決策として、カガミッチョに相当する共通語形トカゲを「かまきり」の名前として採用し、カマキリという語形を押さえ込んだうえ、カガミッチョを民衆語源的に解釈してハガム（「腹を立てる」）の意味でハガミッチョという形に変えようとしたのです。なお、この「とかげ」のハガミッチョは、意味的に「かまきり」のハラタチゴンベとも関連する語形であることに留意すべきでしょう。

出典：柴田武「方言地理学」『講座方言学2　方言研究法』国書刊行会　一九八四

図26 「かまきり」の方言分布図

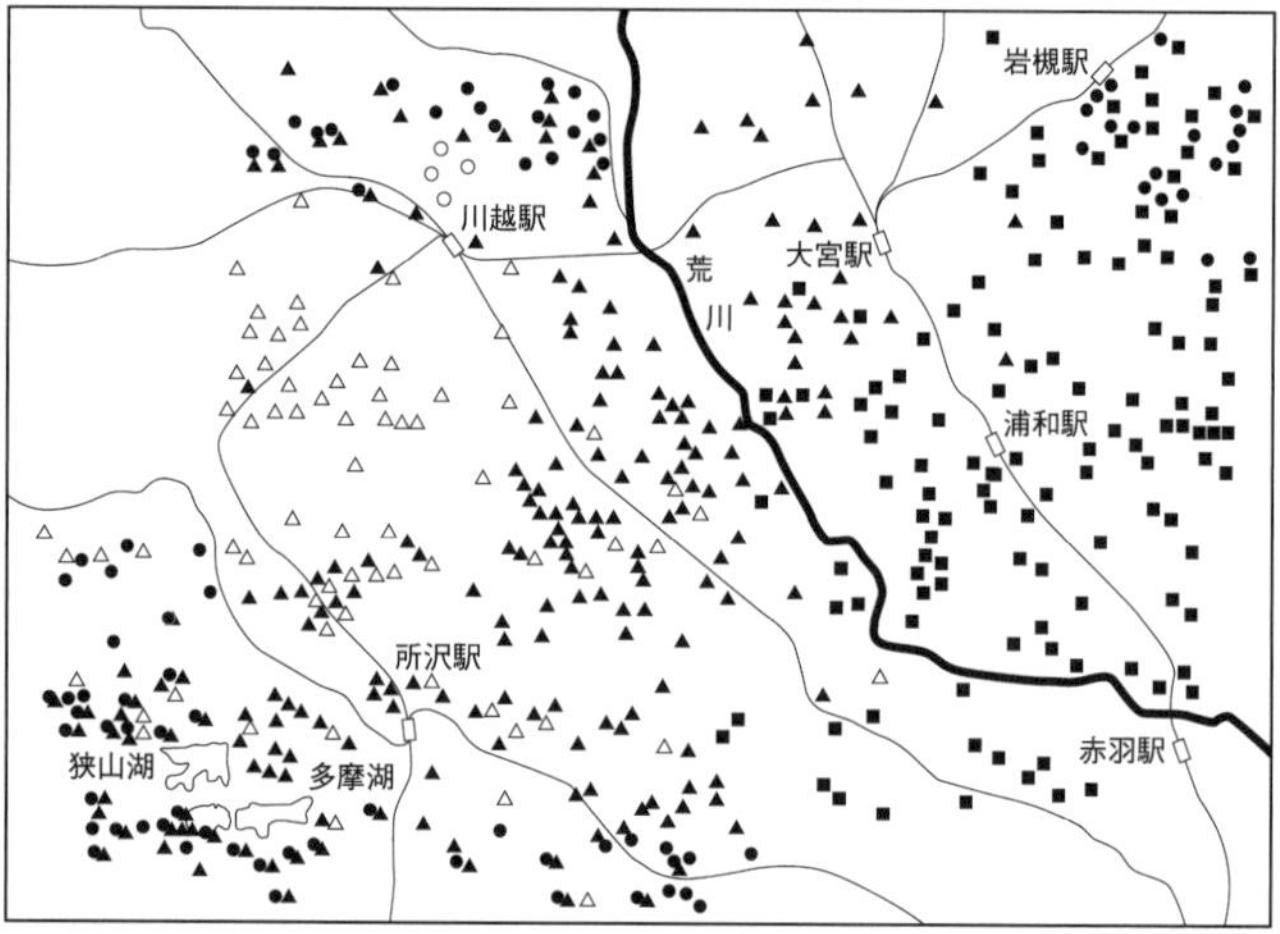

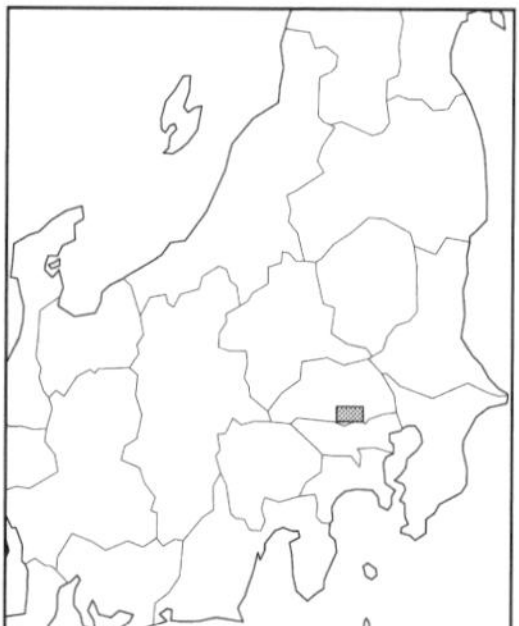

凡例
●カマキリ
○オガミッチョ
▲トカゲ
△オマンバカ
■ハラタチゴンベ

図27 「とかげ」の方言分布図

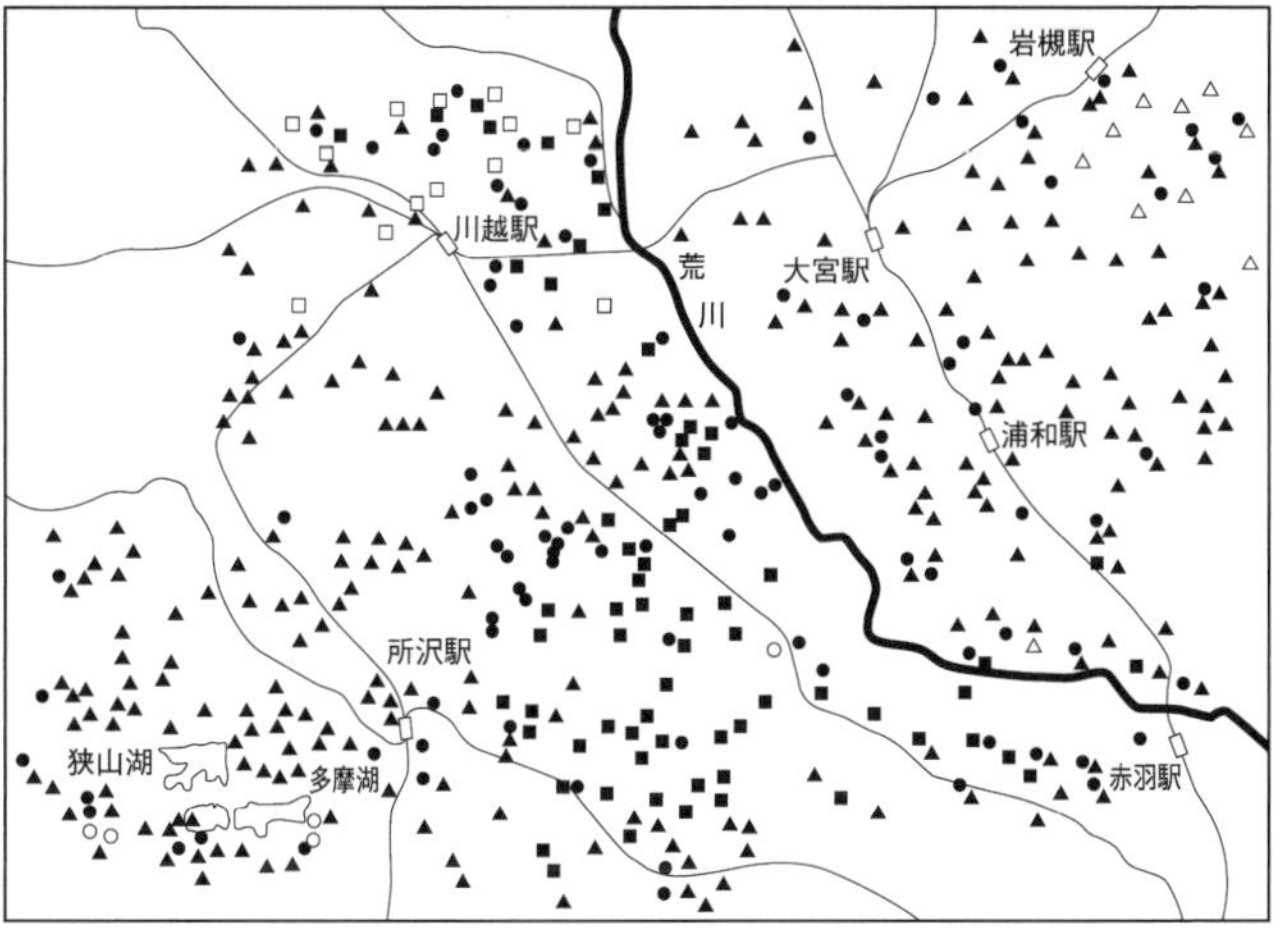

凡例
●トカゲ
○カマキリ
▲カガミッチョ
△カマギッチョ
■ハガミッチョ
□チョロチョロヘビ

〈東京〉
ヒをシと訛《なま》る地域

東京の、かつての下町ことばでは、ヒとシとが区別されなくて、同じ音韻でした。ヒの音はシに近い音で発音されていました。たとえば、「東」はシガシ、「お日様」はオシサマ、「一つ」はシトツ、「必要」はシツヨウでした。それを直そうとして、「潮干狩り」をヒオシガリなどと言ったりすることが東京人の特徴として、ある場合には嘲笑の対象になったりしたものでした。

この傾向は現在も存在します。最近、東京出身の出版社の社員から、「シトエニお詫び申し上げます」という手紙をもらいました。

図28はこのヒとシの混同の地理的状況を見たものです。フィールドは、葛飾区に隣接する東京都北部（足立区・荒川区・北区・板橋区）および埼玉県南部（草加市・鳩ケ谷市・川口市・戸田市など）です。この地域の六〇地点で、各地生え抜きの老年層の人々に、一九七七年、小沼民江《こぬまたみえ》さん（当時学生）が面接調査を実施しました。図28では「東」「一つ」「低い」「紐《ひも》」「髭《ひげ》」の五項目の、それぞれの語頭の音におけるシの音声の現れ具合をまとめて示しています。シが多く現れる地域は、東京都の北端から埼玉県南部までにも広がっていることが明らかになりました。

出典：真田信治『日本語のゆれ——地図で見る地域語の生態——』南雲堂　一九八三

図28　ヒをシと発音する度数

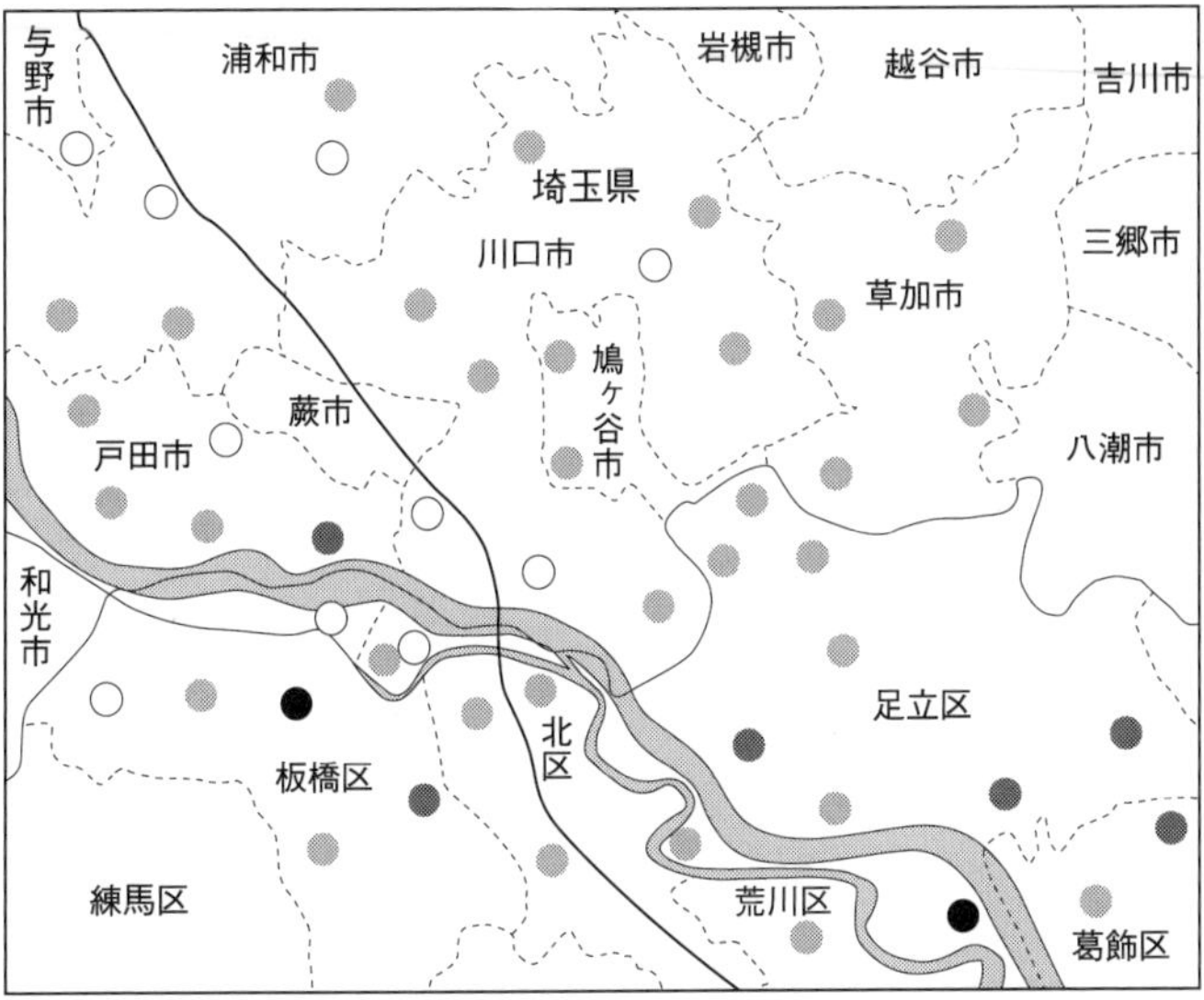

調査：1977年

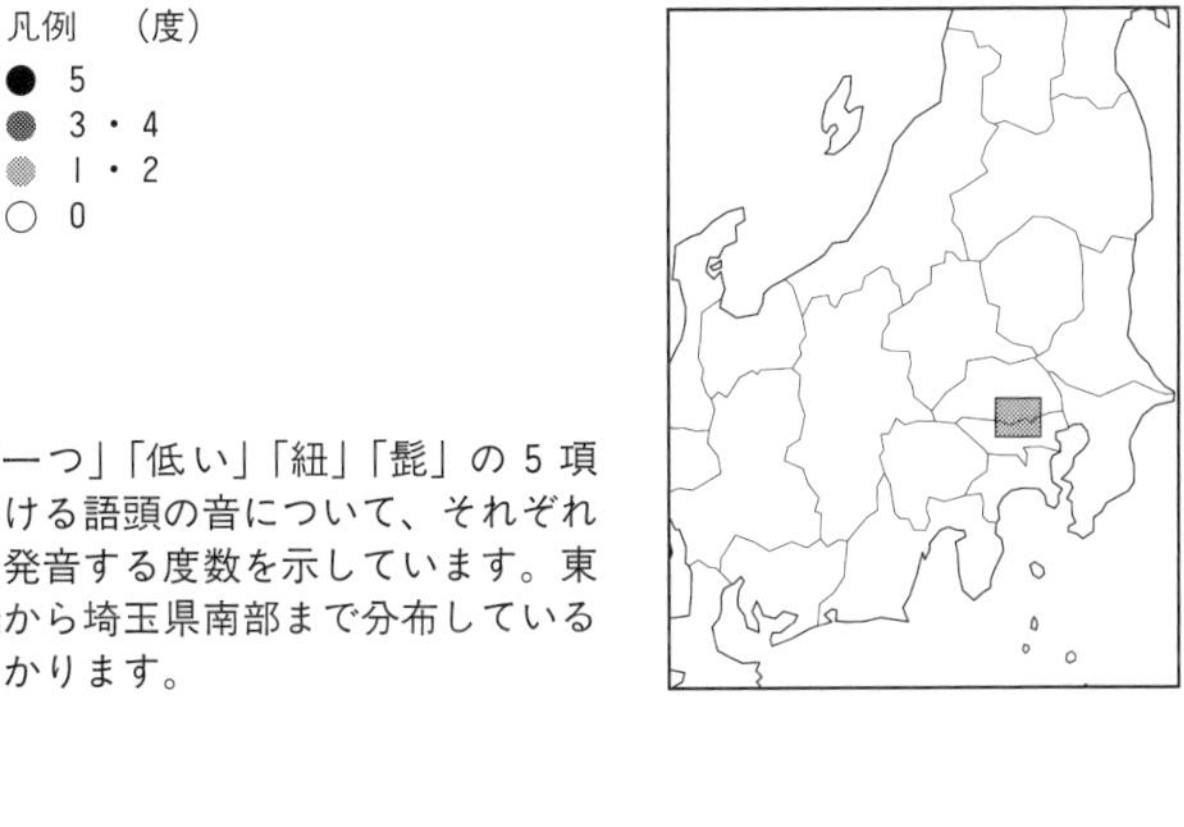

「東」「一つ」「低い」「紐」「髭」の5項目における語頭の音について、それぞれをシと発音する度数を示しています。東京北端から埼玉県南部まで分布しているのがわかります。

あさっての次の日は？

あさって（明後日）の次の日はシアサッテかヤノアサッテか。西日本ではシアサッテが一般的ですが、東日本ではヤノアサッテと言うところが多いのです。ただし、東日本の中で東京都区内は例外的にシアサッテで、周囲をヤノアサッテに囲まれています。すなわち、この語に関する限り、都区内は言語の島なのです。このような分布模様は、都区内もかつてはヤノアサッテであって、ある時期に関西方面のシアサッテが取り込まれたのであろうと推測させるものです。

図29は、明明後日と明明明後日を対にして、都区内における、その実態を見たものです。データソースは前項と同様です。

ヤノアサッテ／――、ヤノアサッテ／シアサッテ、ヤノアサッテ・シアサッテ／――、シアサッテ／ヤノアサッテ、シアサッテ／――など、明明後日／明明明後日は、地点によって、かなり錯綜した様相を呈していることがわかります。東北本線に沿った地帯にはシアサッテ／ヤノアサッテが目立ち、周囲には逆順のヤノアサッテ／シアサッテ／――が比較的多く存在しています。一時代前には都区内もヤノアサッテ／――であったのでしょう。その後関西との交流が盛んになるにつれて、シアサッテを明明後日の意味のまま取り入れ、それと同時に、従来のヤノアサッテを明明後日の位置に押しやったものと思われます。

図29 「しあさって」「やのあさって」の分布図

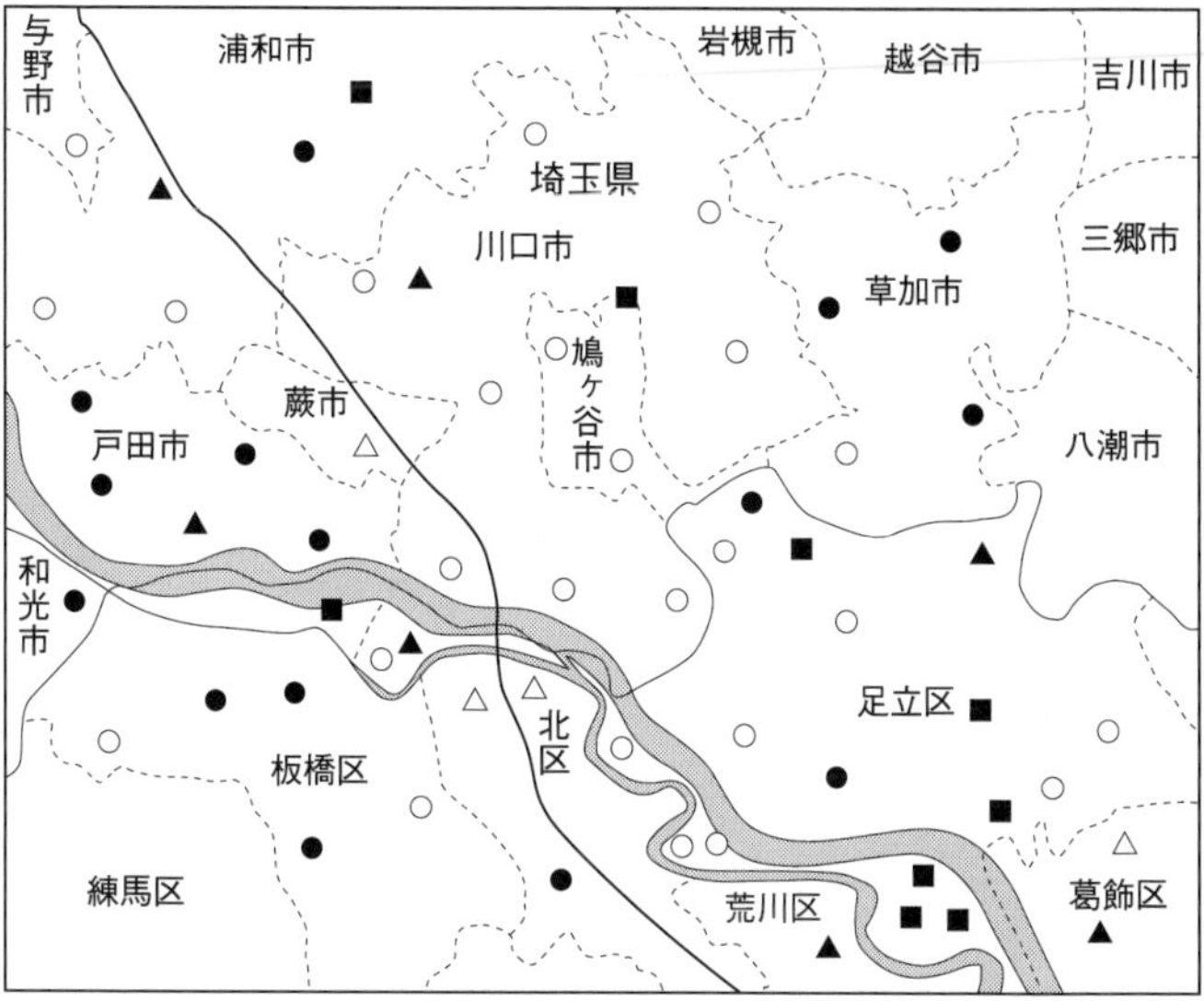

調査：1977年

凡例

	しあさって	やのあさって
●	ヤノアサッテ	―――
○	ヤノアサッテ	シアサッテ
▲	ヤノアサッテ シアサッテ	―――
△	シアサッテ	ヤノアサッテ
■	シアサッテ	―――

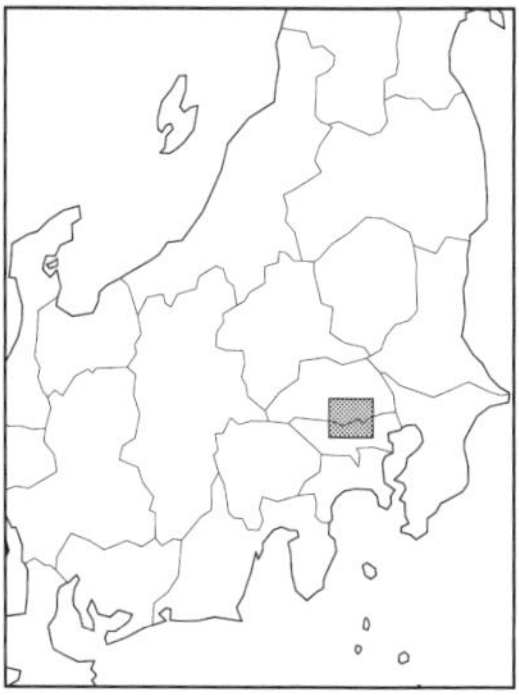

このような錯綜状況のなかでは、埼玉の人と東京の人が「シアサッテ会いましょう」と言った場合、互いのすれ違いが起こること請け合いです。

カタスの消長

「片づける」ことをカタスと言うのは関東とその周辺部です。カタスはこの地域での伝統的方言形と言えるものです。図30は、東京都の若年層を調べた結果ですが、カタスはまだ勢力を維持しています。そしてその使用者の多くはカタスを東京のことばと意識しているようです。

表4は、東京都に隣接する千葉県松戸市で、カタスの消長を調べたものです。六〇代から五〇代、四〇代にかけてはカタスの使用率が低下しています。これは他の伝統的方言形における使用率の推移と一致するものです。ところが、それ以降の世代になると、カタスが増加する傾向が見て取れます。これはカタスの、いわば象徴的意味の変化とかかわるものだと考えられます。松戸の若年層話者の多くは、カタスを東京的なことばと意識しています。つまり、老年層の使用するカタス（松戸方言）と若年層の使用するカタス（東京語）とは象徴的意味が異なるのです。

地域の若者が、ある語形を採用する場合、それが東京で使われているかどうかが大きな基準となります。東京的でない方言形は急速に衰退していきますが、東京的な方言形は使用率が増加する傾向にあります。東京での俗語はあくまでプレステージをもっているわけです。

出典：早野慎吾『首都圏の言語生態』おうふう　一九九六

図30　東京の若者の「カタス」の使用状況

表4　松戸市では、東京語として「カタス」を使う若者が多い

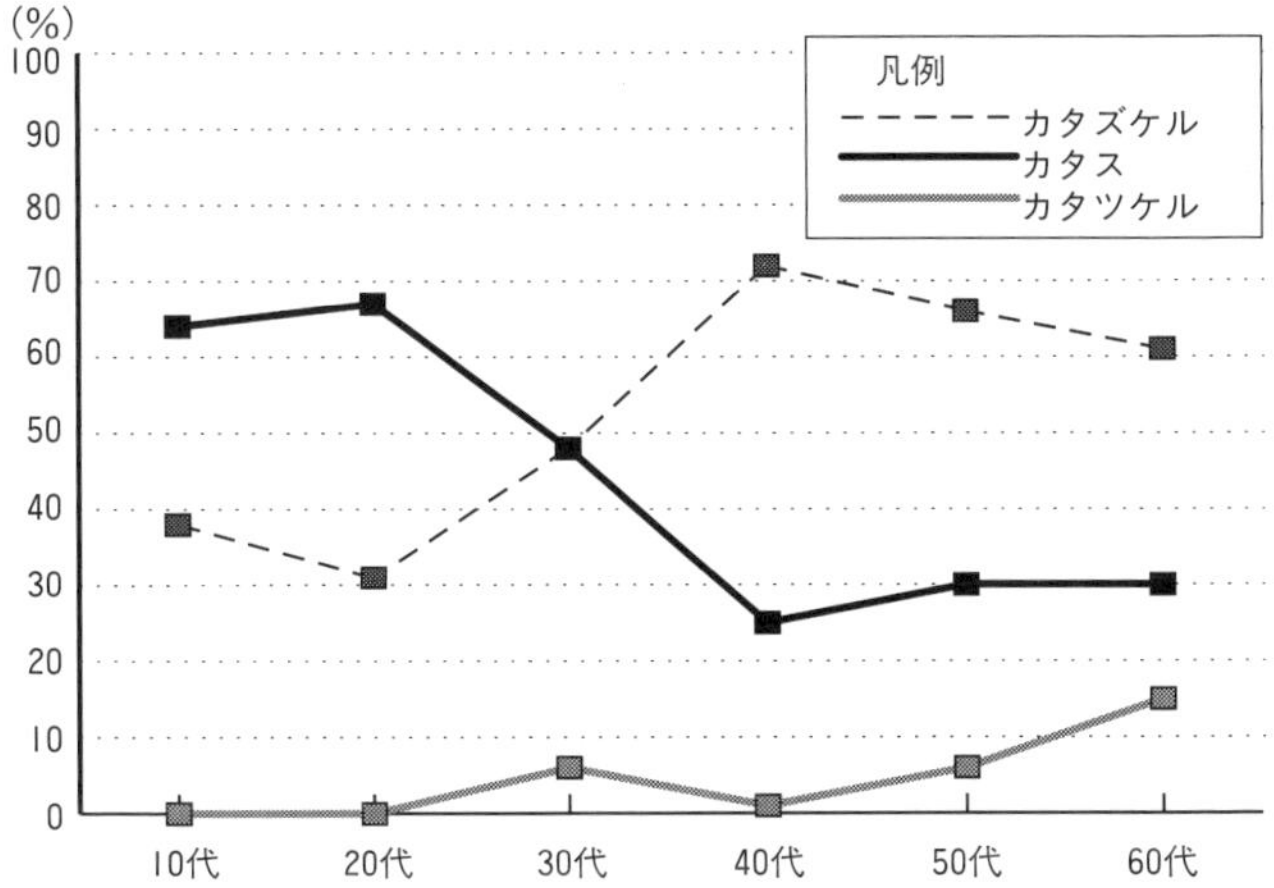

八丈島における表現の世代差

東京都八丈島は、三根《みつね》、大賀郷《おおかごう》、樫立《かしたて》、中之郷《なかのごう》、末吉《すえよし》の五つの集落から成っています。表5は、それぞれの集落から五家族を選んで、その家族における「行かなかった」という表現に対応する形式の世代差を見た結果です。

さまざまな形式が存在しますが、このうちで質問文脈にもっとも近い意味の固有の表現形式はイキンジャララだと考えられます。三根では中年層の全員が使っていることからイキンナララもそうかもしれません。場面差としては、「先生」に対する場面が「外来者」に対する場面とともに、標準形式、そして敬語形式の使用の多いことが認められます。調査は一九七八年に行われました。

若年層で使われるイキンナッタ（ラ）、イキンナカッタは右の二形式と標準形式イカナカッタとの混交によるものと考えられます。イキンナカッタは若年層で全域に見られるほか、中年層でも大賀郷と中之郷で使用する人がいます。ここでは、標準化の際に、一挙に標準形式を使うようなことをしないで、混交による中間形式を経てから標準化するといった流れが存在することに注目すべきです。ここに、世代間の断絶を緩和する機能が結果として働いていることを指摘することができるのです。

ただし、この調査から四半世紀後の現在、八丈島の状況にはきびしいものがあります。とくに

表5　「行かなかった」という表現の世代差（八丈島）

世代	場面＼家＼地域	三根 A	三根 B	三根 C	三根 D	三根 E	大賀郷 A	大賀郷 B	大賀郷 C	大賀郷 D	大賀郷 E	樫立 A	樫立 B	樫立 C	樫立 D	樫立 E	中之郷 A	中之郷 B	中之郷 C	中之郷 D	中之郷 E	末吉 A	末吉 B	末吉 C	末吉 D	末吉 E
老年層	子	●	●	● ✕	✕	▲	●	✕	○	●	✕	●	●	●	●	●	●	◬	●	◇	●	●		●	✕	▲
老年層	孫	●	✕	✕	✕	▲ ✕	✕	✕	○	●	✕	✕	●	●	●	✕	●	◬	✕	◇	●	●		✕	✕	▲
老年層	友達	●	●	●	✕	▲	●	✕	○	●	✕	●	●	●	●	✕	●	◬	●	◇	●	●		●	●	▲
老年層	先生	◎	◎	◎	✕	▲	✖	✕	○	✖	◎	◎	●	◎	◎	✕	●	◬	◎ ✕	◎	✖	◎		✕	◎	✕
老年層	外来者	◎	◎	◎	✕	◎	◎	✕	✕	◎	◎	◎	◎	◎	◎	✕	✕	◎	◎	◎	◎	◎		✕	◎	✕
中年層	父	▲	▲	▲	▲	▲	◬	●	▲ ●	● □		✕	▲	▲	□	□	■	□	◆	◆	◆	◬	✕	▲	▲ ●	●
中年層	子	▲	✕	▲	▲	✕	◬	●	▲	✕		✕	▲	▲ ◬	✕	✕	■	□	✕	✕	◆	◬	✕	▲	✕	✕
中年層	友達	▲	▲	▲	▲	▲	◬	●	▲ ●	✕		✕	▲	▲ ◬	□	□	■	□	◬	◆	◆	◬	✕	▲ ▲	●	◎
中年層	先生	▲	◎	✖	✖	✕	◎	●	■	◎		✕	▲	▲ ◬	□	□	✕	■	✕	✕	◎	◎	◎	▲	◎	◎
中年層	外来者	✕	◎	◎	◎	✕ ◎	◎	◎	✕	◎		◎	◎	✕	◎	✕	✕	◎	✕	✕	◎	◎	◎	◎	◎	◎
若年層	祖父	✕	△	✕	△	✕	✕	✕	■	■	✕	✕	■	✕	✕	✕	✕	■ ✕	✕	✕	✕	△	■	◬	■	■
若年層	父	■	△	✕	△	✕	✕	✕	■	■	✕	✕	■	✕	✕	✕	✕	■ ✕	✕	✕	✕	△	■	◬	■	■
若年層	友達	■ ◬	△	✕	△	✕	✕	✕	■	■	■	✕	■	✕	✕	✕	✕	■ ✕	✕	✕	✕	△	■	◬	■	■
若年層	先生	✕	✕	✕	△	✕	◎	◎	■	✕	◎	✕	◎	✕	✕	✕	✕	■ ✕	✕	✕	◎	△	■	△	■	■
若年層	外来者	✕	✕	✕	△	✕	◎	◎	■	◎	◎	✕	◎	✕	✕	✕	✕	■ ✕	✕	✕	◎	◬	✕	△	✕	✕

●イキンジャララ
○イキンジャッタ
▲イキンナララ・イッテキンナララ
△イキンナッタ・イキンナッタラ
■イキンナカッタ・イキンナカッタラ
□イキンナカララ
◆イキナカララ・イキナカラー
◇イキナカッタ
✖イキータシンジャララ・イキータシンナララ
✕イカナカッタ
◎イキマセンデシタ・イカナカッタデス
◬その他

若者は総じて標準語に近い表現が目立ち、中年層、老年層においては場面によって標準語に近い表現が現れます。

若年層ではほぼ完全に東京語の体系に変化してしまっています。

出典：沢木幹栄「地域差と世代差と場面差」『方言の諸相』三省堂　一九八五

〈甲信越〉

自然境界と方言――中部山岳の存在

明治期の国語調査委員会が東西方言対立の指標とした、否定表現の「ナイ」と「ン」との中部域での分布様相を示したものです。図31は、具体的には「行く」という動詞の否定の形「行かない」の場合における「ない」に対応する形式の現在の老年層での実態です。「ナイ（ネー）」と「ン」の境界線は、新潟県、長野県、山梨県、そして静岡県のいずれをも分断する形で、それぞれの中央部を走っています。この東部の「ナイ（ネー）」と西部の「ン」の対立は、中部山岳地帯の存在と無関係ではないでしょう。そのことは、この図を地勢図と対照すれば明らかです。

ところで、大井川と安倍川の上流には、「ノー」という表現が分布しています。私は、この「ノー」は『万葉集』の東歌に用例が見られる上代東国方言での否定の意味を表した「なふ」という助動詞の残存だろうと見ています。なお、「なふ」は否定の助動詞「ず」の未然形「な」に継続の助動詞「ふ」が付いてできたものとされます。ちなみに、「なふ」の連体形は「なへ」で

図31　中部山岳を境に対立する東の「ナイ」と西の「ン」の分布図

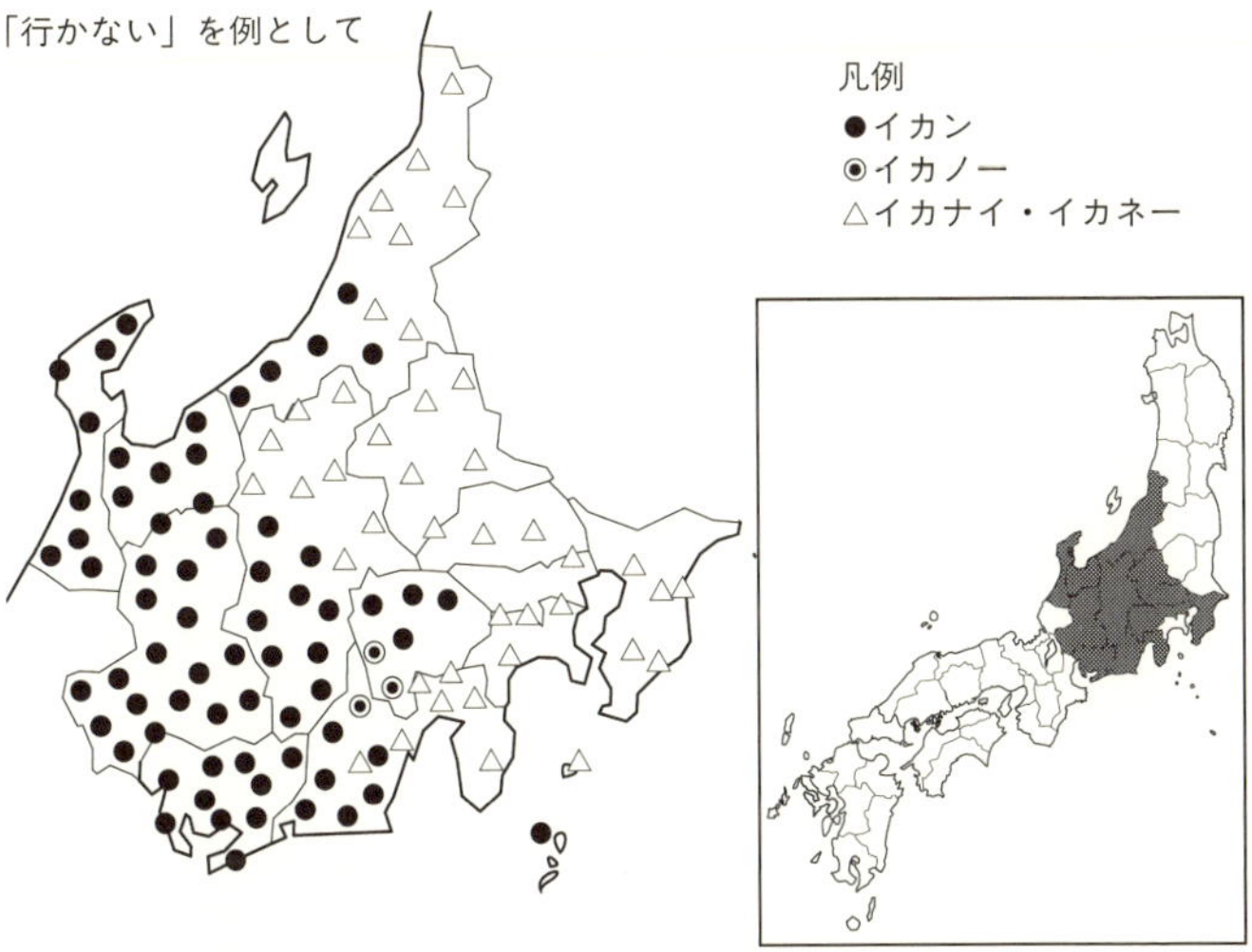

表 6　木曾福島・開田では西部方言系が優勢といえます

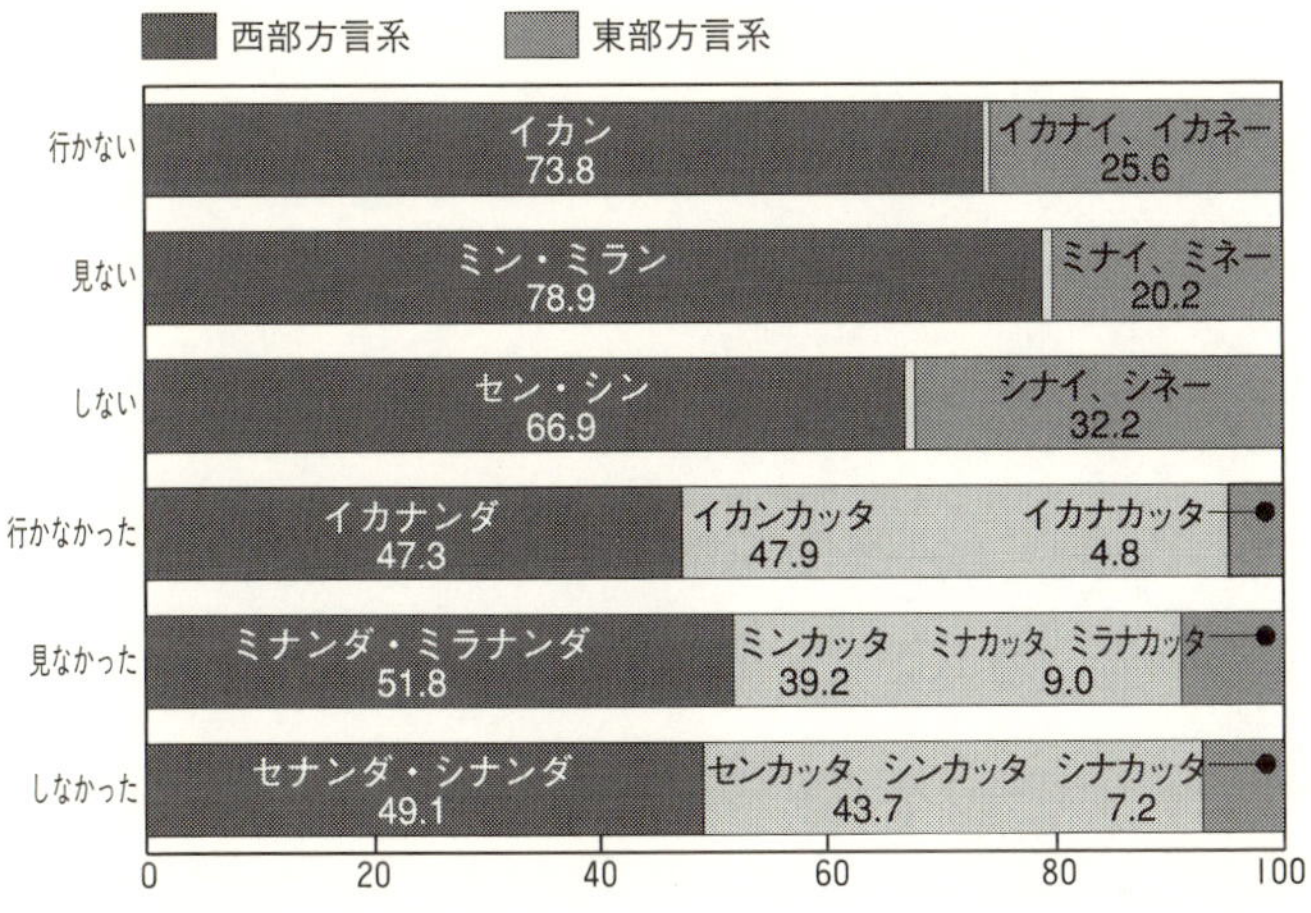

す。この「なへ」が現在の「ナイ」の祖形だと考えられるのです。

境界線上の木曾福島・開田《かいだ》の現状

表6は、「ナイ」と「ン」の境界線上にある、長野県木曾福島町・開田村で、そのコミュニティにおける東西方言要素の使用比率を見た結果です。対象は若年層です。

	東部方言系	西部方言系
「行かない」	イカナイ・イカネー	イカン
「見ない」	ミナイ・ミネー	ミン・ミラン
「しない」	シナイ・シネー	セン・シン
「行かなかった」	イカナカッタ	イカナンダ
「見なかった」	ミナカッタ・ミラナカッタ	ミナンダ・ミラナンダ
「しなかった」	シナカッタ	セナンダ・シナンダ

ところで、否定過去の項目には、東部要素ナカッタのカッタと西部要素のンとが混交した中間方言形式「ン＋カッタ」が存在します。これは、西日本の各地で若年層に加速度的な勢いで広まっている形式です。

出典：井上文子「木曾福島・開田方言における否定表現の動態」『20世紀フィールド言語学の

軌跡』変異理論研究会　二〇〇〇

推量表現、ズラとラ

推量表現の「ズラ」は、いわゆるナヤシ方言（長野・山梨・静岡の方言）での一つの指標です。この地域では推量の形式に「ラ」もあって、二つの形式は併用されていますが、接続上の用法が異なっています。「ラ」は、たとえば「雨が降るラ」「寒いラ」のように動詞や形容詞に接続します。意味は「だろう」に対応します。しかし、「ラ」はいわゆる形容動詞や名詞には接続できません。形容動詞や名詞には、たとえば「静かズラ」「雨ズラ」のようにズラが接続します。この場合、意味は「なのだろう」に対応します。

ただし、ズラは、「降るズラ」のように動詞に接続することもあります。これはこの地域で助動詞のダが「雨が降るダ」のように動詞に直接に接続する用法をもっていることに関連しているのです。したがって、「降るズラ」は「降るのだろう」に対応するものなのです。

静岡県で国語の教師をしている杉山有里《すぎやまゆり》さんの調査によれば、ズラは、現在、ズラ↓ダラ↓ンダラという変化の過程にあるようです。ズラ↓ダラの変化は、標準語「だろう」からの形態レベルでの干渉の結果です。一方、ダラ↓ンダラは、この地域方言での助動詞「ダ」が動詞に直接下接できるという文法体系が、助動詞が動詞に下接するときは「の」で体言化するという標準語の

図32 「ズラ」「ラ」を使用する地域

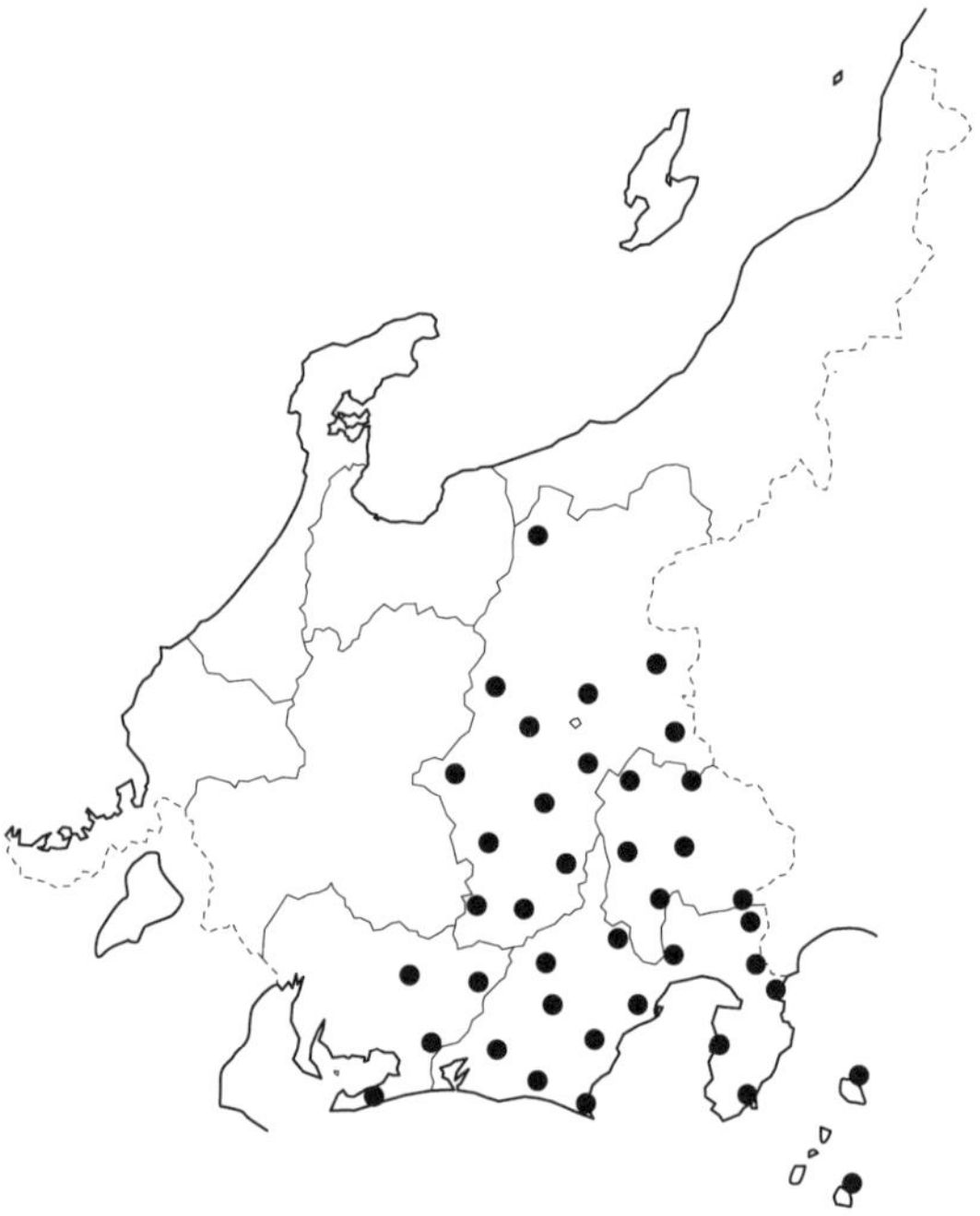

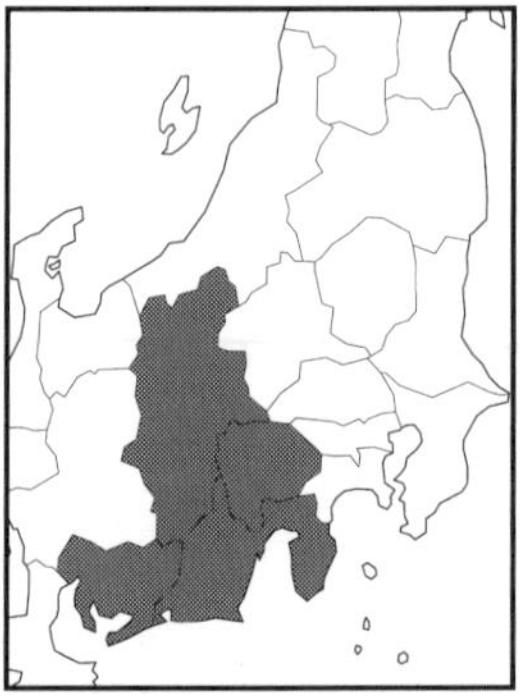

文例：「雨ズラ」
「静かズラ」
「雨が降るラ」
「寒いラ」
『方言文法全国地図』による

文法体系を受けて起こった、文法構造レベルでの変化と考えられます。

ごちそうさま、いただきました

人から物をもらったときの挨拶としては、「どうも」「すみません」「ありがとう」「ありがとうございます」など、さまざまなニュアンスの言い方がありますが、地域的な特徴を示すものに「ごちそうさま」があります。

長野、山梨、静岡、そして新潟、富山あたりでは、ゴッツォダネ、ゴッツォサンデス、ゴチソーサンデゴザンスなど、「ごちそうさま」の類がまとまった分布域を形成しています。しかし、この表現は何も食べ物をもらった場合に限られるわけではありません。

このことから想起されるのは、相撲の世界で力士が物をもらったときに、ゴッツァンデスと言うことが慣《なら》わしのようになっていることについてです。相撲界での表現パターンのルーツは、あるいはこのあたりにもあるのではないでしょうか。

ところで、食事を終えたときの挨拶、「ごちそうさまでした」の代わりとして、「いただきました」と言うのは、長野、静岡、そして九州の一部などです。とくに長野、静岡の周辺で顕著ですが、これは、当地で「ごちそうさま」が前述の意味合いで使われていることと関連すると思われます。長野や静岡では、小学校で給食が終わったあと、みんなで声をあわせて「いただきまし

図33 「ありがとう」をゴチソーサマという地域

図34 「ごちそうさまでした」をイタダキマシタという地域

た」と言っているところがありますが、そこでは、この表現が方言だとは意識されていないようです。

〈東海〉

自然境界と方言――浜名湖の場合

存在動詞イルとオルの東西の対立を見たもので、湖が境界となっている例です。

いわゆる「東西方言境界線」は、親不知と浜名湖を結ぶ線上にあるとされるのですが、具体的に浜名湖が境界になっているめずらしい項目と言えます。湖より東側がイル、西側がほぼオルとなります。ただし、西側にはイルも点在しています。

ところで、関西方面にはイルがオルとの併用で勢力をもって分布しています。すなわち、西の代表とも言える関西中央部では、同一の話者がイルとオルの二つをもっているのです。京都周辺を例に取ると、イルは待遇的に中立なものとして存在する一方、オルは下向き待遇の表現（軽卑語）として存在しています。関西中央部におけるこのような使い分けは古くからのもので、中世末から近世にかけて京阪の口語を写した文献では、一般にオルよりもイルが多く用いられているのですが、オルを用いるときは大体に見下げる意図を含むニュアンスが表現されています。

なお、東京など、東日本でのイルの領域で、「オリます」のように、丁寧《ていねい》体としてオルを用い

凡例
● イル
○ オル
浜松市

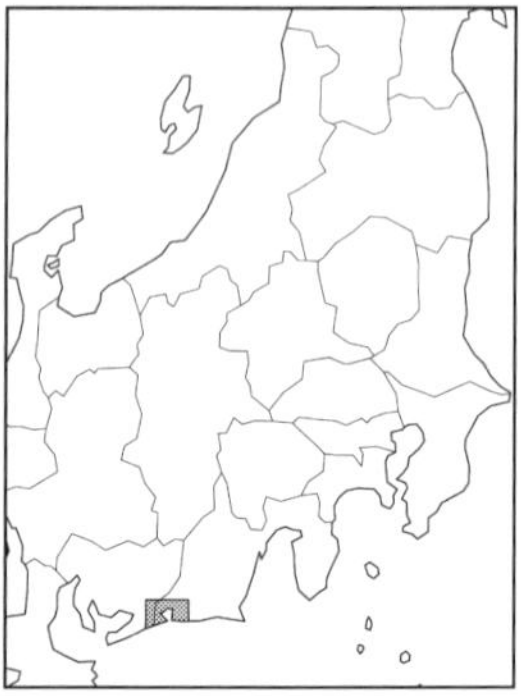

図35　東の「イル」と西の「オル」の自然境界線は浜名湖

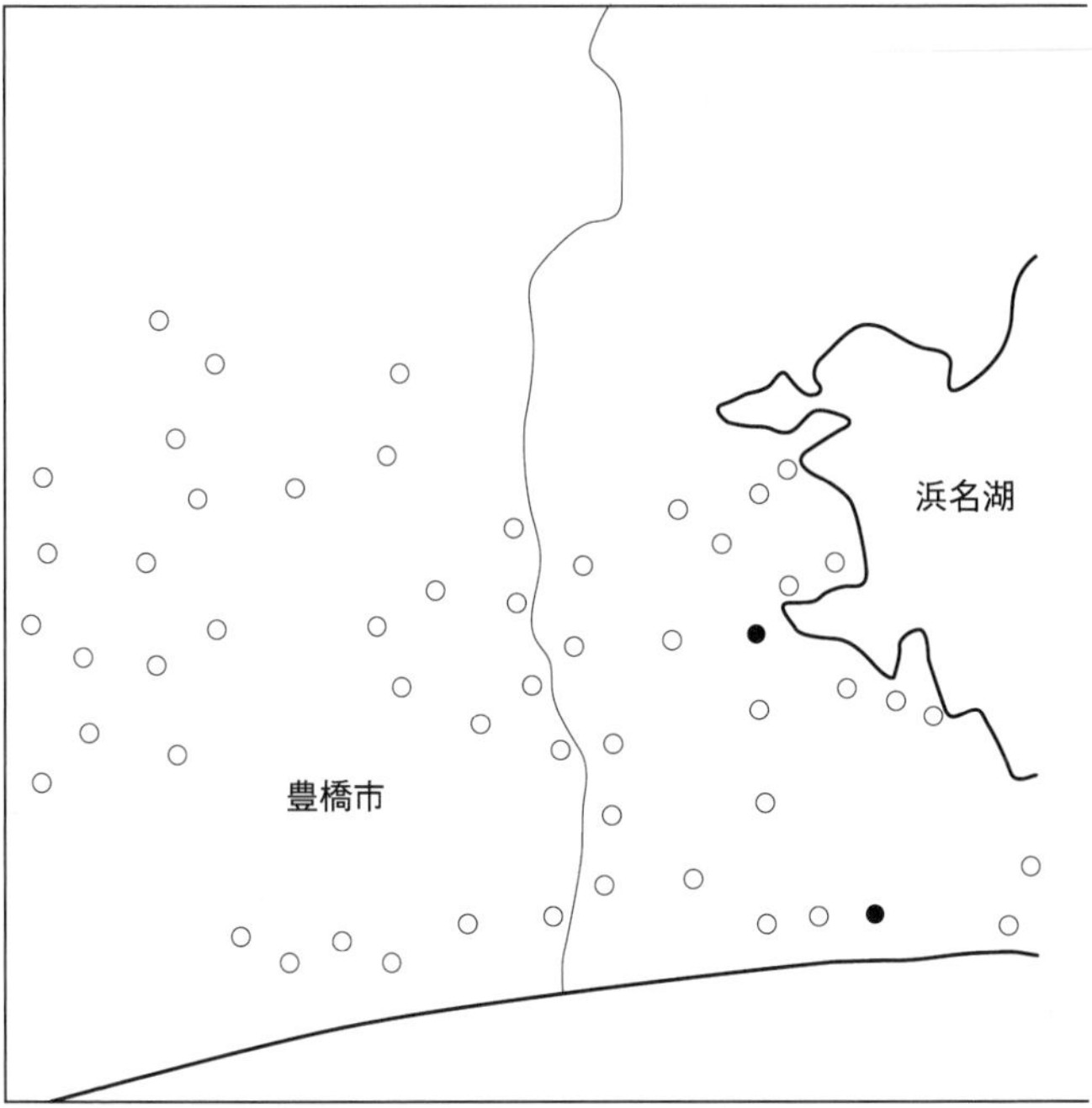

調査：杢谷俊行

あそこに人が「イル」と言いますか。それともあそこに人が「オル」と言いますか、という質問の結果、浜名湖を境にきれいに回答が分かれました。

ることがありますが、それはかつての江戸の上層階級のことばづかいに京阪語が及んでいた、その名残と考えられています。

自然境界と方言――木曾三川《さんせん》の場合

愛知・岐阜・三重の県境地帯で、「太陽を見るとあまり明るいので目があけていられないような感じがします。その感じをどんなだと言いますか。目がくらむとはちがいます」と質問して得られた回答です。

ヒドロイ、ヒドルイの類が愛知側に、マバイ、ママイの類が三重側に主として分布しています。その緩衝《かんしょう》に、マバユイ、メバユイの類が錯綜《さくそう》して分布しています。この様相は川の存在と無関係ではないでしょう。ただし、川は山とちがって、交通を阻《はば》むことがある一方、人や物の交流の通路にもなることに留意したいと思います。

なお、当該地域で一地点のみからの回答語形は、次のとおりです。

マムシイ、マブイ、カガハイイ、ハガユイ、メバシイ、マバシイ、ヤドロイ

これらのうち、メバシイはメバユイと標準語形マブシイとの、またマバシイはマバユイと標準語形マブシイとの混交形と認められます。なお、マブイには、俗語としての「マブイすけ（美しい女）」のような「かわいい。良い。金持ちだ」などの用法がありますが、ここでのマブイは、

図36 「まぶしい」の方言分布図

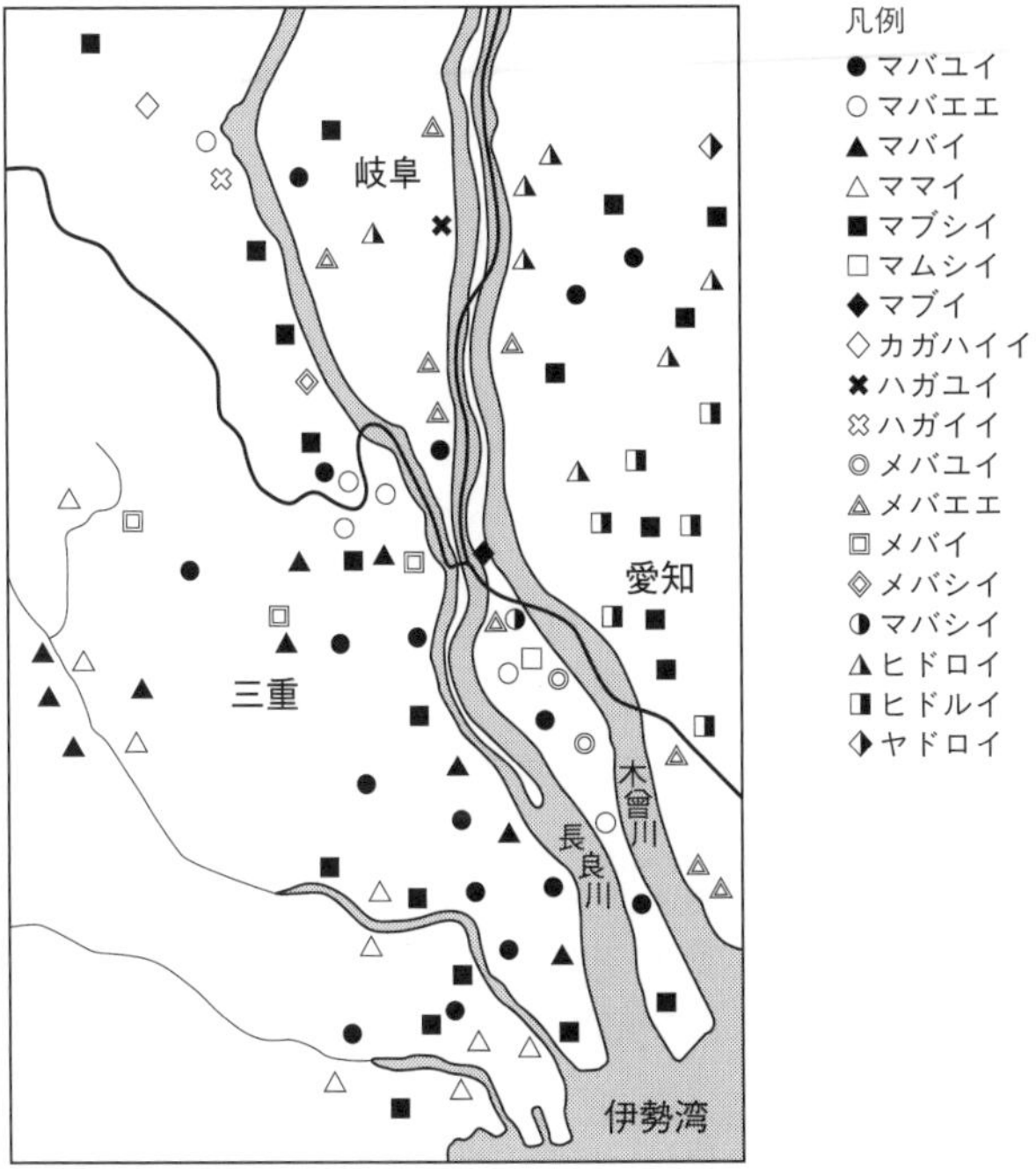

山ほど大きな存在ではないものの、木曾三川を境界に愛知の「ヒドロイ」「ヒドルイ」と三重の「マバイ」「ママイ」が分布していることがわかります。

それとは直接的にかかわるものではないと思います。

「案山子《かかし》」のソメ

岐阜・愛知を中心とする一帯にソメという語形が分布しています。これと似たシメという語形が、(図には示し得ませんが) 四国の山中や琉球列島の北半に存在します。これが同系のものだとすると、その間に広く分布するオドシより古いものの残存かもしれません。民俗学では、これらソメ、シメの語源を「占め」という語に求めています。神の占有する神聖な地域を示す標識であるシメ (「標縄《しめなわ》」) を張って、神に鳥獣の害から田畑を守ってもらおうとした古代の人々の信仰に端を発する語であるという解釈です。

ところで、飛驒山脈より東の地域では、人の形をした「案山子」が基本的なもので、ひらひらしたものなどで鳥獣を追う「とりおどし」はあまり用いられなかったようです。一方、西の地域ではもともと人の形のものより「とりおどし」のほうが基本的だったらしく、人の形のものがあっても名称としてとくに限定せず、ソメないしオドシと言っていたと思われます。その後、近畿を中心とするオドシの領域で、人の形をした「案山子」のほうにカガシという表現が広がり、「とりおどし」一般と「案山子」とを語形として区別する動きも起こったようです。

現在の近畿周辺での「案山子」の意味でのオドシとカガシの併存はそのような過程の現れと考

図37 「案山子」の方言分布図

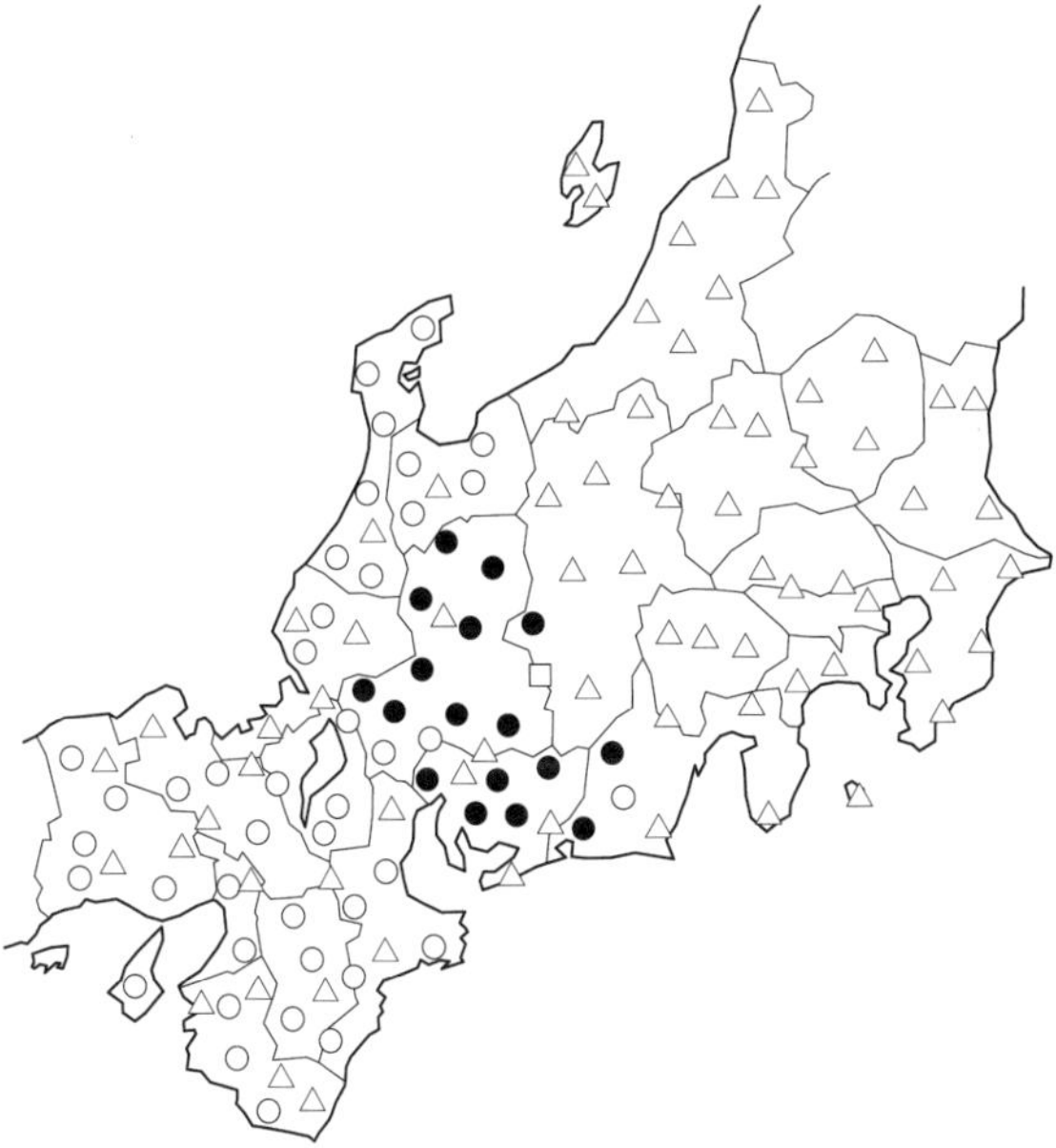

凡例
● ソメ
○ オドシ
△ カカシ、カガシ

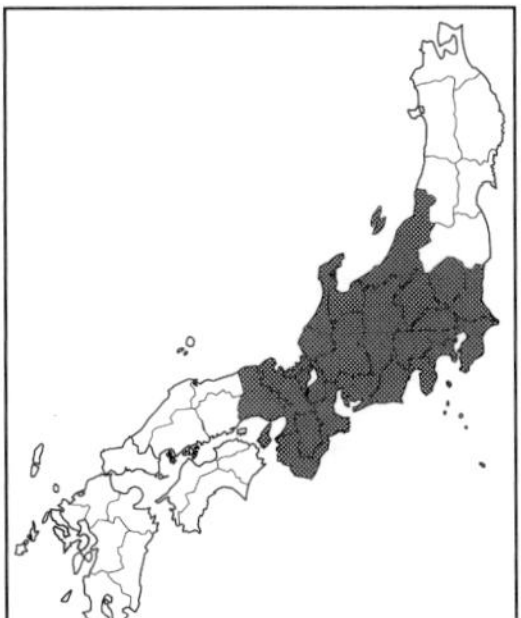

カカシとカガシはまとめましたが、関東ではカカシが一般的で、近畿ではカガシが一般的です。
『日本言語地図』による

えられます。

世代差の地図が物語る名古屋の今

伝統的方言形の衰退の様相を年層差の地図から見たものです。フィールドは名古屋市です。一九七四～一九七五年にかけて、名古屋で老年層と若年層のそれぞれ五〇人ずつを対象に臨地調査を行いました。図38は、その調査で得られたデータの一部です。

親しい友達と話をするときに、「蛙」のことをギャーロと言う人は老年層では五四％（理解する人は三〇％）もいますが、若年層になると、使用する人は皆無になります（ただし、理解する人は四六％です）。

このギャーロのように方言色の濃い語は早く衰退すると言えるでしょう。図38によれば、ギャーロの使用に若干の地域差が認められます。たとえば熱田区あたりでは、その使用度が高いように見受けられます。

ギャーロという語形は、文政四年（一八二一）に成った『宮訛《みやなまり》言葉の掃溜《はきだめ》』に「がいろ」の形で登載されています。ところで、この書の著者、柴田《しばた》虎吉《とらきち》は熱田富江町の住人であった由です。その連関が興味深いところです。

図38　名古屋におけるギャーロ（「蛙」）について

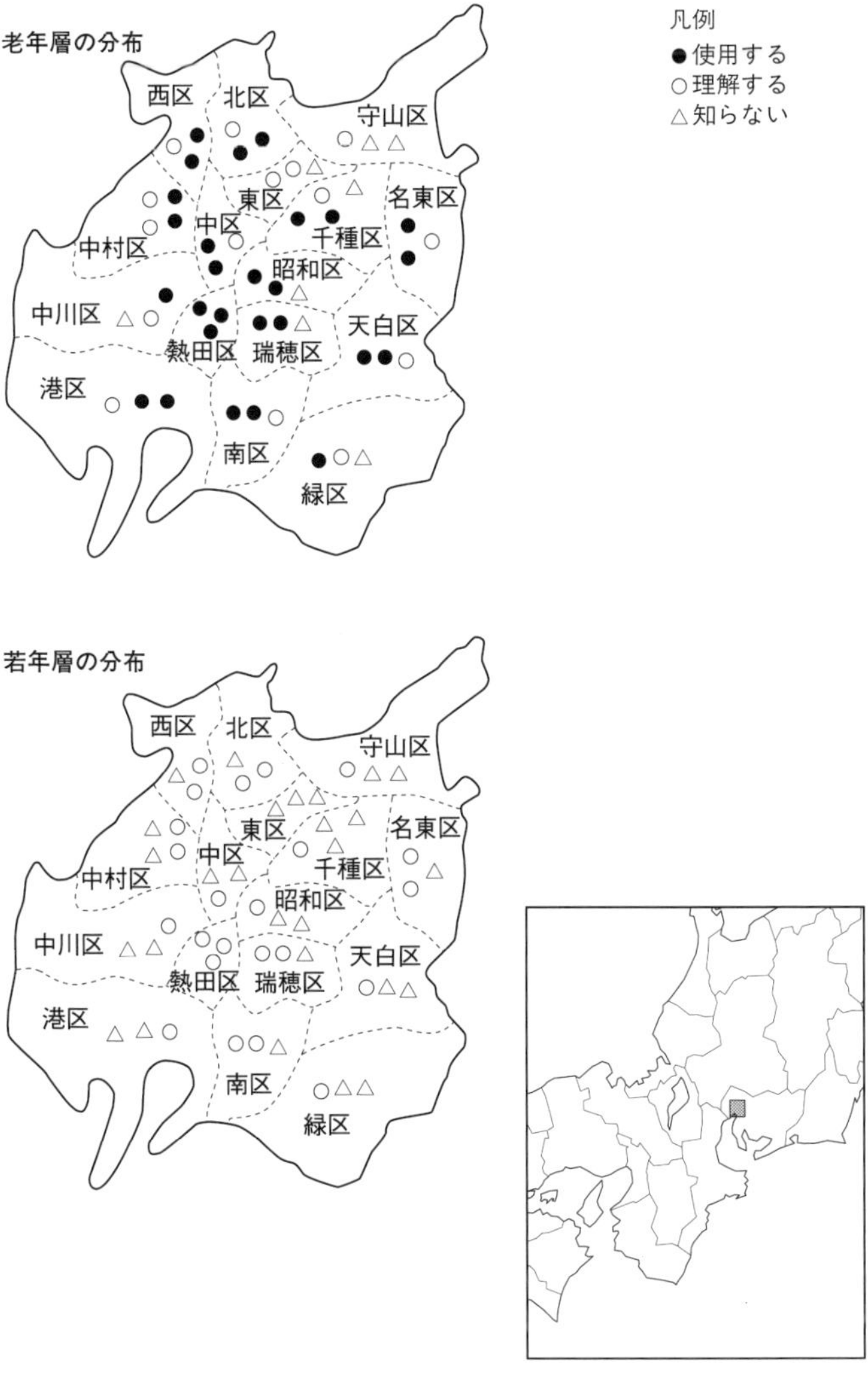

ただし、調査からすでに四半世紀、ギャーロは今や理解語彙でさえないのかもしれません。

〈北陸〉

「（どこに）行くのだ」の表現差

北陸各地における「行くのだ」にあたる表現形を掲げると、図39のようになります。

ここでの大きな特徴は、形式体言化した、いわゆる準体助詞ガの存在です。ガの使用領域を破線で囲みました。石川県加賀地方の北部から富山県にかけての地域がその領域です。新潟県糸魚川市でのガンは「がの」に対応するものだと考えます。そうだとしますと、ここにはガとノとが重なって存在していることになるわけです。

さて、図39では断定の「だ」に対応する形式の地域差も見て取れます。ダとなるのは、富山市と糸魚川市です。糸魚川市以北はダの世界なのですが、富山市のダは孤立しています。富山市のダについては、この地周辺に存在するデアからの変化形だと考えられます。そのほかではジャとヤの対立があります。ジャは富山県の山間部、五箇山にその分布域が限られています。なお、福井県坂井郡丸岡町や石川県加賀市大聖寺でのイクンニャのニャは、いわゆる連声による音声変化形です。

図39 「どこに行くのだ」の表現分布図

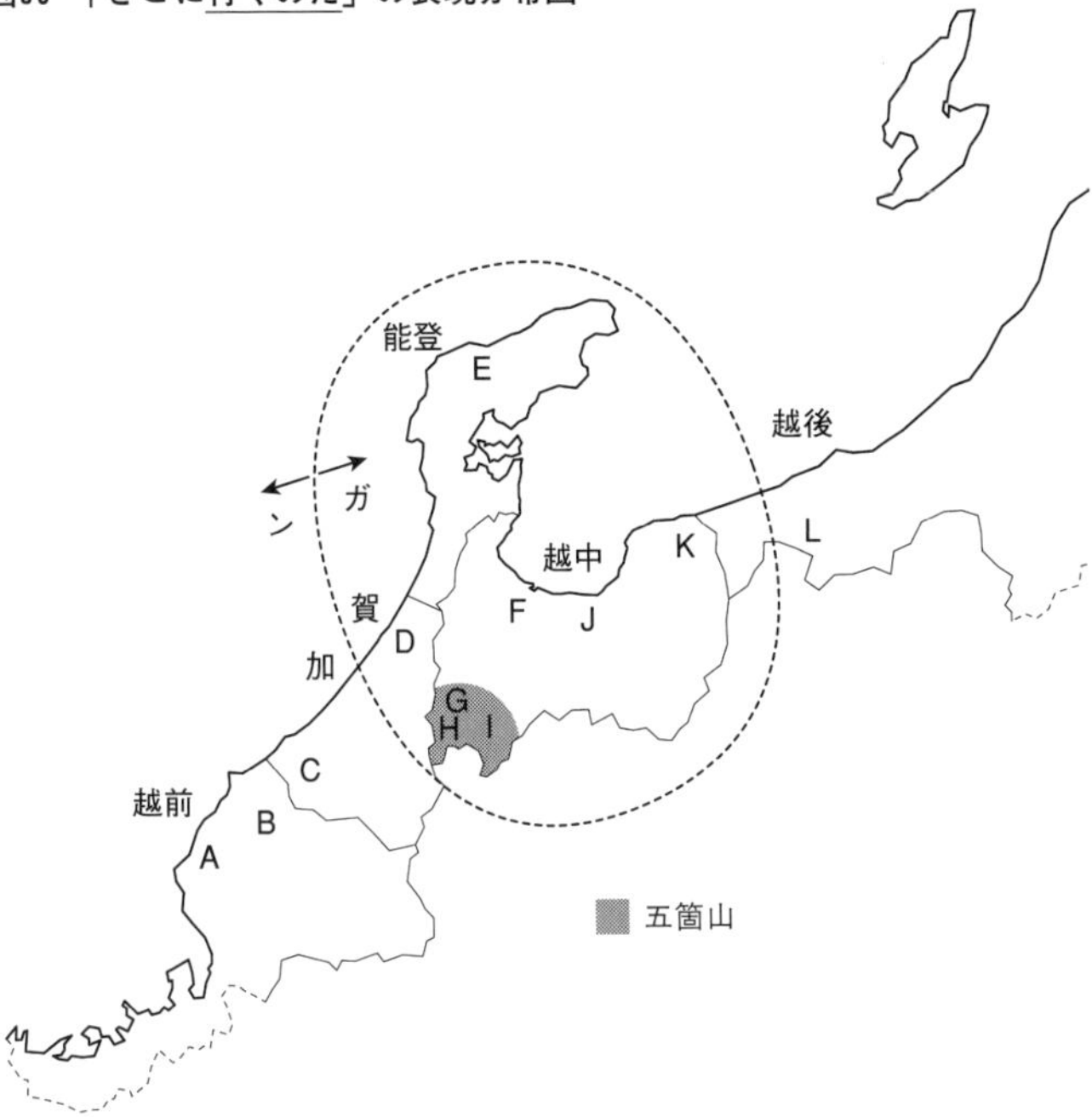

凡例
A　福井市宝永「イクンヤ」
B　坂井郡丸岡町「イクンニャ」
C　加賀市大聖寺「イクンニャ」
D　金沢市板ヶ谷「イクガヤ」
E　輪島市町野町「イクガヤ」
F　高岡市横田町「イクガヤ」
G　東礪波郡平町「イクガジャ」
H　東礪波郡上平村「イクガジャ」
I　東礪波郡利賀村「イクガジャ」
J　富山市五福「イクガダ」
K　黒部市生地「イクガヤ」
L　糸魚川市横町「イクガンダ」

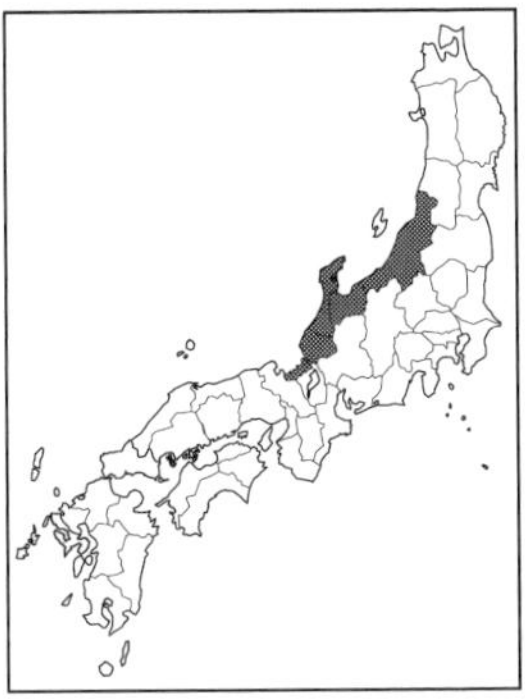

古語の博物館、富山の「塩の味」

近畿文化圏の周縁部に位置する富山県には、袋小路の地形のもとに、中央で生まれたさまざまなことばが次々に伝播、進出してきました。しかし、そのことばの勢力も後ろにひかえる連峰に阻まれて、それ以上東方へ進むことが困難なために、ここがいわば吹きだまりのようになったのです。この地が時として古語の博物館と称されるのは、そのような理由によります。

ここでは、塩の味の表現についての富山県の西部域における分布を示しました。塩の味の表現に関しては、東日本域ではショッパイが一般的で、西日本域ではカライが一般的です。改まった場合には東西ともにシオカライとなることが多いようです。これらの表現のすべてが当該地域に存在しますが、さらにクドイという形式が強い勢力をもって分布しています。ただし、この形式は、主として味付けでの濃厚さを表すもののようで、ほかの表現とは少しニュアンスが異なっている可能性があります。ちなみに県西南部、五箇山の方言を記述した真田《さなだ》ふみ『越中五箇山方言語彙』(自家版　一九八三)には、「クドイ＝調味料や色彩が多すぎる様子」「ショクドイ＝塩分が多すぎる状態。ショカライより強調した言い方」とあります。

出典：中井精一編『富山県言語動態地図』富山大学人文学部日本語学研究室　二〇〇一

図40 「しおからい」の方言分布図

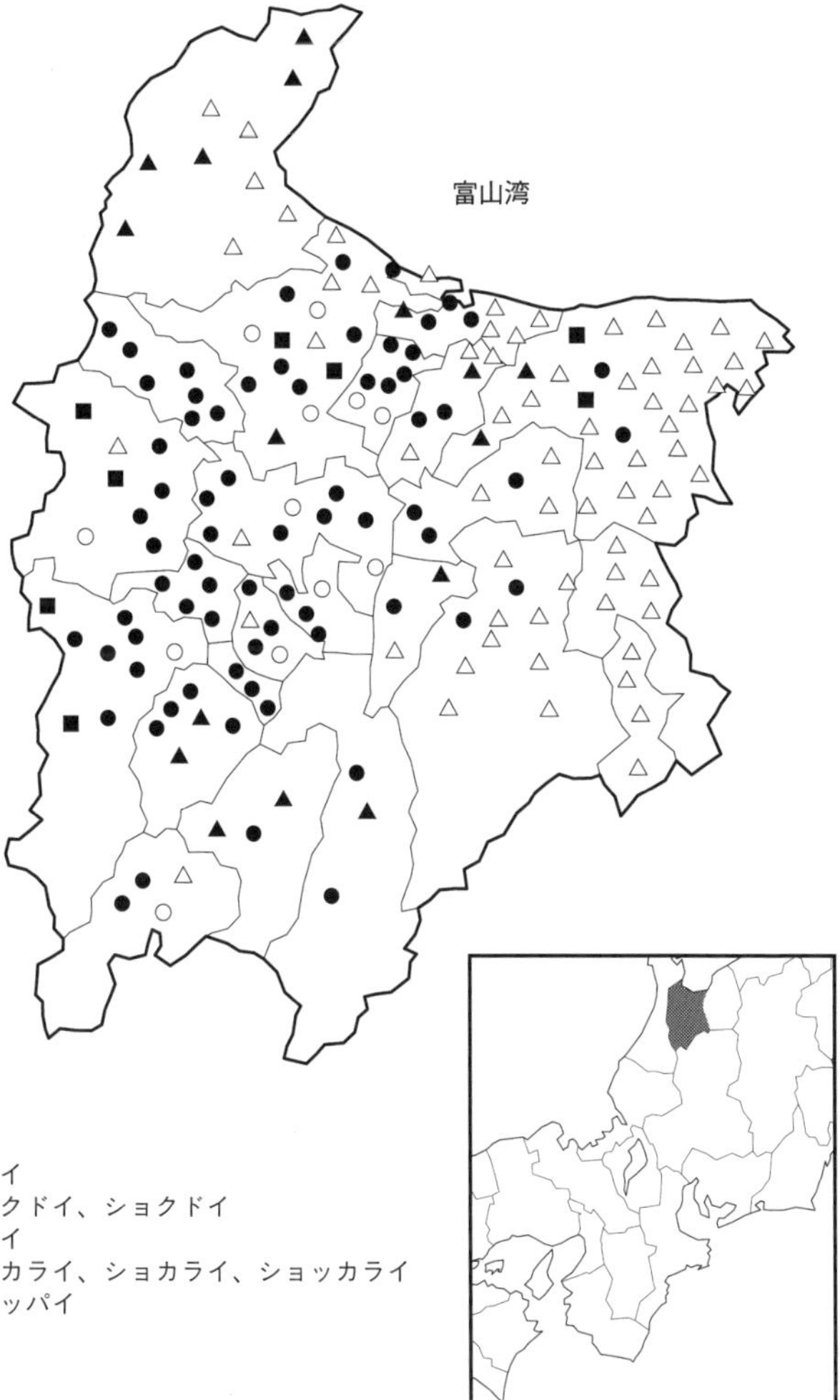

通学区域と方言の関係

キキョウ科の多年草「蛍袋《ほたるぶくろ》」の名称の変種です。個々の語形が比較的狭い地域に分布して、地域を細かく分割しています。このように地域が細分されているのはなぜなのでしょうか。

その分布の意味を探るために、これをいろいろの言語外的要素の分布と対比させてみたところ、いくつかの語形で区画される地域が、とくに山間部において、この調査での対象にした老年層の人々の通った小学校の通学区域と比較的一致していることがわかりました。図41で、線で囲んだのが、明治三四〜四〇年頃の一校の学区です（ただし、ここではよく一致した場合のみを示しました）。たとえば、平村に現れるキツネノトーローの分布域は一部の通学区域と一致しています。利賀村に現れるフクロバナ、アンドンバナ、カゴメなどもそれぞれ同一通学区域内におさまっています。上平村のアンドンの分布域も一通学区域です。そして、白川村のフーリンバナ、フクロバンの分布域はこれで一つの通学区域です。

このように、多くの語形の分布域が学区と一致しているということは、「蛍袋」が児童の愛玩《あいがん》する植物であることに関係があるでしょう。山間部の多くの地点で、話者たちが「花を風船のように脹《ふく》らましたり、花で蛍を包んだりして遊んだものだ」と報告しています。この植物は、通学区域を生活空間とする子供たちの遊び相手となっていたと考えられるのです。

図41 「蛍袋」の方言分布図

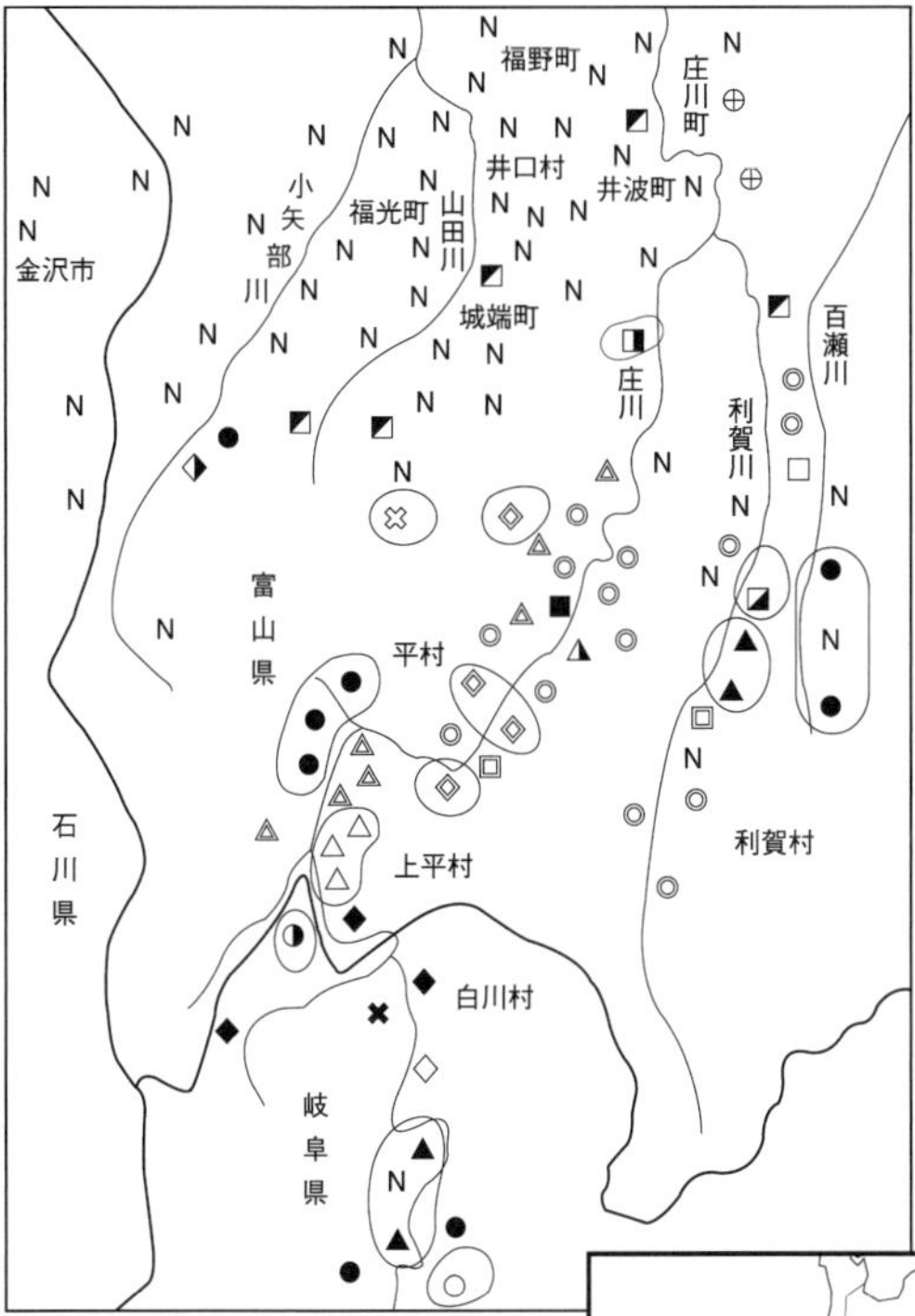

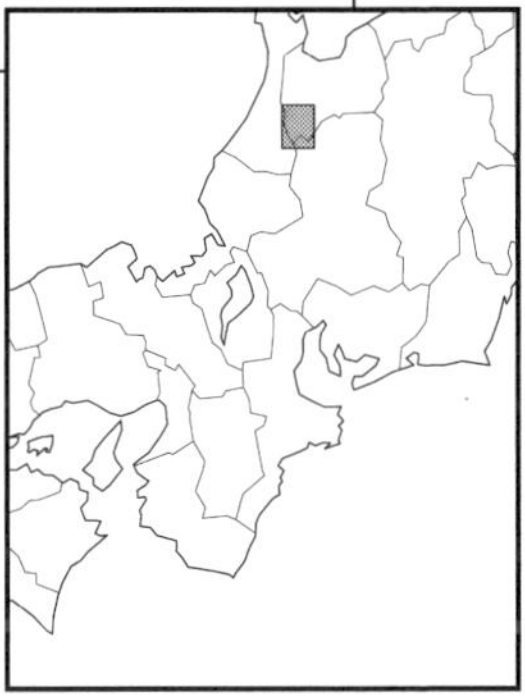

凡例
●フクロバナ
○フクロバン
▲アンドンバナ
△アンドン
■キツネノアンドン
□ホタルガアンドン
◆チョーチンバナ
◇チョーチンブラ
✖カラスノチョーチン
✖フーセンバナ
◎トーロー
△トーロン
□トロバナ
◇キツネノトーロー
◑フーリンバナ
▲フルリンバナ
◨トットーバナ
◆フクランボ
◪カゴメ
◩ホタルブクロ
⊕ホタルコバナ
N無回答

ナンバンはどちら？

北陸では、「唐辛子《とうがらし》」をナンバン類の語形で呼びます。一方、関西ではナンバン、ナンバといえば、「玉蜀黍《とうもろこし》」の名称になります。「唐辛子」のナンバンは「南蛮胡椒《なんばんこしょう》」の省略形「南蛮」に由来するものです。一方、「玉蜀黍」のナンバンは「南蛮黍」の省略形「南蛮」に由来します。

福井県の若狭地方は、この両者がぶつかり合うフィールドです。

まず、「玉蜀黍」の名称ですが、若狭地方にもかつては全域にナンバンキビが存在していたと推測されます。ところが、その後、小浜市あたりでキビの取れたナンバンが生まれ、周囲に広がりはじめました。若狭地方西部では、京都・舞鶴方面のナンバン勢力の支援も受けてナンバンキビを退けました。しかし、若狭地方東部では、「唐辛子」のナンバンの強い抵抗に遭い、今ようやくその先鋒が上中町にまでたどりついたのです。

図42は、その現場である上中町で、それぞれの地点が両者にどういう語形を用いて衝突をさけているのか、その実態を示したものです。これによれば、同音衝突を回避しながら、しだいにナンバン（「玉蜀黍」）／トンガラシ（「唐辛子」）の体系へと変化していることがわかります。

出典：加藤和夫「言語地図の作成と言語地理学的解釈」『新しい方言研究』至文堂　一九八五

図42 「玉蜀黍(とうもろこし)」「唐辛子(とうがらし)」の方言分布図

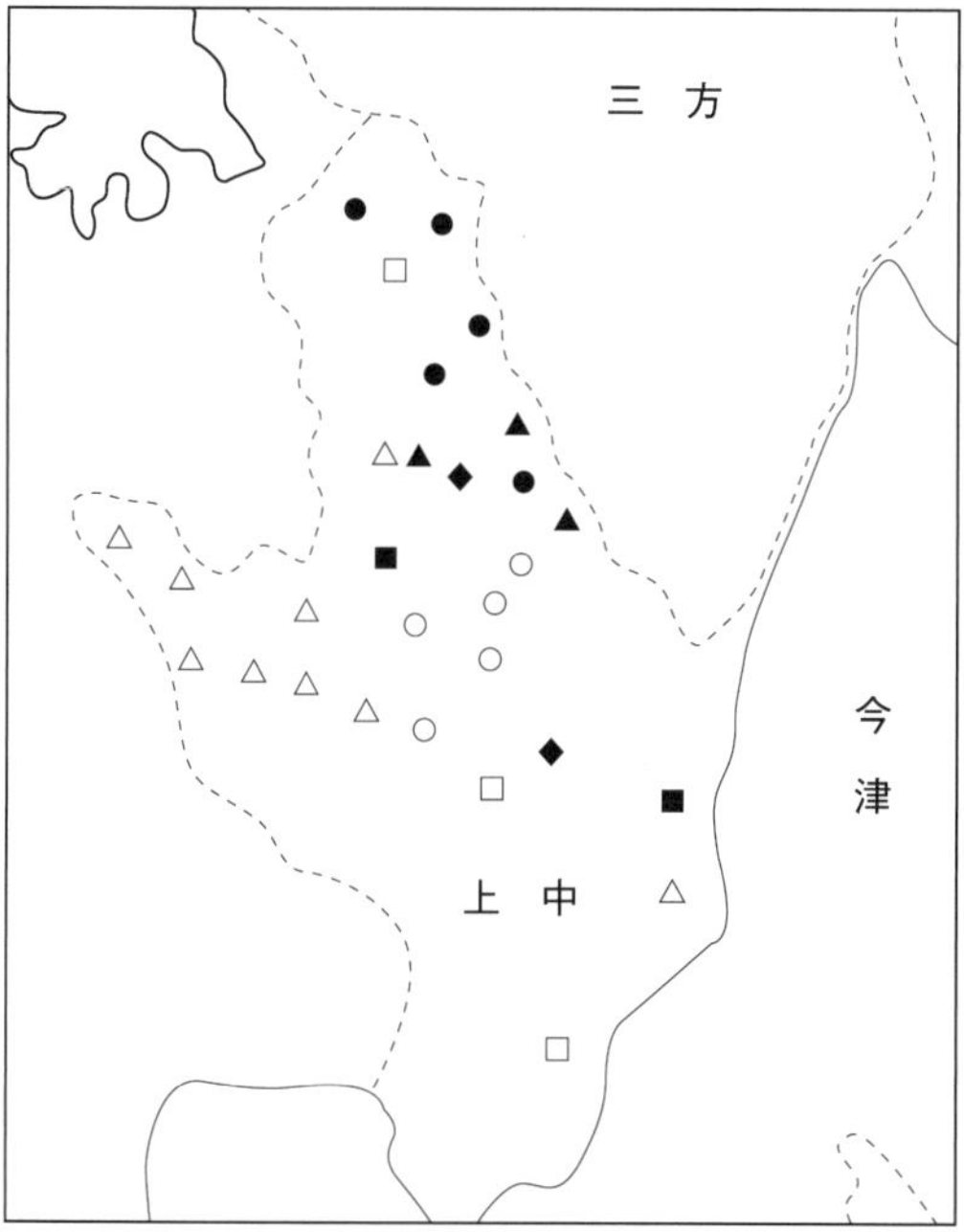

凡例

	とうもろこし	とうがらし
●	ナンバンキビ (ナンバントキビ)	ナンバン
○	ナンバンキビ (ナンバントキビ)	ナンバ
▲	ナンバン	ナンバ
◆	ナンバン	ナンバン
△	ナンバン	トンガラシ
■	ナンバ	トンガラシ
□	ナンバンキビ (ナンバントキビ)	トンガラシ

〈近畿〉

仮定表現が「～タラ」だけの世界

関西は仮定表現における「～タラ」の頻用地域と言われています。

図43は、『方言文法全国地図』第三集（一九九三）におけるデータを利用して、その「～タラ」の運用状況を確認したものです。

具体的には、「もっと早く起きれば良かった」（第一二六図）、「あいつに任せれば良かった」（第一二七図）、「きのう手紙を書けば良かった」（第一二八図）、「死ねば」（第一二九図）、「もっと早く来れば良かった」（第一三〇図）、「早くすれば良かった」（第一三一図）、「値段がもっと高ければ良かった」（第一四三図）の七図を重ね合わせて、「～タラ」類が現れる地点に、併用の場合は一点、専用の場合は二点を与え、その合計点数に応じて、濃度の違う記号で示しました。したがって、満点は一四点になります。

一一点以上の得点のある地点を概観しますと、近畿圏での頻度数が圧倒的に高く、四国にもかなりの頻度で分布していることがわかります。

出典：井上文子「関西を中心とする『～タラ』の移行性分布」『方言文法』1　一九九四

図43 「〜タラ」をよく使う地域

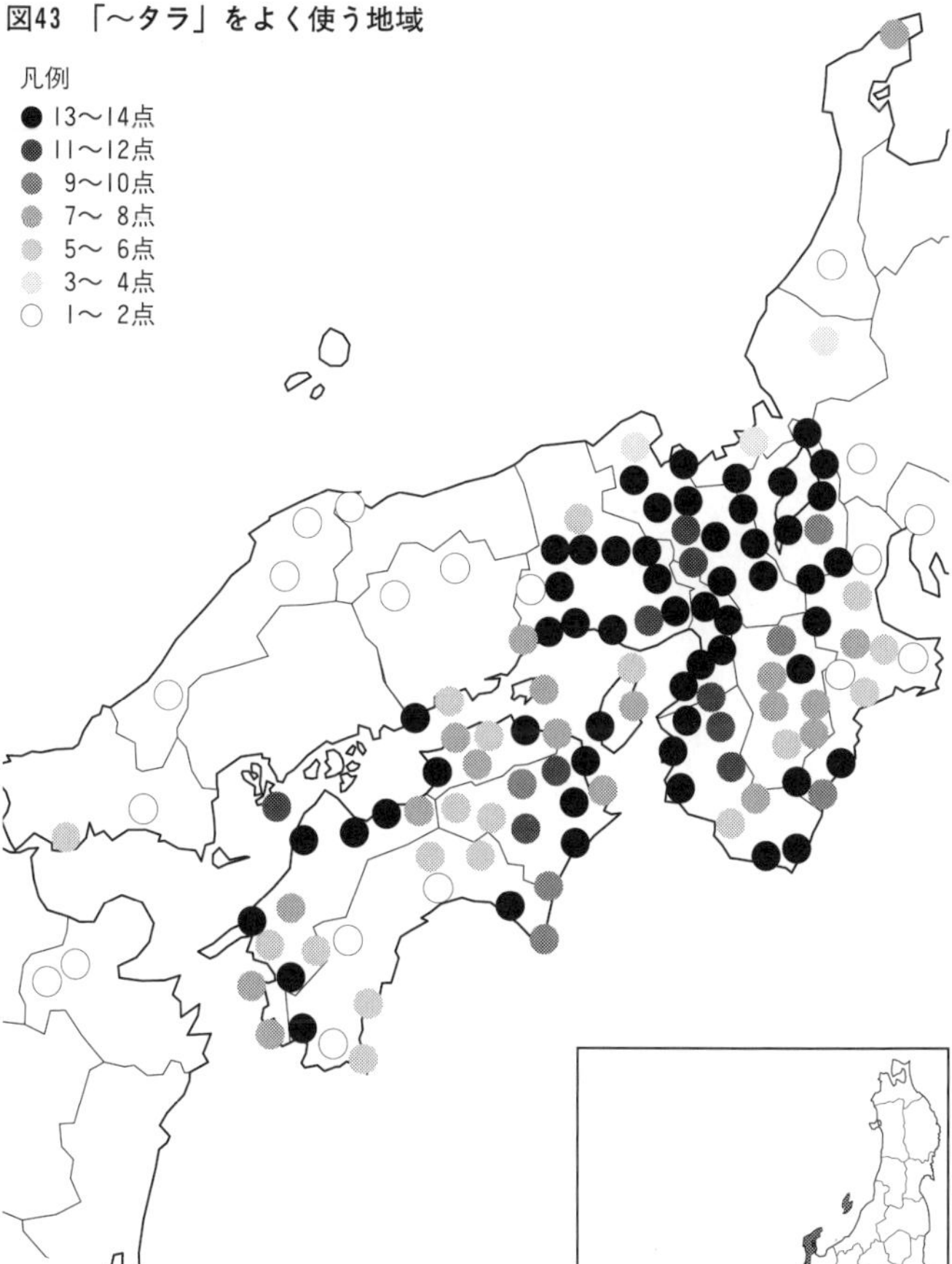

7つの項目について「〜タラ」が用いられる頻度を調査しました。濃い色ほど頻度が高くなります。近畿圏での使用頻度の高さがわかります。

ハル敬語に見る京阪の対立

敬語形式のハルについて、京都と大阪の対立の様相を、グロットグラム（地理年代方言図）で見たものです。ハルの原形は「行きナサル」などにおけるナサルです。これが後にナハルに変化しました。ナハルの形はすでに文化文政期の浪花《なにわ》方言を描いたもののなかに出てきます。そして、京都においてはナハルとともにヤハルの形が幕末に現れます。

たとえば「行きヤハル」ですが、この形式は、つづまって「行きャハル」となり、さらに「行かハル」となりました。この段階でハルが析出することになったわけです。

ところで、大阪では「行かハル」の前提とされる「行きヤハル」という形が文献ではほとんど見あたらなくて、「行きハル」の形が明治二〇年代から急激に出現することが明らかになっています。大阪では、ナハルを、析出したハルに取り替えて、「行きハル」「来ハル」のような形で、直接すべてを連用形につなげる活用体系が確立したのです。

ちなみに京都では、「行かハル」「来ヤハル」のように、活用を異にする動詞によって、ハルとヤハルが別々に接続するのが一般です。

出典：岸江信介・中井精一「京都～大阪間方言グロットグラム」『地域語資料』1　近畿方言研究会　一九九四

表7 「行きますか」の表現分布

	世代 地点	70歳代	60歳代	50歳代	40歳代	30歳代	20歳代	10歳代
01	京都市a　北部	●	●	●	●	●	●	●
02	京都市b　中部	●	●	●	●	●	●	●
03	京都市c　南部	●	●	●	●▲	●	●	●
04	向日市	●	●	●	●	●	●	▲
05	長岡京市a　北部	●	●	●	●	●	●	●
06	長岡京市b　南部	●	●	●	●	●	●	●
07	八幡市	●	●	●	●	●	▲	▲
08	乙訓郡大山崎町	●	●	●	●	●	●	●
09	三島郡島本町	●	●	●	●	●	●	▲
10	高槻市a　北部	●	●	●	○	▲	●	●
11	高槻市b　南部	●	○	●	○	○	○	▲
12	枚方市a　北部	○	●	●	●	▲	●	●
13	枚方市b　南部	●	●	●	●	●	○	●
14	茨木市a　北部	●	●	●	▲	●	●	▲
15	茨木市b　南部	●	●	●	○	●	○	▲
16	摂津市	○	●	○	▲	●	○	○
17	吹田市a　北部	●	●	○	●	▲	○	○
28	吹田市b　南部	▲	▲	●	●	▲	▲	▲
19	豊中市	▲	○	▲	○	▲	▲	▲
20	大阪市a　北部	●	○	●	○	▲	●	○
21	大阪市b　南部	○	▲	○	○	○	○	▲
22	大阪市c　東部	○	●	○	●	○	▲	▲
23	大阪市d　西部	○	○	○	○	▲	▲	▲

「目上の人に『行きますか？』と聞く場合、どのように言いますか」という質問に対する回答です。

凡例
●イカハリマスカ類
　イカハレマスカ
　イカハリマッカ
　イカハルンデスカ
　イカハレヘン
　イカハラヘン
　イカハル
　イカール
　イキャハリマスカ

○イキハリマスカ類
　イキハルンデスカ
　イキハリマス
　イキハリマンノ
　イキハリマッカ
　イキハル

▲その他
　イラッシャイマスカ
　イカレマスカ
　イカレルンデスカ
　イキマスカ

「(雨が) 降っている」をめぐる対立

今、雨が降っている最中である、ということを表す、いわゆるアスペクト表現（進行態）の無生物主語の場合でのグロットグラムです。

滋賀県では、フッタル、フッテル、岐阜県はフットルという明らかな対立が存在します。滋賀県は老年層と中年層の大部分がフッタル、次いでフッテルですが、若年層ではまったく逆転していて、フッテルが多数を占め、フッタルが続きます。この状況からフッタルの衰退が見て取れます。一方、岐阜県は全年層を通じてフットルが高い比率で使用されています。

岐阜県不破郡今須においては、老年層・中年層はフッタルですが、若年層はフットルになっています。このことから、この地がかつては滋賀県の勢力範囲にあったことが推測されます。

なお、一部に、とくに岐阜市岩田でフリヨルという形が出現していることが注目されます。この表8は進行態を表したものですが、実は当該地域では進行態と結果態の使い分けは一般には認められません。しかし、このフリヨルは進行態にだけ現れる形なのです。この傾向は飛驒地方の一部などに存在する進行態（フリヨル）と結果態（フットル）の区別と連続するものでしょう。

ちなみに、滋賀県の「〜タル」は、無生物主語を示す特徴的な形式です。

表8 「(雨が) 降っている」の表現分布

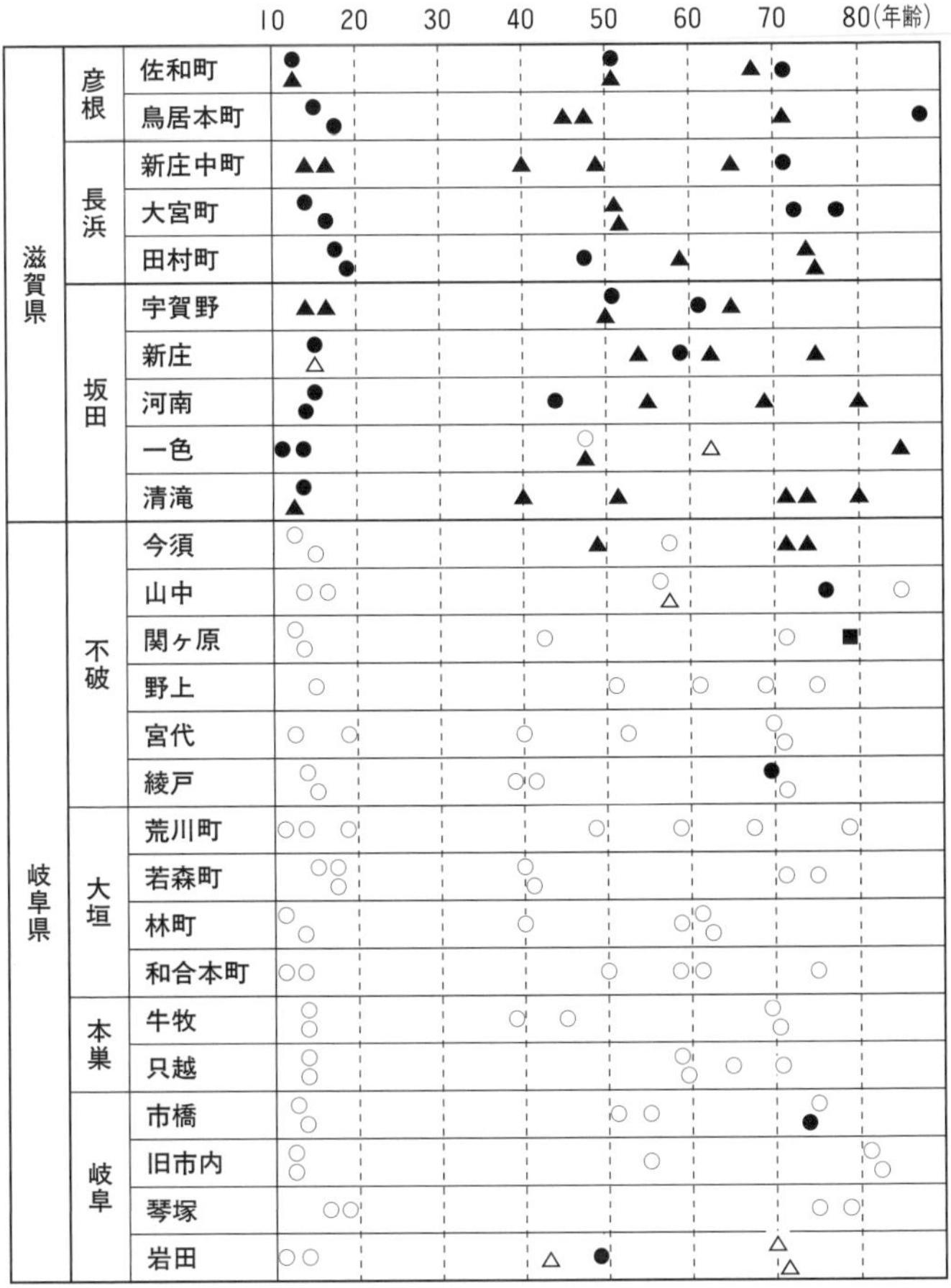

凡例
●フッテル
○フットル
▲フッタル
△フリヨル

西吉野・大塔《おおとう》での男女差の地図

図44は表現形の交替の様相を、分布の性差から見たものです。

具体的には、「来なかった」に対応する男性話者の表現形と女性話者の表現形を比較しています。フィールドは、奈良県の西吉野村と大塔村です。

大局的には、大塔村ではコナンダが、そしてコンダという形を緩衝として西吉野村ではケーヘンダが使われていると言えます。この状況は男性の場合に典型的に現れています。

ところが、女性の場合にはケーヘンカッタという形が全域的に散見しています。この形は実は現代の大阪における使用形なのです。大阪での新形式が、当地において、まずは女性から取り込まれていることがわかります。

ところで、一般に、標準的規範の方向へ向けての変化の度合いは女性のほうに高い、と言われます。その点からすれば、大阪での使用形が当地においては〈標準〉として志向されるということを、このデータは語っているのではないでしょうか。

出典：真田信治・ダニエル＝ロング「奈良県西吉野・大塔地域言語図集――性差に注目して――」『幕末以降の大阪口語変遷の研究』自家版　一九九一

図44 「来なかった」における男女間の表現差

凡例
● ケーヘンダ
○ コナンダ
▲ コンダ
△ キエヘンダ
■ キヤヘンダ
□ キナカッタ
◆ コナカッタ
◇ ケーヘンカッタ

「来なかった」(男)

「来なかった」(女)

〈中国〉

関西弁「〜ヤンカ」の西進

表9は、「あるではないか」に対応する表現のグロットグラムです。アルヤナイカという形は老年層に偏《かたよ》っています。中年層にも少し現れますが、若年層ではほとんど見られません。アルガ、アルガナの形は赤穂市以西にかたまっています。関西弁とされるアルヤンカは、中年層ではほぼ稲美町まで、若年層では揖保川《いぼがわ》町まで、その勢力を伸ばしています。この調査は一九九〇年に行ったものですが、その後の推移が注目されるところです。

ところで、「〜ではないか」に対応する〜ヤンカは関西起源とされるものです。アルヤンカに関して、次のような興味深い考察があります（楳垣実《うめがきみのる》「南伊勢地方のヤンカ」一九六二）。

昭和の初年頃か、大正の末年頃から、大阪の若い婦人のあいだに「ココニ　アルヤンカ」という言い方が生まれて、たちまち流行し、今日では、ずいぶんさかんに使われ、またその影響が各地に及んでいる。そして「ココニ　アルヤン」という言い方さえ生まれている。

出典：真田信治「大阪―岡山間グロットグラム調査報告」『大阪大学日本学報』12　一九九三

出雲《いずも》周辺におけるauの発音の分布

「湯治（たうじ）」「楊枝（やうじ）」などのアウの音と「冬至（とうじ）」「用事（ようじ）」など

表9　「あるではないか」の表現分布

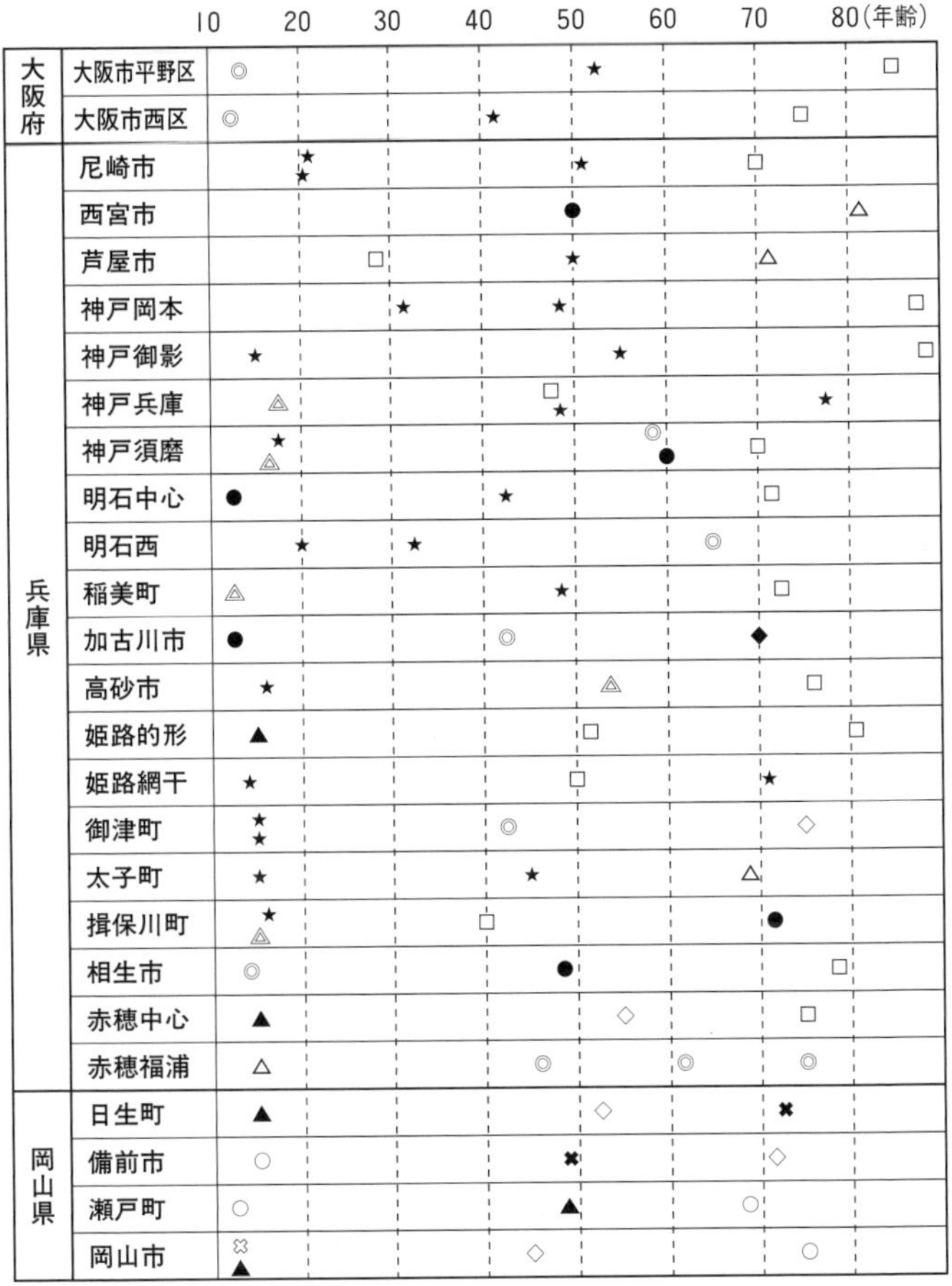

凡例

●アル
○アルガ
▲アルジャネーカ
△アルデ
□アルヤナイカ
★アルヤンカ
◆アルカラ
◇アルガナ
✖アルジャロ
✕アルデワナイカ
◎アルヤロ
◬アルンチャウカ

関西起源のアルヤンカが、中国地方にしだいに勢力を拡大しつつあります。

のオウの音は、現在ではともにオーと、同じ音に発音されますが、室町時代あたりでは、このオ段長音に発音上の区別がありました。当時のキリスト教の宣教師たちは、前者をǒ、後者をôと表記しています。ǒは［ɔː］の音を、ôは［oː］の音を示していると考えられています。前者を開音、後者を合音といいます。当時の人々は、開音を「ひらく」と言い、合音を「すぼる」と呼びました。このオ段長音の二種の区別は、中央では近世に入って次第にオーに統合していきました。

しかし、中国地方では、この統合が起こらず、開音のほうをアーという発音に変化させて今に残しています。図45は、「書こう」という五段活用動詞の意志形における分布です。「書こう」は、中央では、カカム→カカウ→カコーと変化しました。しかしながら、この地方では、カカウの段階でのアウがアーとなり、カカーとなったのです。カカ（ー）は、出雲、隠岐、そして鳥取の全域において認められます。

iuの発音の分布

中国地方では、iu＞juː、eu＞joːの音変化のために、たとえば、一段活用動詞の意志形が、次のような形になります。

「起きよう」　オキム→オキウ→オキュー

図45 「書こう」の表現分布図

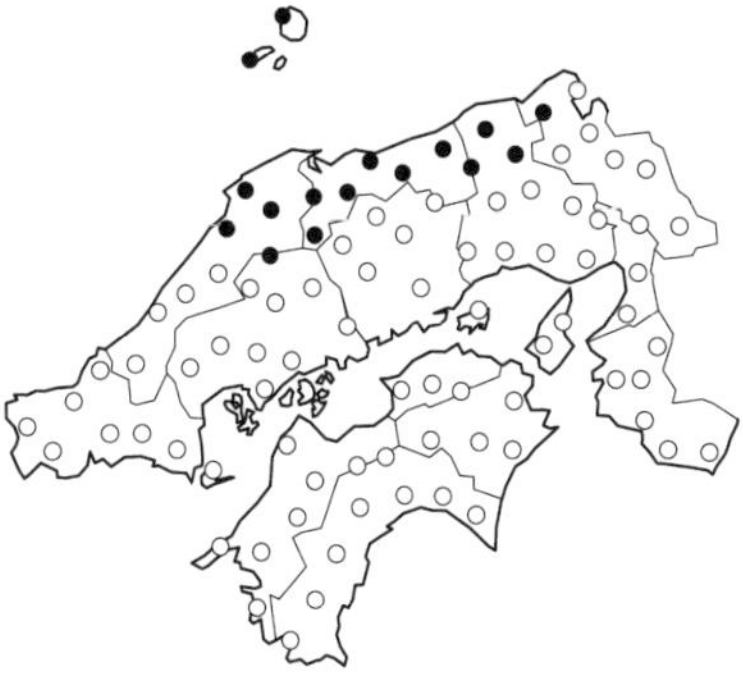

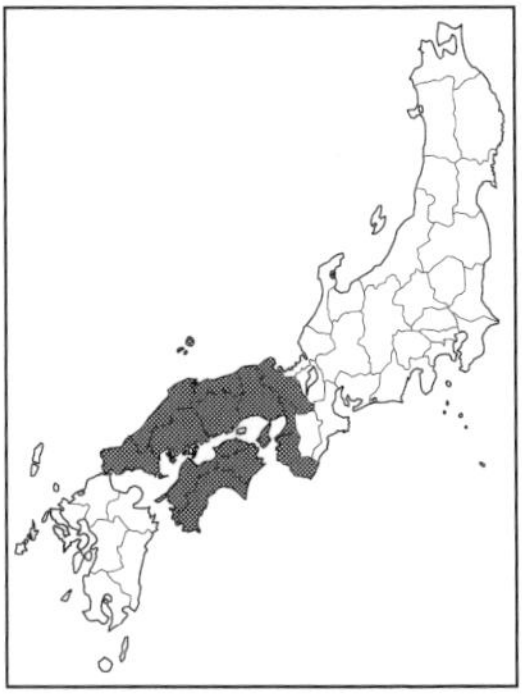

『方言文法全国地図』による

図46 「起きよう」の表現分布図

『方言文法全国地図』による

「見よう」　ミム↓ミウ↓ミュー
「開けよう」　アケム↓アケウ↓アキョー
「寝よう」　ネム↓ネウ↓ニョー

図46は、「起きよう」の場合の分布です。

全域的にほぼオキューですが、島根県や鳥取県西伯郡などではオキョーとなっています。兵庫県以東ではオキョーです。また、高知にはオキローがあります。

この、iu＞ju:の変化は、形容詞のシク活用ウ音便に典型的に出現します。

「涼しくて」　スズシウテ↓スズシューテ

なお、「涼しくて」は、出雲地方や鳥取県西伯郡などでは、シジシテのようになりますが、これはシューの音が、いわゆるズーズー弁のために直音となったものです。

独特の地名の文字

中国地方には個性的で古い地名の多いことが指摘されます。その表記にも独自のものがあります。たとえば、峠がタワ、タオなどと言われること（『万葉集』『古事記』などに見られる古語）にかかわって、「峠」にさまざまな文字が使われます。図47で見るように、「峠」以外の文字の使用は、そのほとんどが中国地方に集中しています。美作《みまさか》には「乢（タワ）」が多く、備前には

図47　「峠」の方言文字の分布図

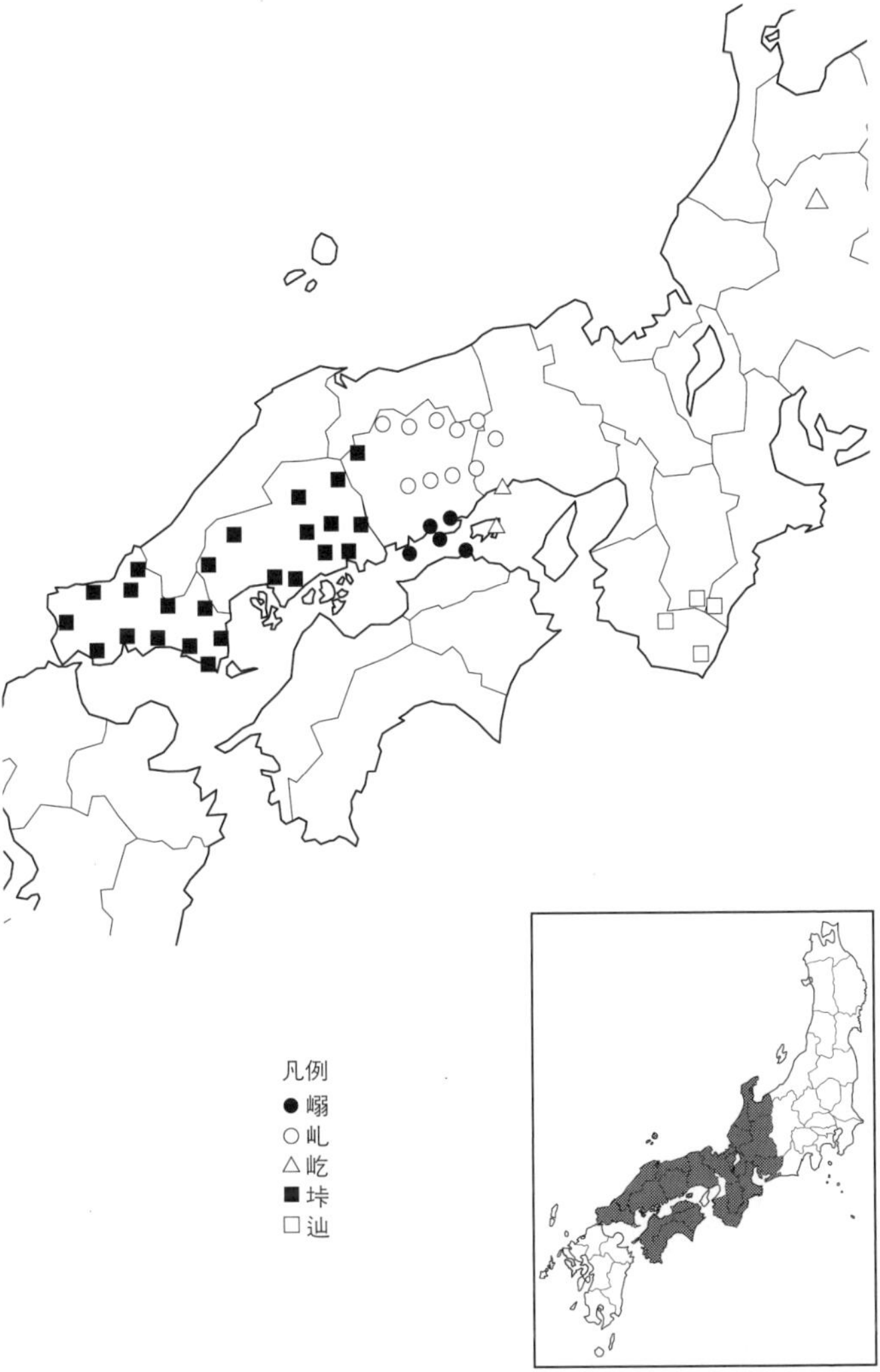

「峪（タオ）」が多いことがわかります。「峪（タオ）」については、「㟢（タオ）やか」の文字への連想と、山の傾斜の弱いところとの意味を持たせて造字したものでしょう。広島県、山口県には、土偏の「垰（タオ）」が広く分布しています。

なお、山のセンには「大山」のように山字も使われますが、区別上「仙」の字も使われていま す。花知ケ仙《はなちがせん》、人形仙《にんぎょうせん》などです。この用字は美作に集中しています。また、平坦な高原や緩《ゆる》い傾斜地をナルとも言いますが、これに「成」「鳴」などの当て字がなされます。大山山麓の鏡ケ成《かがみがなる》や岡山市郊外の藤ケ鳴《ふじがなる》高原などです。一方、「平」の字でこの意味を表した岡山県真庭郡の大平《おおなる》峠や岡山県浅口郡の平地《なるち》などの例もあります。

出典：鏡味明克「中国地方の語彙」『講座方言学8　中国・四国地方の方言』国書刊行会　一九八二

〈四国〉

ラ抜きことばとレ足すことば

一段活用動詞の可能表現について「ラ抜きことば」が指摘されて久しいのですが、これにかかわって「レル」を分出させる動きがあり、それに関連して、西日本の各地において、五段活用の語の可能動詞形「書ける」「読める」などにもこの「レル」を付加させた「書けレル」「読めレ

図48 「〜してはいけない」の表現分布図

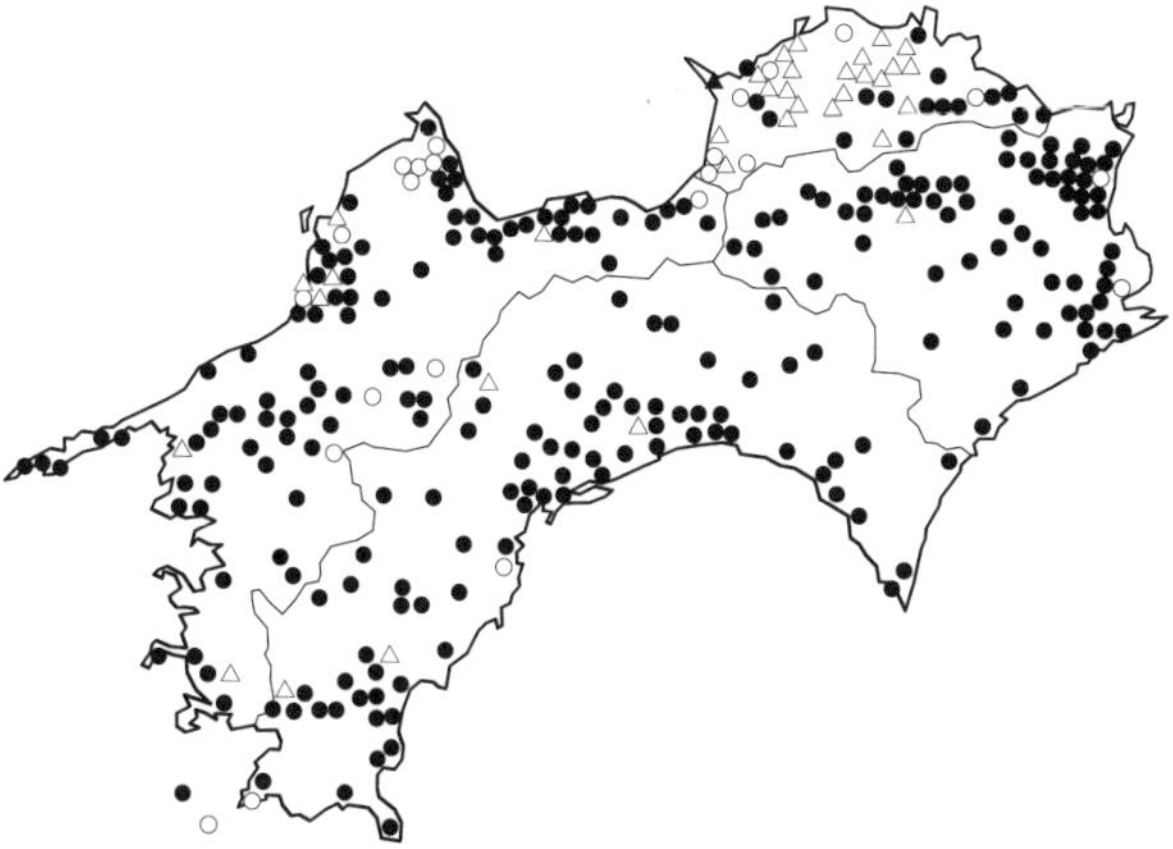

「〜してはいけない」と言うときに、「〜セラレン」というい方はしませんか？　たとえば、子供が悪いことをしているのを見て、「そんなことセラレン」というように。

凡例
●私自身がしている
○私はしないが、地元でする人がいる
△聞いたこともない

ル」のような、いわば二重可能形式の発生が認められます。可能の意味がすでに含まれる「書ける」に、さらに可能の「レル」を付け足すわけです。私はこれを「レ足すことば」と称しています。

一方、そのもととなった「書く」「読む」に助動詞を付けた形「書かレル・書かレん」「読まレル・読まレん」は、それぞれにおいて、前者はもっぱら受身と尊敬を表現し、後者は「書いてはいけない」「読んではいけない」という禁止を表現します。

図48では、四国各地の老年層における禁止の意味の「セラレン」（してはいけない）の使用実態を示しました。香川県を除く各県において「セラレン」の運用が認められるのです。

なお、この形式は北陸の富山県にも存在しています。

出典：高橋顕志『地域差から年齢差へ、そして…』おうふう　一九九六

徳島で「〜ケン」は圧倒的に強い

理由を表す接続助詞、たとえば、「寒いから窓を閉めて」という文脈での「から」は、かつて大阪ではサカイ、ヨッテニでしたが、最近はカラに置き換わりつつあります。名古屋、鹿児島などではデ、そして岡山、広島などではケーと、これらは、それぞれの方言の指標ともなるものでした。四国においてはケン、ケニ、キニなどが分布しているとされます。

図49 「寒いから」の表現分布図

「寒いから窓を閉めて」と言う場合、「から」の部分をどう言いますか、という問いに対する徳島県内の回答をマークしたものです。「寒いケン」の圧倒的な強さがわかります。

凡例
●寒いケン
○寒いケニ
▲寒いキニ
△寒いキン
■寒いサカイ
□寒いカラ
◆寒いヨッテニ

図49は、徳島県に焦点をあて、その分布様相を微細に観察した結果です。ケンのほかにも、ケニ、キニ、キン、サカイ、ヨッテニなどが存在します。ケンがもっとも広く分布し、県の中央あたりの山間部から東祖谷山村《いややまそん》・山城町にかけてケニが分布しています。県西部の池田町から祖谷地方にかけて、キニ、キンがあります。灘地区と呼ばれる県南にはサカイが海岸線に沿って広がっています。県最南端の宍喰町《ししくいちょう》には一地点のみですがヨッテニが見られます。

いずれにしても、徳島ではケンの勢力が圧倒的で、県下一円の在来形はまもなくすべてケンの支配下に入るものと予想されます。

出典：仙波光明・岸江信介・石田祐子編『徳島県言語地図』徳島大学国語学研究室　二〇〇二

「海」のアクセント

「海」という語は、類別語彙のうちの第IV類に所属するとされるものです（表10）。この語のアクセント形は、京都では○●（助詞がつくと○○▼／○○▽）となり、東京では●○となります。ちなみに、第V類の、助詞つきの形は京都では○●▽、東京では●○▽です（※●は高い音、○は低い音、▼▽は助詞「ガ」）。

表10は、徳島県の吉野川北岸の、池田町（三好郡）―松茂町（板野郡）間のグロットグラムで、「海が」のアクセント形を示しています。吉野町より東側では、○○▼／○○▽で、京都と

表10　地域別に見た「海が」のアクセント形

地域＼年齢	10〜19	20〜29	30〜39	40〜49	50〜59	60〜69	70〜79	80〜89
松茂町	●		▲	○				○
国府町		○	○	○	○	○		○
北島町		●		○	○	○		○
藍住町	●			○	○			○
上板町	●			○			○	○
吉野町		○		●		●／○		
土成町		●		●		●	●	
市場町		●		●	●		●	
阿波町		●	●			●	●	
穴吹町		▲		●		●	●	
脇町江原	▲		▲			○		●
脇町脇町	▲			●			●／●	
脇町岩倉		●			●	●	●	
美馬町郡里		▲		●		●	●	
美馬町重清		△		●		●	●	
三野町		●		●／●		●		
三好町		▲	●			●		●
池田町		●	●		●			●

凡例
● ［○●▷］
○ ［○○▶／○○▷］
▲ ［●○▷］
△ ［●●▶］

フィールドは、板野郡松茂町から吉野川の北岸沿いに三好郡池田町に至る地域。

※●は高く、○は低く発音する音、▶▷は助詞「ガ」

同じ形が出現しています。そして、この地域の若年層では、○●▽が現れています。この様相も関西一般に見られる傾向です。ところが、土成町より西では、すべての世代に○●▽が現れているのです。この地域での○●▽は、吉野町以東の○●▽とは、形は同じでも別のものと考えます。

実は、四国の一部では「海」という語がほかの第IV類の語とは違ったふるまいをするのです。方言研究者の佐藤栄作さんによると、「海」は伊吹島や松山市などでは第V類相当の形を示すということです。したがって、ここでの土成町以西の○●▽もそれにつながるものと言えそうです。

なお、●○▽は東京語化による新しい形です。

出典：真田信治・武田佳子・余健「徳島・吉野川流域におけるアクセントの現在」『阪大日本語研究』14　二〇〇二

アクセント体系が交錯する南伊予《みなみいよ》

愛媛県西南部、いわゆる南予地方は、さまざまなアクセント体系が交錯する地域です。とくに、東宇和郡宇和町あたりは、異なった体系がふきだまりのように輻輳《ふくそう》して存在する地帯です。

ここでは、その宇和町の久枝地区で行った調査の結果から、このコミュニティの内部での個人差を見ることにしましょう。

表11における①～⑩は話者を表します。一〇人の中学生が対象です。それぞれの語について三

表11　アクセントのゆれ

	第Ⅰ類								第Ⅳ類							
	ハナ(鼻)ガ	モモ(桃)ガ	カゼ(風)ガ	エダ(枝)ガ	トリ(鳥)ガ	カキ(柿)ガ	ミズ(水)ガ	ウシ(牛)ガ	カタ(肩)ガ	カサ(傘)ガ	イキ(息)ガ	ソラ(空)ガ	イト(糸)ガ	ハリ(針)ガ	マツ(松)ガ	ウミ(海)ガ
①	○▲▲	○■■	▲■■	○▲■	□□▲	▲▲▲	▲▲▲	▲▲▲	○○○	○○○	○○○	○○○	○○○	▲▲▲	○○▲	○○○
②	○○○	○○○	○○○	○○○	○○○	○○○	○■■	○○○	○○○	○○○	○○○	○○○	○○○	○○○	○○○	○○○
③	■○■	○○○	■○■	○○○	○■■	○■■	■■■	■○■	○○○	○○●	○○○	●○△	○●○	○○△	△△○	△△△
④	■■■	■■■	■■■	■■■	■■■	■■■	■■■	■■■	○△○	●●●	●●△	△●△	●●○	△△●	△●△	○△△
⑤	▲■■	■■○	▲■■	■○■	■■■	■■○	■■■	■■■	○●●	●●●	●●●	●○●	△●○	●●△	○●○	○●△
⑥	■▲■	■■■	■■■	■■■	■■■	■■■	■■■	■■■	●●●	●●●	●■●	○○●	○○■	○●●	○○■	●●○
⑦	■■■	■■○	▲■■	■■■	■■■	■■■	■■■	■■■	○○○	●●●	○○○	△○●	△△●	●■■	○△■	○●○
⑧	△■○	●■●	■■■	■■■	■△■	●△△	■■■	■■■	○▲○	●●●	●○●	●△●	△○●	○○△	△△●	△○○
⑨	▲▲▲	▲▲▲	▲▲▲	▲▲▲	■▲▲	▲▲▲	▲▲▲	▲▲▲	▲▲△	△○△	▲▲▲	△△○	△△○	△△△	▲▲▲	△○△
⑩	▲▲▲	▲▲▲	▲▲▲	▲▲▲	■▲▲	▲▲▲	▲▲▲	▲▲▲	▲▲▲	▲▲▲	▲▲▲	▲▲▲	▲▲▲	▲▲▲	△▲▲	▲▲▲

凡例
● ［●○▷］　■ ［○●▶］
△ ［●●▷］　□ ［○○▶］
○ ［○●▷］　▲ ［○○▷］

※①〜⑩は話者

回ずつ発話してもらい、各話者のアクセント形を記録しました。

個人ごとの、また発話ごとの〝ゆれ〟が激しいことがわかります。いずれも安定したものではありませんが、④⑤⑥などは第Ⅰ類と第Ⅳ類を区別するパターンで、宇和島市を中心に分布するもの（東京式）です。①も同様ですが、アクセント形を異にするもので、北宇和郡吉田町を中心に分布しています。一方、②⑩などは、類によるアクセント形の区別をしない、いわゆる一型アクセントの相を示しています。一つのコミュニティにおいて、三種のアクセントがまさに混在しているわけです。なお、これらの話者はいずれも当地区の生え抜きです。また、両親の出身地などもこれらに直接の関連はないようです。

出典：真田信治「語アクセントの地域差と個人差」『方言の諸相』三省堂　一九八五

〈九州〉

方言として残る熊本の二段活用

動詞の二段活用の一段化は室町時代にはじまり、上方では近世前期にその優勢が確立し、延享（一七四四〜一七四七）頃までには完成したとされています。
本居宣長《もとおりのりなが》は『玉勝間《たまかつま》』（一七九三〜一八〇一）のなかで、
すべて田舎には、いにしへの言の残れること多し。（中略）ちかき頃、肥後ノ国人のきたる

図50 「開ける」の方言分布図

凡例
● アクル
○ アクッ
▲ アケル
△ アケッ

『方言文法全国地図』による

がいふことを聞けば、世に「見える」「聞える」などいふたぐひを、「見ゆる」「聞ゆる」などぞいふなる。こは今の世には絶えて聞えぬ、みやびたることばづかひなるを、其の国にては、なべて斯くいふにやと問ひければ、ひたぶるのしづ山がつは皆、「見ゆる」「聞ゆる」「さゆる」「たゆる」などやうにいふを、すこし言葉をもつくろふほどの者は、多くは、「見える」「聞える」とやうにいふ也、とぞ語りける。（巻七）

と記しています。当時、二段活用がすでに完全に方言としてのものになっていたことが推測されます。そして、この記述からは熊本あたりにおける当該形式の階層による運用状況の違いもうかがわれます。

図50は、現在の九州における状況の一端です。

対馬厳原《つしまいずはら》から消えゆく伝統的方言

対馬南部の厳原町の全集落を対象にした言語地図のなかから、「正座する」に対応する表現形の分布図を取り上げました。全域に共通して、ヒザタテル、ヒザオタテルなどの形が現れています。これは、長崎県や佐賀県での傾向に一致するものです。

浅藻《あざも》にはカシカマルがあります。これは、浅藻に山口県大島郡からの移住者が多いことから、移住前の表現形が保存されたものと考えられます。また、カシコマルが小茂田と小茂田浜に見ら

図51 「正座する」の方言分布図

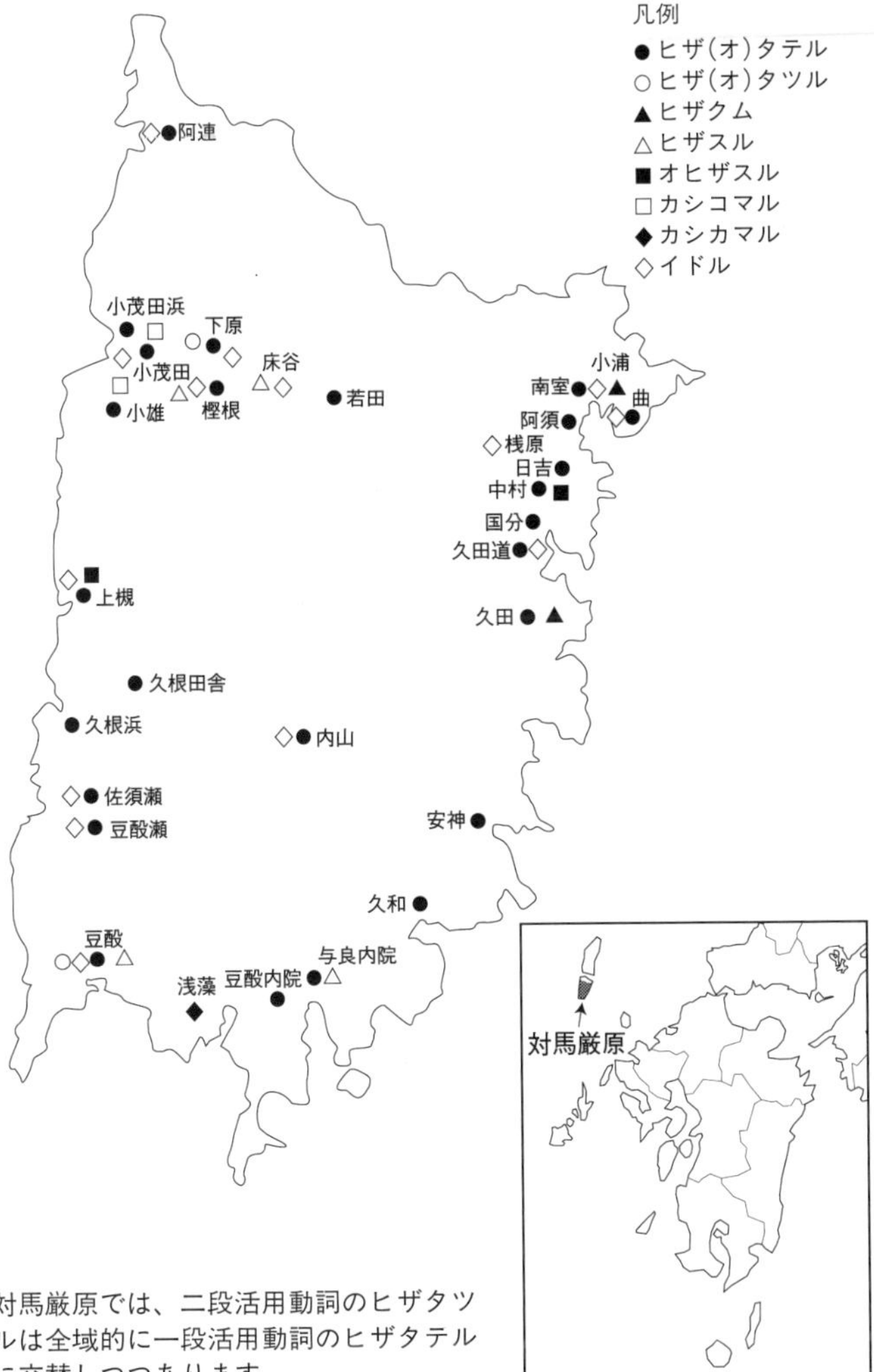

対馬厳原では、二段活用動詞のヒザタツルは全域的に一段活用動詞のヒザタテルに交替しつつあります。

れます。小茂田浜の場合、話者の両親および配偶者が島根県浜田市の出身であることが影響しているようです。

なお、下原《しもばる》と豆酘《つつ》では、自由回答で、ヒザタツル、ヒザオタツルなどの二段活用形での回答が得られています。また、誘導回答では、小浦、南室《なむろ》、阿須、桟原、日吉、中村、若田《わかた》、床谷《とこや》、小茂田、小茂田浜、阿連《あれ》、および久根浜では不使用でしたが、このほかの地点では、ヒザオタツルを使用すると答えた人が一人以上存在することが確認できました。このことから、二段活用動詞ヒザタツルは一段活用動詞ヒザタテルに交替しつつあり、厳原町の北部においてはその交替がほぼ完了しているということができそうです。

出典：真田信治編『対馬厳原方言の実態』自家版　二〇〇〇

場面に応じて変わる地域共通語

人間は、話す相手、話す場、話すときの心理状況などによって、意識的、あるいは無意識的に表現形式を変換しています。いわゆる「場面」によることばの使い分けです。

方言の調査は「くつろいだ場面」のことばづかいを対象にしたものが圧倒的に多いのですが、それは「あらたまった場面」では標準語が出現するだろうということを前提としているからです。

ここではその実態を捉えた調査を紹介しましょう。フィールドは熊本県の八代市から人吉市にかけての球磨川沿岸地域です。この地域では「値段をたずねるとき」の表現として、図52に見るように、ドシコ、ナンボ、イクラなどが錯綜して分布しています。

なお、設定場面A〜Eの内容を、表12の凡例で確認してください。

上位場面になるほど非標準語形のナンボが増加し、標準語形のイクラが減少しています。ドシコは主として場面Aで見られ、場面B以降ではほとんど使われません。分布図によっても、ナンボは九州での地域標準語的な性格をもつものと考えられます。熊本県にはかつてドシコが広く分布していて、そこにまず九州北西部からイクラが侵入し、次いで九州東部から新しくナンボが侵入したものと見られます。

出典：佐藤亮一「地域差と場面差」『方言の諸相』三省堂　一九八五

標準語との接触がネオ方言を生む

北部九州の若年層では、従来カ語尾であった形容詞語彙（赤カ、悪カ）をイ語尾化する（赤イ、悪イ）ことが盛んです。これは語法面での標準化ですが、これに加えて「上手カ」「変ナカ」などのいわゆる形容動詞に相当する語彙もイ語尾化して、「上手イ」「変ナイ」という新しい方言形を生じさせています。これは、カ→イという取り替えルールがカ語尾語彙全体に作用した結果

図52 「いくら？」の方言分布図

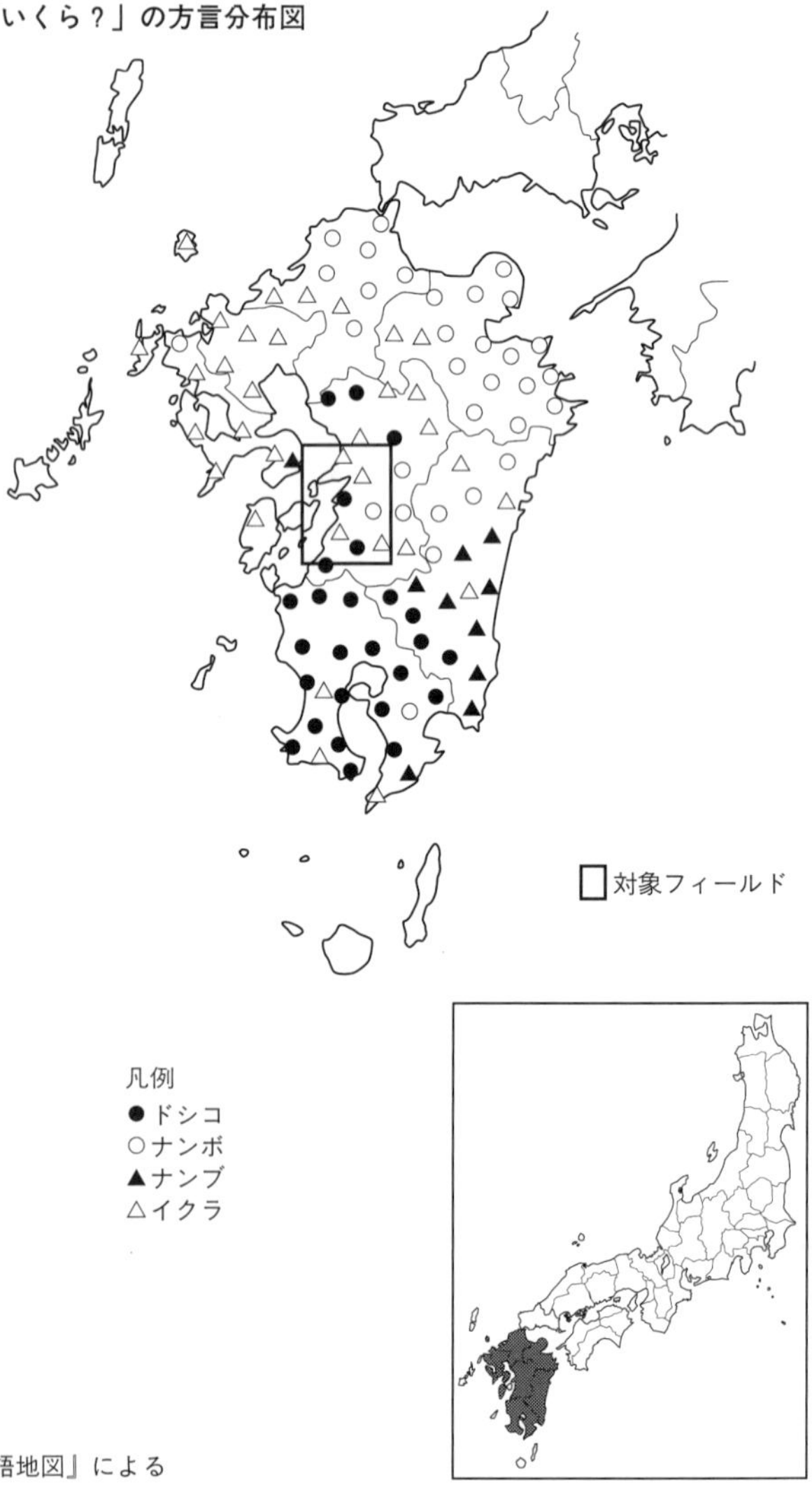

『日本言語地図』による

表12　場面別に見た「いくら」の表現差

	A		B		C		D		E	
1		△		△		△		△		△
2		△		△		△		△		△
3		△		△		△	○	△	○	
4	(○)	△		△		△	○	△	○	
5		△		△		△		△	○	
6	(〈●〉)	△		△		△	○	(△)	○	(△)
7		△		△		△		△		△
8		△		△		△		△		△
9	(〈●〉)	△	(〈●〉)	△	(〈●〉)	△	(○)	△	(○)	△
10		△		△		△		△		△
11		△		△		△		△		△
12		△		△		△	○		○	
13		△		△	(○)	△	○	△	○	
14	(●)	△		△		△		△		△
15		△		△		△	○		○	
16		△		△	○	△	○		○	
17	(●)	△		△		△		△	○	
18		△		△		△		△		△
19		△		△		△	○		○	
20	(○)	△		△		△	○		○	
21	(●)	△		△	(○)	△	(○)	△	○	(△)
22		△		△	(○)	△	○	△	○	△
23	●	△		△		△		△		△
24		△		△		△		△		△
25		△		△		△		△		△
26		△		△		△		△		△
27		△		△		△		△		△
28		△		△		△		△	○	
29	●	(△)		△		△		△		△
30	(●)	△		△		△		△	○	△
31	(〈●〉)	△		△		△		△	○	(△)
32	(●)	△		△		△		△		△
33		△		△		△		△	○	(△)
34	(○)	△	(○)	△	■		○		○	
35		△		△		△		△		△
36	(●)	△		△		△		△		△
37		△		△		△	○	(△)	○	(△)
38	(●)	△		△		△	○		○	
39		△		△	(○)	△	○		○	
40		△		△		△	(○)	△	(○)	△
41		△		△		△	(○)	△	(○)	△
42		△		△		△		△		△
43		△		△		△	○		○	
44	(〈●〉)	△	○	△		△	○		○	
45	●	△		△		△		△		△
46	●	(△)	●			△		△		△
47		△		△		△		△		△
48	〈●〉	△		△		△		△		△
49		△		△		△		△		△
50		△		△		△	○		○	
51	●			△		△	○	△		△
52		△		△		△		△	(○)	△
53		△		△		△		△	○	△
54		△		△		△		△		△
55		△		△		△	○	(△)	○	(△)
56		△		△		△	○	(△)	○	(△)

凡例
●ドシコ
○ナンボ
△イクラ
■無回答
( )稀
〈 〉古

A：店番が同年配の土地の人の場合　　B：店番が土地の若い人の場合
C：役場で抄本などをもらって手数料をたずねる場合
D：熊本で買い物をする場合　　E：東京で買い物をする場合

図53　ネオ方言形「変ナイ」の使用比率（%）

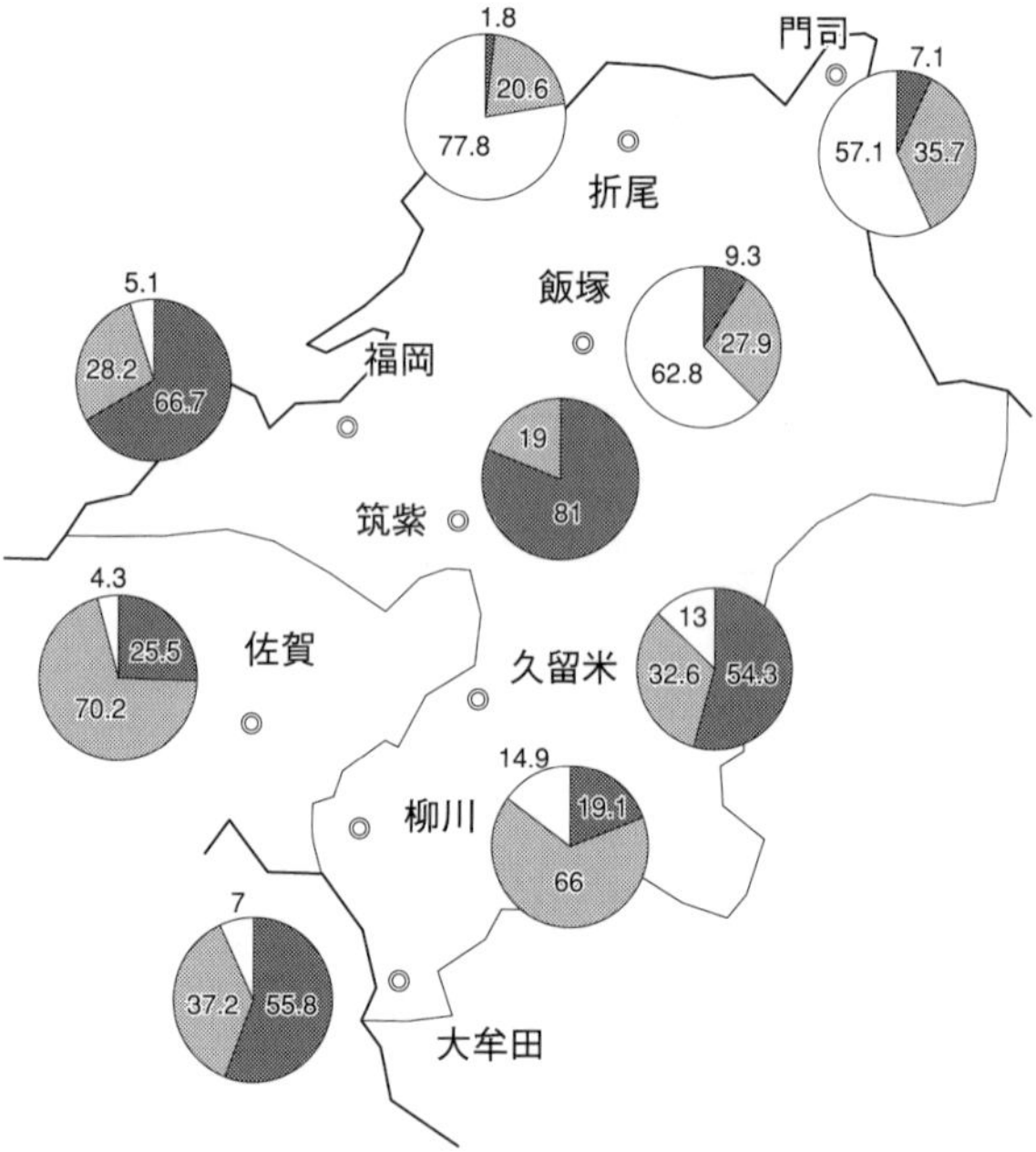

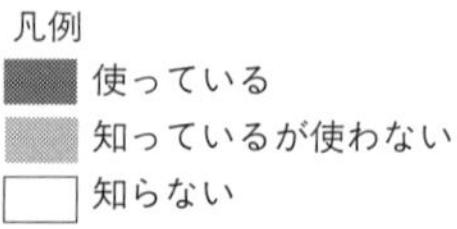

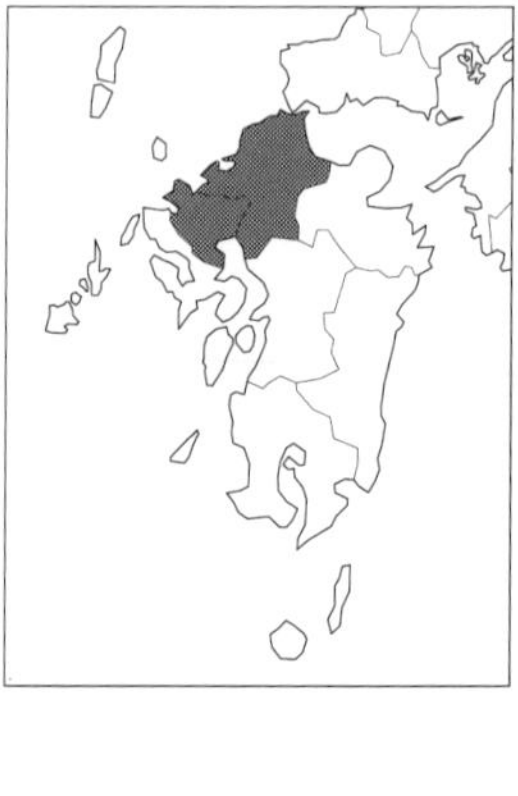

九州の福岡周辺で、「変だ」を意味する「変ナイ」を使いますか？　という質問をした結果をまとめたものです。都市化が進む地域ほど使用率が高いのが特徴です。

調査：1984年高校生対象

です。

このような、標準語の影響によって生まれる新しい方言形を、私は「ネオ方言」と称しています。

図53は、「変ナイ」という言い方がどういうふうに広がっているかを示したものです。これは一九八四年に、門司《もじ》から大牟田《おおむた》までの地点で高校生（約四〇〇名）を対象にアンケートでたずねた結果です。「変ナイ」は、従来のカ語尾域において、都市化の程度の高いところほどよく使われていることが明らかになりました。福岡を中核にさらに拡大していくものと思われます。

出典：陣内正敬『地方中核都市方言の行方』おうふう　一九九六

〈奄美・沖縄〉

奄美《あまみ》大島における周圏分布《しゅうけんぶんぷ》

図54は、奄美大島での「バナナ」を表す形式の分布状況を示したものです。

バシャンナリの類とウムィの類が二大勢力です。バシャンナリ類は北部と南部に分かれて分布し、ウムィ類はその中間に存在しています。この周圏的な分布の様相から、

バシャンナリ→ウムィ

の変化を推定することができます。

図54 「バナナ」の方言分布図

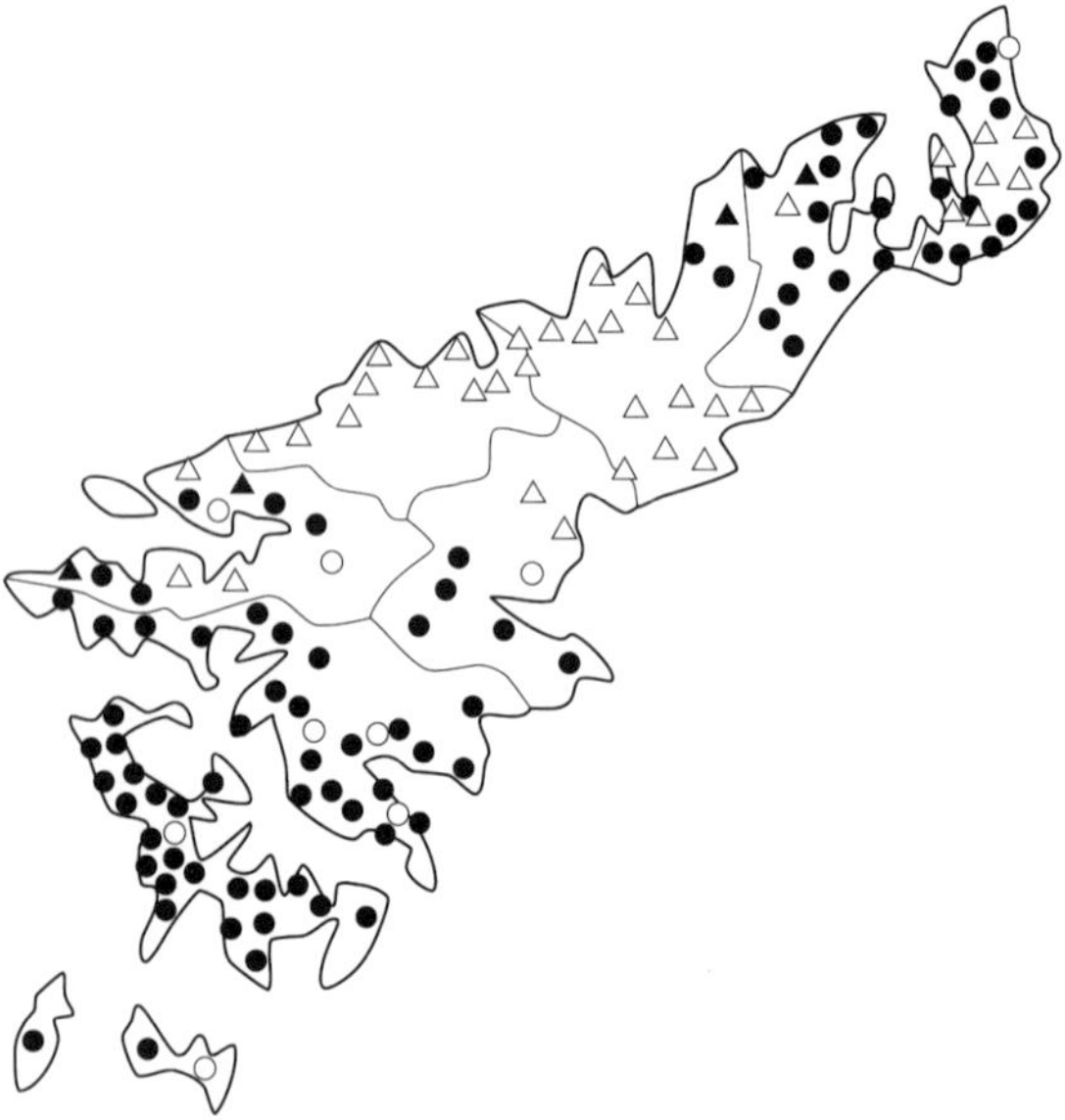

凡例
●バシャンナリ
○バシャンミ
△ウムィ
▲ウムィナリ

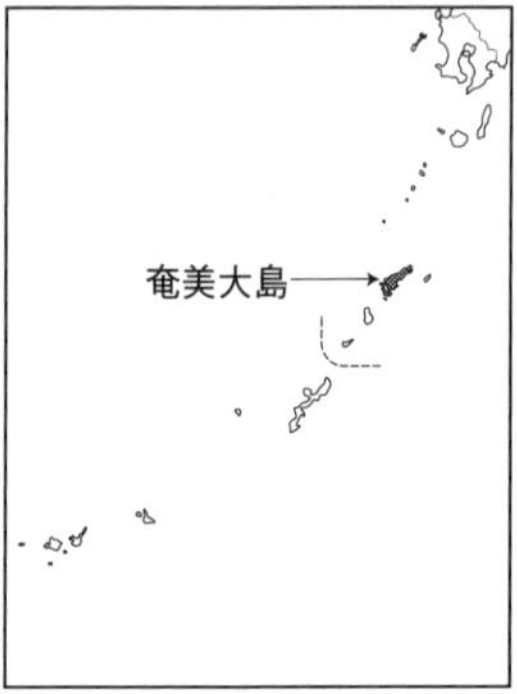

バシャンナリ類が島の北部と南部に、ウムィ類が中間に分布していることからバシャンナリ→ウムィと推移したと言えます。

ウムィナリという形が北と南にそれぞれ二地点ずつ見られますが、語構成と分布の位置からすると、バシャンナリとウムィとの混交によって生まれたものと思われます。なお、バシャンミは、バシャンナリ（「芭蕉《ばしょう》の実」の意）の後部要素ナリをミ（「実」）に取り替えた新しい形式ですが、その過程ではウムィの音もかかわったかもしれません。

ところで、ウムィの語源は何でしょうか。ある話者は「あけび」のことだと報告しています。鎌倉時代に成った『名語記』という書には、「あけびにたる物をうべとなづく、如何。うべは郁子とかけり」（巻五）とあります。奄美のウムィはこの「うべ」が変化したものでしょう。

出典：真田信治「方言学と言語地理学」『講座日本語と日本語教育』11　明治書院　一九八九

沖永良部島《おきのえらぶじま》での東西対立

図55は、沖永良部島での「心」を表す語形の分布状況です。〈肝〉に対応する語形で「心」の意味が表現されます。〈キム〉と口蓋化した〈チム〉とが、西と東できれいに対立しています。

このような口蓋化現象は、周知のように、沖縄の首里《しゅり》語などにも見られるものです。その音韻的な条件は、首里語の場合とほとんど同様です。沖永良部島での口蓋化現象はおそらく沖縄からの直接的な影響の上に生じたものと推測されます。

ところで、口蓋化と非口蓋化の境界は、現在および過去の行政区画のいずれにもぴったりとは

図55　沖永良部島の東西対立分布図

「肝」〈心〉
凡例
●チム
○キム

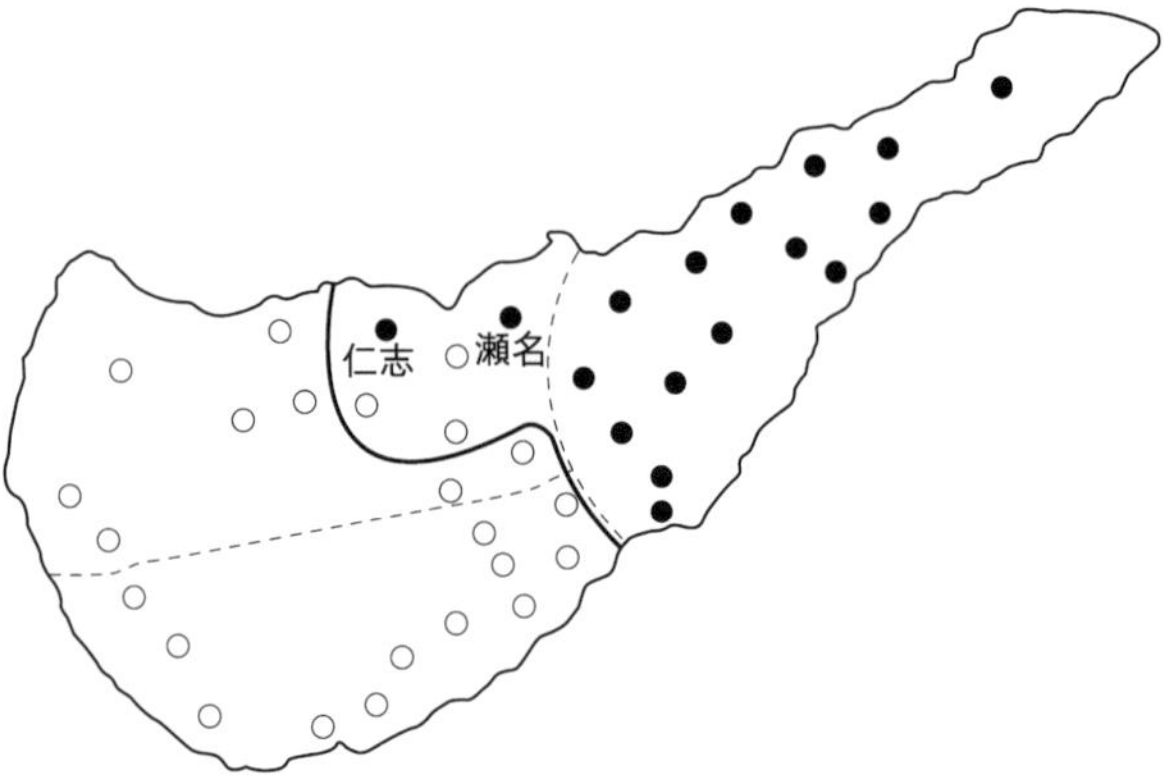

行政区画
- - - 1857〜1880年
西方 / 東方　和泊方
── 1886年〜現在
知名町／和泊町

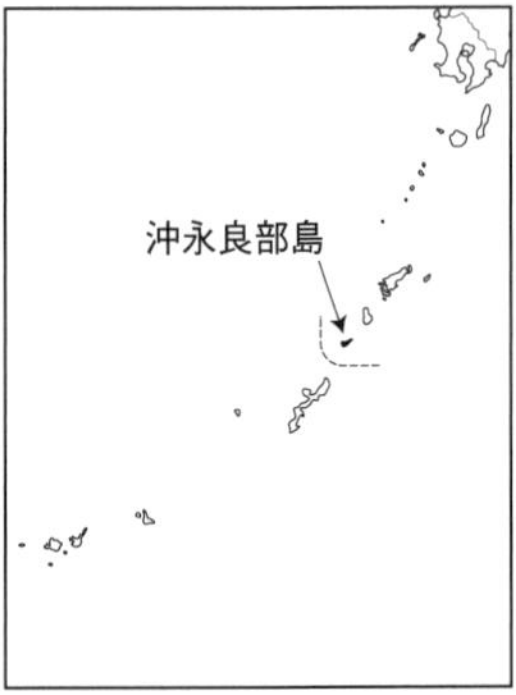

重ならず、ちょうどその中間を走っています。仁志での情報によれば、この地は和泊方面からの移住者が多いとのことです。仁志や瀬名の口蓋化は比較的新しいのではないでしょうか。もし、この推定が許されるとすると、口蓋化音の分布域は過去（一八五七〜八〇年）の行政区画に一致していたと考えることになり、口蓋化音の成立年代に一つの手がかりが得られることになるわけです。

出典：奥間透・真田信治「沖永良部島における口蓋化音の分布域」『琉球の方言』8　一九八三

琉球《りゅうきゅう》語方言に残されたP音

明治時代の国語学者、上田万年《うえだかずとし》の著作に「P音考」というのがあります。それは、現代語のハヒフヘホの音は原始日本語においてはパピプペポだったと論じたものです。たとえば、ハヒ(灰)はもとパピと言っていたということになります。ただし、奈良時代の中央ではすでにF音になっていて、その後にH音に変化したのです。

上田の推定は、

①ガ行子音とカ行子音の対立がg対k、ダ行子音とタ行子音の対立がd対tであるので、バ行子音bの対としてはpがふさわしいこと

図56　P音の分布地域

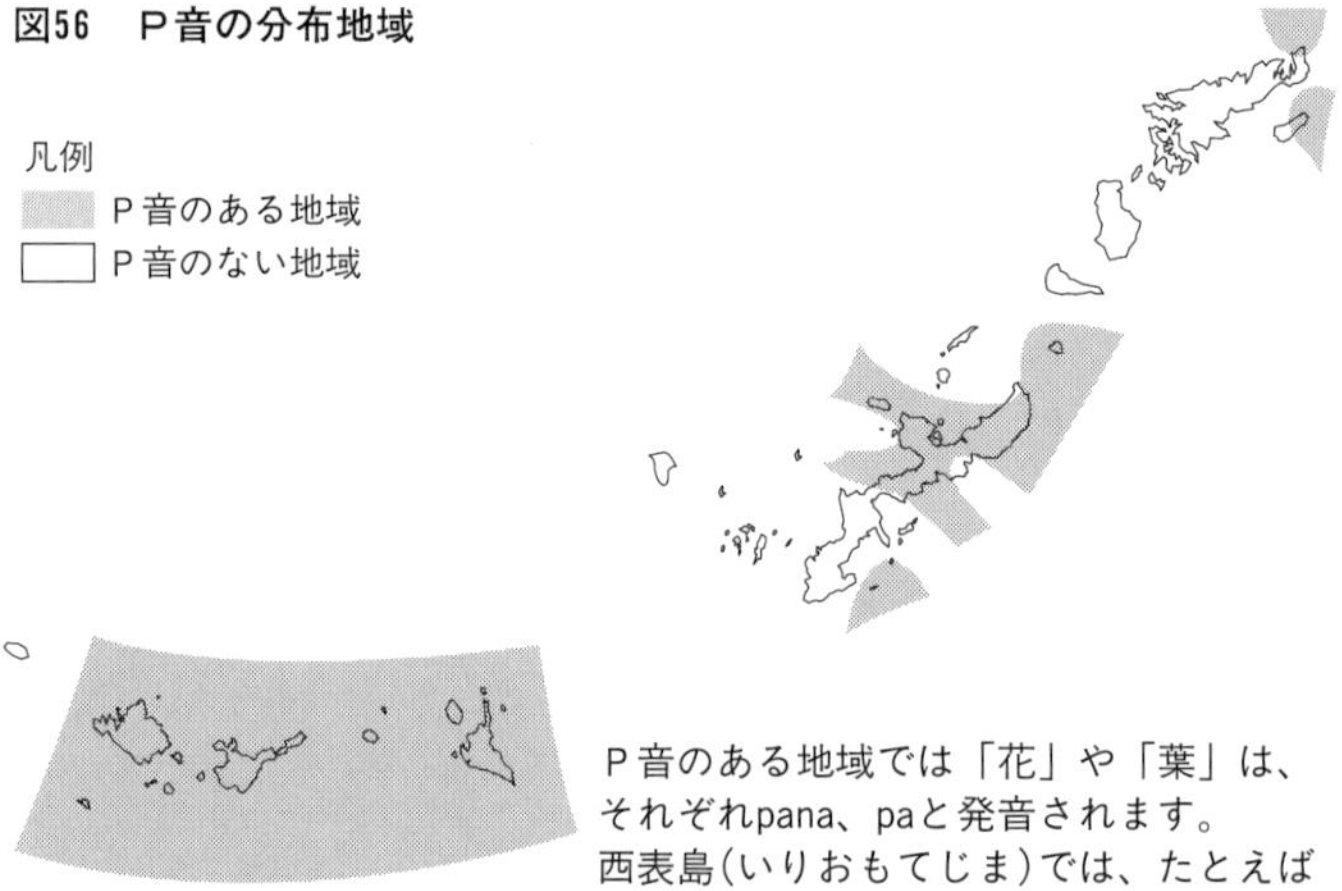

P音のある地域では「花」や「葉」は、それぞれpana、paと発音されます。西表島（いりおもてじま）では、たとえば「花が咲いている」ということをパナドゥサキルと言います。なお、このドゥはゾに対応する助詞です。

②古い時代の発音を示すにあたって、漢字音のp音が、ハ行音を示すときに利用されていること、またh音は、カ行音を示すときに利用されている（たとえば、「海」という字の音は「ハイ」であるが、ハ行で示されず、「カイ」とカ行で示された）こと
③p音、f音、h音の区別のあるアイヌ語に、日本語が移入されるとき、ハ行音はp音で受け入れられていること（たとえば、「いなご」のパッタキ、「計る」のパーカリなど）
④琉球語の方言にp音が保存されていること
などを論拠としています。

図56は、現在の琉球語方言域において、このP音を残存させている地域を示したものです。P音は、奄美では奄美大島北部の佐仁方

言、喜界島の小野津・志戸桶方言、そして与論島のすべての方言で聞かれます。沖縄では名護市・本部町を中心とした本島北部方言で聞かれるほか、伊江島や中・南部の津堅島・久高島など、さらには南の宮古・八重山方言でも盛んに聞かれます。

世界的に見る「火」の系譜《けいふ》

「火」は人間にとって原始的な存在です。その「火」の原始日本語における表現は pi と推定されています。現代琉球語の方言には pi: があります。これらは朝鮮語の pul や台湾のプユマ語の apui とつながるものかもしれません。なお、台湾のパイワン語では sapoi、アミ語では apoi と言います。これらは、タガログ語の apoy、インドネシア語の api、トンガ語の afi、マオリ語の ahi などにつながります。南だけではなく、北のアイヌ語にも ape が存在します。これら pi 系の語は環太平洋域に連続して分布しているのです(図57)。

さて、図には示しませんでしたが、pi 系と同系かと思われる mi や me や mai が、それぞれビルマ語、レプチャ語、ネパール語に見られます。ただし、ネパール語の ago やフィジー語の kama などは系譜がまったくわかりません。

中国語の huə は有名ですね。「火」を表す pi 系は、アジアの古層語としてアジア全域に広がっていて、中国大陸では新語系の huə がしだいにその上にかぶさっていったと考えられます。

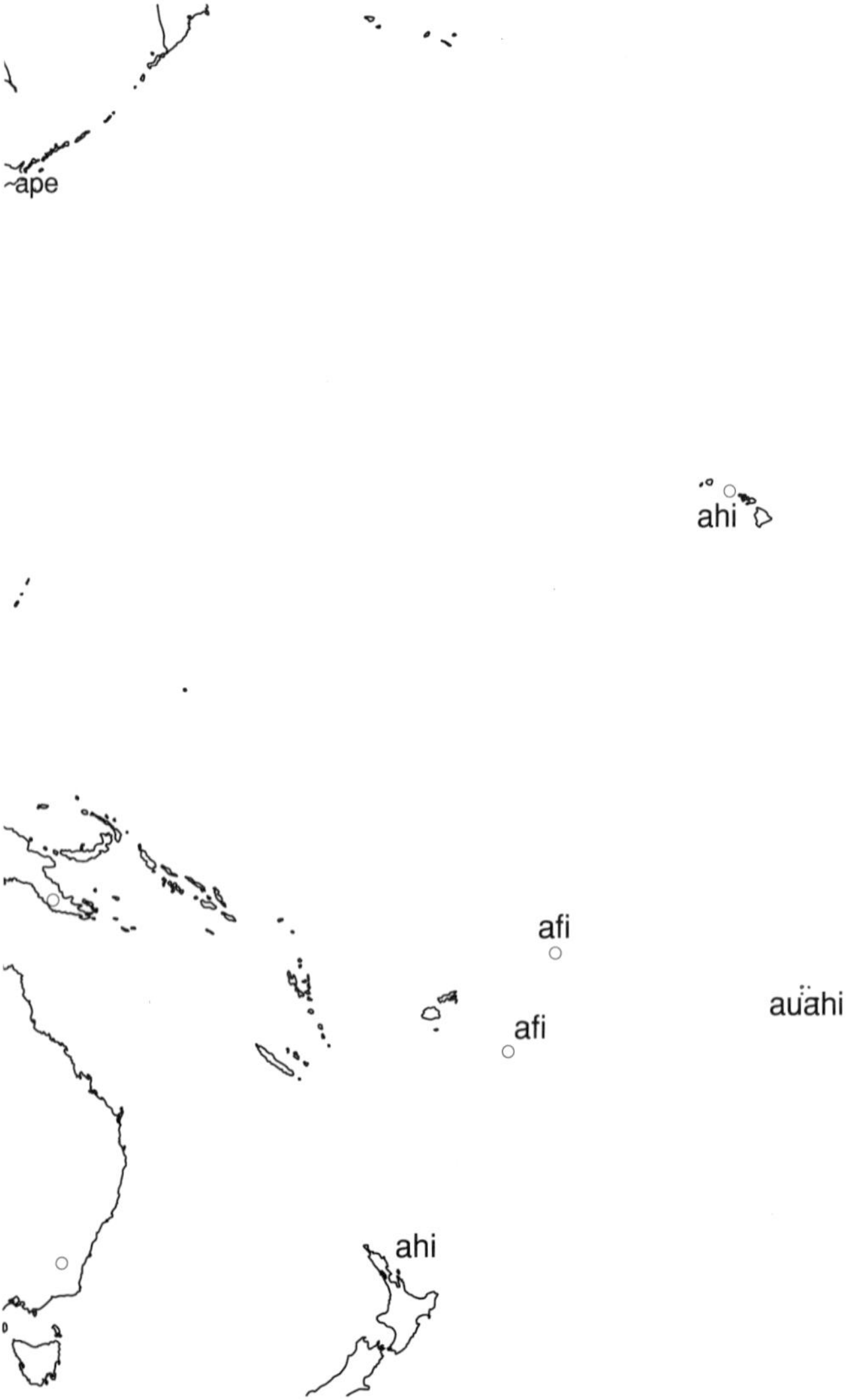
~ape
ahi
afi
afi
auahi
ahi

図57　一目でわかる「火」の系譜図

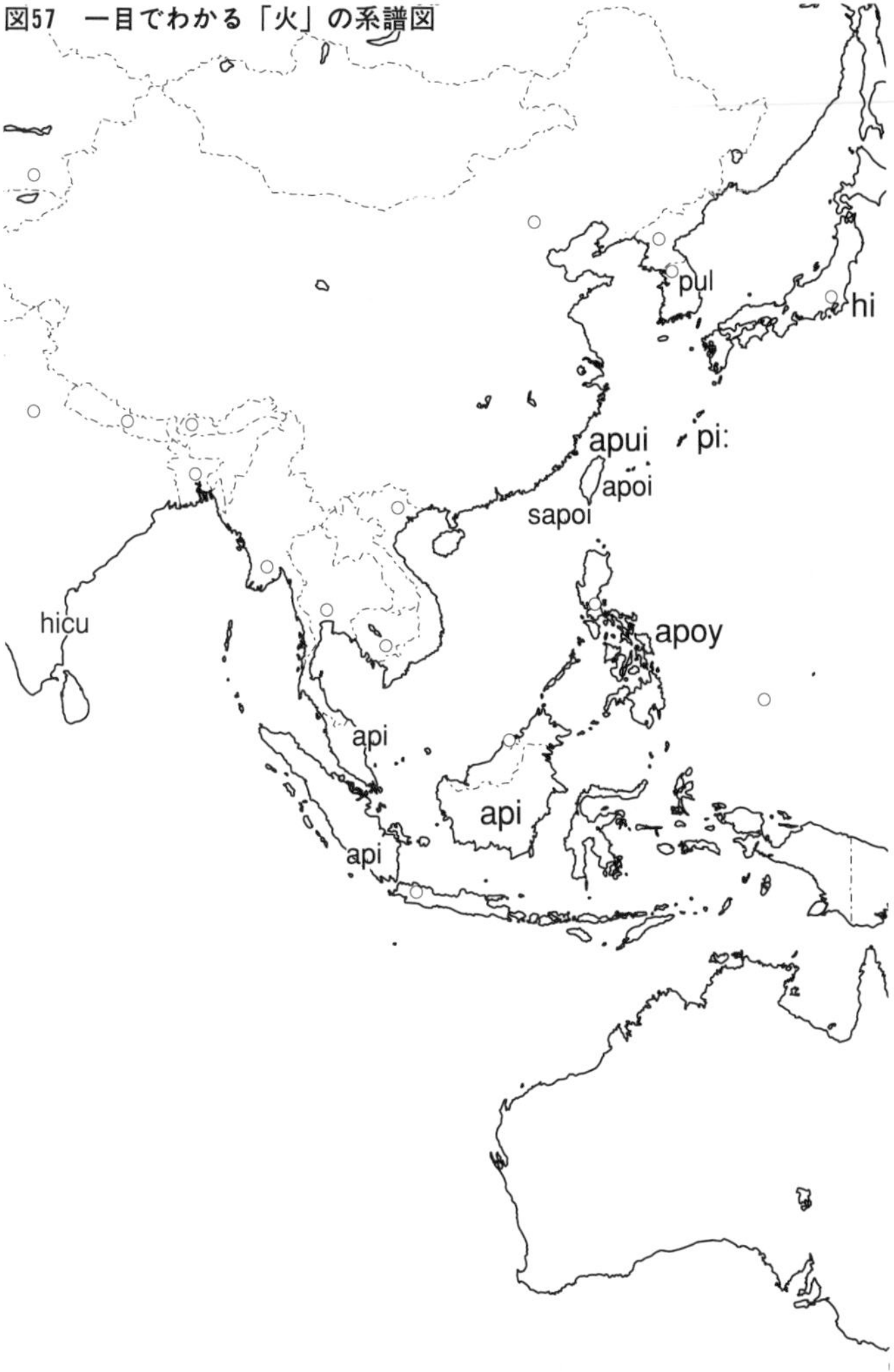

しかし、ひょっとすると、pi 系と hue 系は派生関係にあるものかもしれません。

出典：中本正智『日本語の系譜』青土社　一九八五

第三章　老人、幼児、若者語、学校、コンビニ・ファミレス用語

老人語

社会的属性や特定の社会集団、専門分野に特有な、または特徴的な表現形式・語彙のことを位《い》相《そう》語と呼びます。ここでは具体的に、「老人語」「幼児語」「若者語」「学校用語」「コンビニ・ファミレス用語」を取り上げ、その地理的な背景や普及度を考えます。

ここでいう「老人語」とは、老人になって使う、高齢者特有の語というものではありません。あくまでも現時点において、一般的な語に比べて古い語、あるいは旧式の言い回しのことを指します。

「乗合自動車」

乗り物としての「バス」の名称、外来語バスは、いうまでもなくbusという語に基づきます。この語は、本来は一般公共の交通機関を表すomnibus《オムニバス》（みんなのためのもの）という語の略されたものです。omnibusは、最初は馬力によるものでした。いわゆる乗合の馬車がはじめて走ったのはパリでしたが、一八二九年、ロンドンに、そして一八三〇年にはニューヨークに出現しました。この乗り物は、はじめフランス語にならってomnibusと呼ばれたようですが、まもなくその前部が略されて、単にbusとも呼ばれるようになったようです。そして二〇世紀はじめにはモーターによるbusが現れます。以降、この乗り物は急速な発達をとげ、世界的に広まったのです。

さて、わが国にこの乗り物がはじめて紹介されたのは明治三〇年代ですが、たとえば、明治四〇年二月一〇日発行の『風俗画報』（三五七号）には、次のような記事が見られます。

一月八日午後一時より日本自動車株式会社にては（中略）新聞記者等約五百名を日比谷公園に招待して、乗合自動車を試乗せり。同車は二階建てにして定員は階下二〇人、階上二〇人、外形も普通電車体より小にして（中略）前夜横浜より持ち来れる際までに階上準備の間に合わざしり為、階下のみとして案外みすぼらしかりき。コーナーにて車体の動揺するは一種云ふべからざる不快を感ずる（中略）尚車体の完全に組立てられし上にて試運転をなし、東京勧業博覧会開会と同時に市内の運転を開始する予定なりと云ふ。（「乗合自動車試乗」）

ここで試乗された「乗合自動車」なるものは未だ不完全な二階建てのものであったようです。文中にある東京勧業博覧会は、この年、明治四〇年に開催されています。ともかく、この時期にはこの乗り物が乗合自動車と呼ばれたことがわかります。乗合という語は、古くから「船・車などに別々の個人が大勢乗ること」の意味として用いられてきたものです（一七世紀初頭の『日葡辞書』などにも用例があります）。たとえば、乗合船、乗合馬車のように。したがって、乗合の自動車ということで、この乗り物が乗合自動車と命名されたこともいわば自然のなりゆきであったでしょう。後、乗合船や乗合馬車が一般的ではなくなったこともあって、この乗合自動車は単に乗合と呼ばれることもあったようです。時代は下りますが、室生犀星《むろうさいせい》の『あにいもうと』（昭和九年）には、「町に出ると乗合がある。四辻で待てばいいのだ」といった用例が見えます。なお、現在でも、地方の老人のなかに、この乗り物をノリアイジドーシャないしノリアイと称する人がいます。その地域的な実態を図58に示しました。

ところで、大正二年四月には、京王電鉄が、新宿—笹塚間にはじめて本格的な「乗合自動車」を運行しますが、この頃になると、ノリアイに代わって、直接的な外来語バスが文献にも登場するようになります。以下に、比較的早い時期の使用例を掲げます。

「何しろ自動車の出来たてで、あれが通ると、みんな振り返つて見た時分だつたからね」

「うん、あの鈍臭《のろくさ》いバスがまだ幅を利かしていた時代だよ」（夏目漱石『明暗』大正五年）

なお、池谷信三郎は、ベルリン滞在中の生活を描いた『望郷』（大正一三年）のなかで、次のような表現をしています。

乗合自動車《オムニバス》の燈火の忙しい交錯の中を、黒い人影が黙々と往来してゐた。

昭和に入ってからの用例は、次のようです。

「バスに乗って行こ」云うて四つ橋の停留場い出て（谷崎潤一郎『卍』昭和六年）

バス来るや虹の立ちたる湖畔村（高浜虚子『五百句』昭和一二年）

辞書では、昭和一〇年前後のものからその見出し語として現れてきます。たとえば『広辞林』（昭和九年版）には、次のようにあります。

バス〔bus〕乗合自動車。乗合馬車。
バスガール〔busgirl〕乗合自動車などの女車掌。

ここに掲げるバスガールという語は、いわゆる和製英語です。このときすでにこのような語が見出し語として掲げられていることからしても「バス」の一般社会での普及の状況がうかがわれます。その後、バス停、バス便、貸し切りバス、長距離バスなど、種々の造語が行われています。また、ワンマンバスのような和製英語もつくられました。

ところで、地方では、この「バス」をパスと発音するところがあります。たとえば、方言の録音文字化資料である日本放送協会編『全国方言資料』（昭和四一・四二年）のなかからは、次のような用例を拾うことができます。

・ソヤケド　パスノツゴーモヨカッタユッテン　ヨカッタケドナー（奈良県山辺郡都祁村）
だけど　バスの　都合も　よかったから　よかったけれどねえ

・アー　ホーカー　ホンナー　モーパスノジュンガ　ヨカッタラ　ナルベク　サムイケニ
ああ　そうですか　それでは　もうバスの都合が　よかったら　なるべく　寒いから
ハヨ　モンテコイヤ（香川県三豊郡詫間町）

早く　帰っていらっしゃい

・ノリヨッタヤネーカー　ナニュー　パスシヨッタヤネーカ　（大分県南海部郡上野村）
　乗っていたではないか　何を　バスを（利用）していたではないか

　また、私は、かつて北陸地方で、土地の古老が「パスのバス（バスの定期券）を買うてきた」と言っているのを耳にしたことがあります。バス→パスは、たとえばブロマイドをプロマイドとするのと同じパターンの変化と考えられますが、地域によっては、b＞pの変化がかなり体系的に起こっているところがあります。たとえば、佐賀あたりでは、ビスケットをピスケット、ズボンをズポン、カバンをカパン、センベーをセンペーと発音するとのことです。

　図58は、「バス」を表現する形式の地域的な分布を示したものです。パスの領域が案外に広いことに驚かされます。なお、図58でのパスの地点として表したもののなかには、「古くはパスと言った」「パスと言う人がいる」などと報告されたケースをも含めているのですが、その範囲は中部以西のほぼ全域に広がっていることが注目されます。すなわち、東日本（バス）対西日本（パス）といった東西による大きな対立が指摘されるのです。分布の様相から見て、バス→パスの変化は各地で個別に起こったものではないようです。パスという語形は、おそらく関西あたりを中心として、ある時期、強い勢力をもって西日本を席巻したと推測されます。しかし、その動態を文献の上でたどることはできません。それは、標準語（書きことば）とは別の口頭語の世界

図58　「バス」の方言分布図

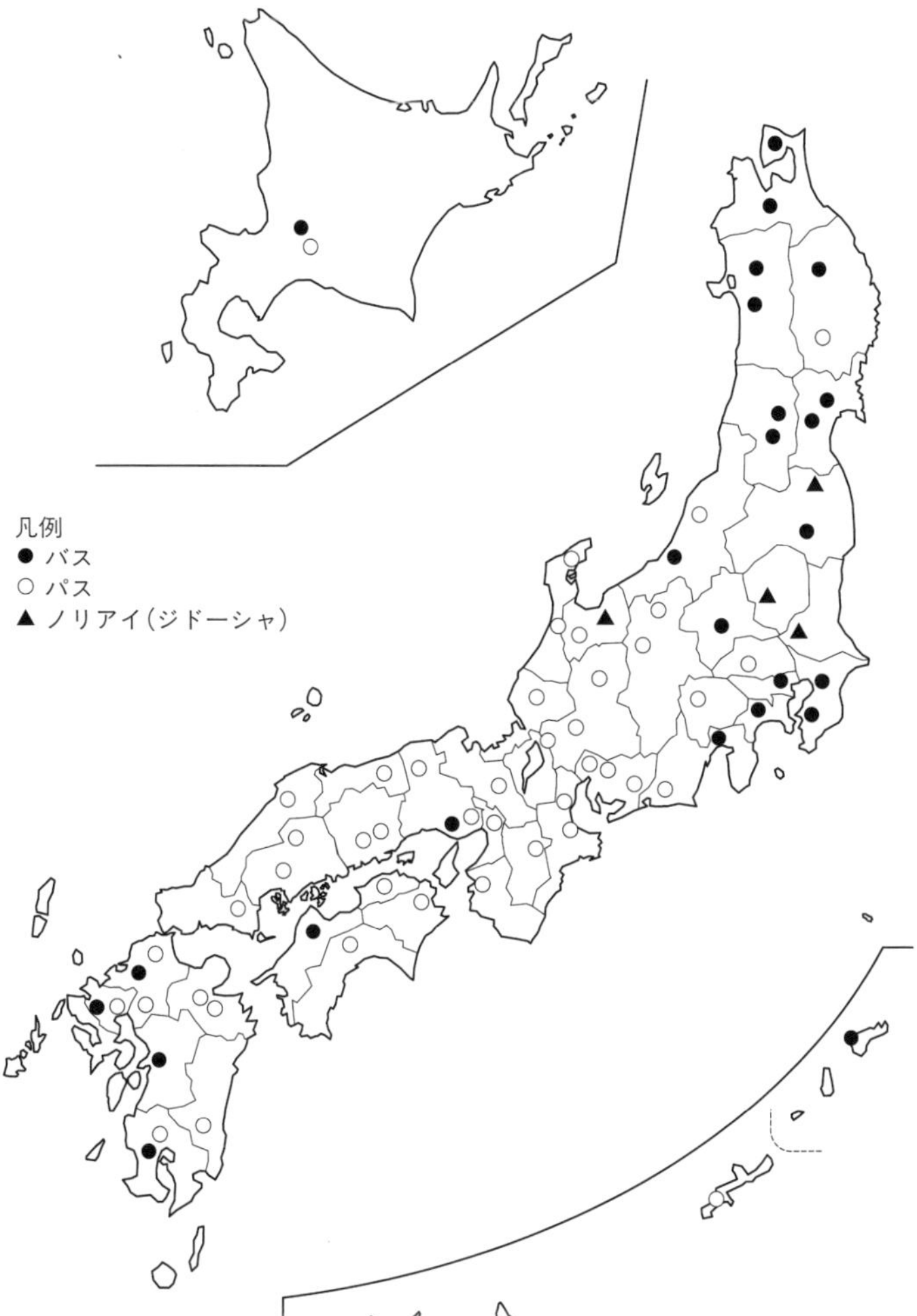

において起こった変化であるからです。

「トロッコ」

「トロッコ」は、最近は見かけなくなりましたが、レールの上を走らせて土砂などの運搬に用いるもので、荷台に車をつけただけの簡略な手押車《ておしぐるま》です。

トロッコの原語は truck で、後に渡来した貨物自動車の意味を表すトラックとは本来同語です。しかし、前者はトロッコという音形で普及し、後者はトラックという音形で借用されたために、両者で同音衝突を起こすことなく共存するに至ったのです。

トロッコの文献例は、明治後期あたりから散見します。たとえば、白柳秀湖『駅夫日記』(明治四〇年)には、次のようにあります。

　小さいトロッコで崖を崩して土を運搬していた

また、斎藤茂吉の『赤光』(大正二年)には、次のような歌があります。

　トロッコを押す一人の囚人はくちびる赤し我をば見たり

「トロッコ」は、一方でトロと表現されることもありました。明治四二年に書かれた、夏目漱石『満韓ところどころ』には、すでに、「トロと云ふものに始めて乗つて見た」という用例が見え、また、有島武郎の『或る女』(大正八年)には、次のような用例があります。

「あの時々ごーっと雷のやうな音のするのは何?」

「トロですよ」

大槻文彦《おおつきふみひこ》編『大言海』（昭和九年）には、トロをめぐって次のような解説があります。

トロック（名）〔英語　truckノ　転訛〕手押用ノ小サキ貨車。又土工用ノ運搬車。略シテ、とろ。トロッコ。

ところで、トロという語形の由来については今一つ考えておかなくてはならない点があるようです。英語にはtrolleyという語があって、この語は、ある場合には「土木用の手押車、手車」の意味としても使われることがあります。日本語学の世界では、トロはトロッコの略形とすることが通説のようですが、トロの原語はこのtrolleyである可能性も否定できないように思われるからです。

たとえば、『機械標準用語』（昭和一〇年）には、

トロ　軌道車、トロリー、トロッコ　trolley

とあって、トロの説明のなかでどちらかと言えばトロリーのほうを強調している点が注目されます。また、『土木用語辞典』（昭和四六年）にも「トロ　英　trolley　手押しの土運車」と見えます。

このような観点から見れば、先の漱石の文章に見られるトロも、トロリーに由来するものか、

図59 「トロッコ」の表現分布図

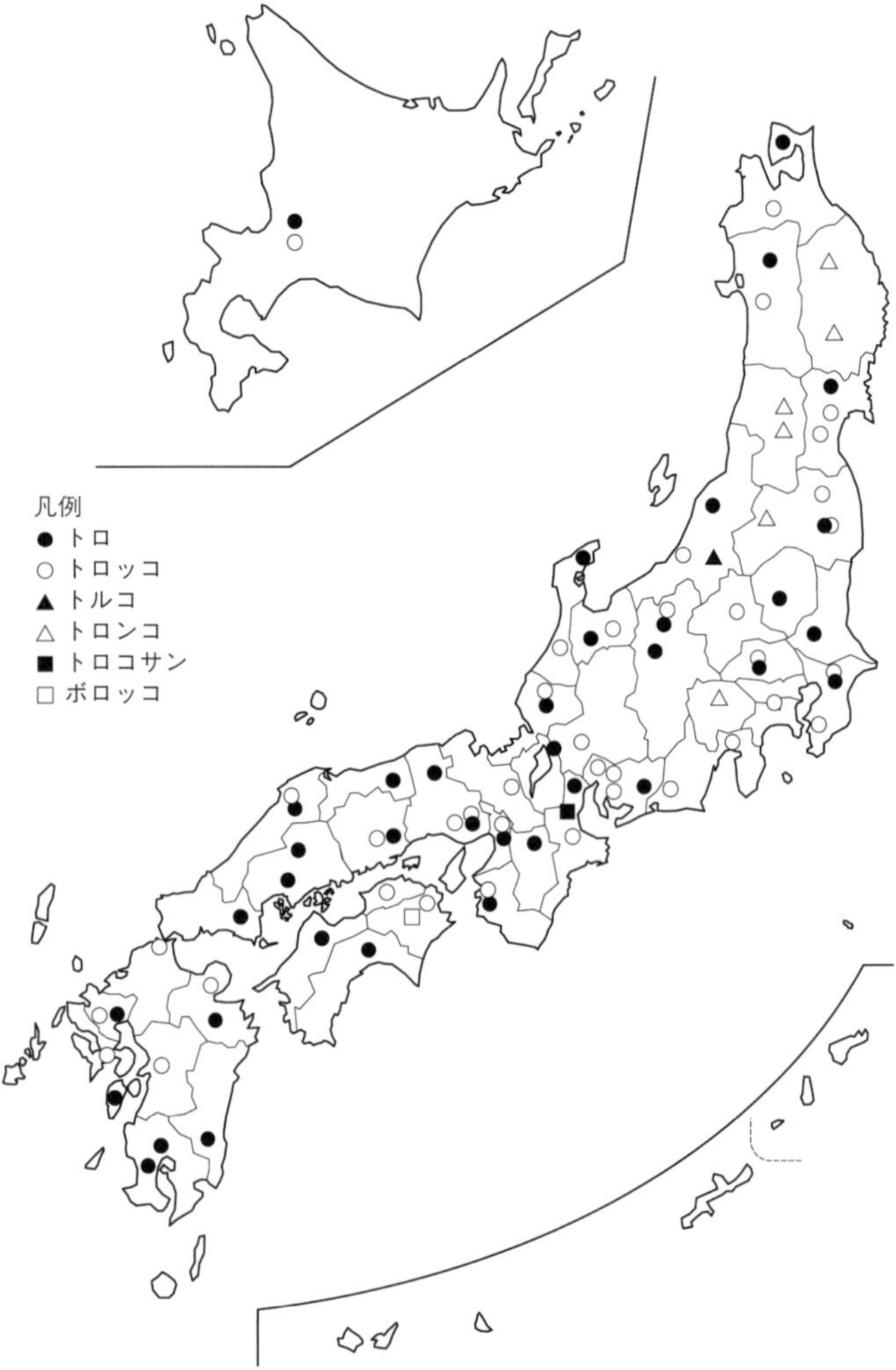

あるいはトロッコに由来するものかは速断できないように思います。

「トロッコ」についての各地の表現語形は、図59に示した通りです。

この図から指摘されることは、トロ、およびトロッコが全国にくまなく分布していることです。

トロ、トロッコともにそれぞれで固有の分布領域をもっているわけではなく、各地で併用されています。このような状況は、トロがトロッコの略形であることを示しているのでしょうか。

なお、注目されるのは、岩手、山形、福島西部、そして山梨へと連続するトロンコという語形の存在です。トロンコはトロッコが変形してできたものですが、主として東北地方で勢力を拡大した時期があったようです。そのほかの孤例語形としては、新潟のトルコ、三重のトロコサン、徳島のボロッコなどがあります。このうち、トロコサンについては「トロッコ」に対する親愛の情を含んでの呼称と考えられます。

幼児語

ここでの幼児語とは、幼児が話すことばではありますが、それは実際には大人が幼児に対するときの、大人どうしの会話においては普通に用いない特別な語のことを指します。たとえば、犬を「ワンワン」、鳥を「チュッチュッ」、自動車を「ブーブー」という類です。これを育児語と呼ぶ人もいます。

「妖怪」

まず、かつて〈子供を泣きやめさせるときなどのおどしことば〉に登場した「妖怪」の名称についてて取り上げましょう。私は、富山の山岳部、五箇山で幼年期を過ごしましたが、その幼年期、黄昏時《たそがれ》まで我を忘れて外で遊んでいた折などに、祖母からよく「ガガモが来るぞ。早う家へ入れ」とおどされたものでした。

ここでは、友定賢治《ともさだけんじ》編『全国幼児語辞典』(東京堂出版　一九九七)などを参考に、「妖怪」を表す語の分布を見ることにしましょう。

まず、語形をモー類とガゴ類に分けます。両類は相補う形で分布しています(図60、図61)。

モー類の語形(アモー、モー、モーコなど)は、東日本に広く分布しています。ただし、その領域は東日本だけではなく、島根、高知、そして九州西半など、西日本の周辺部にも存在します。これはまさに周圏的分布であって、この類の語形の古層性が推定されます。この類のなかでもっとも外周にあるのは、アモー、アモヨなど、語頭に「ア」の音形をもった語です。おそらくこれが原形に近いもので、モーやモーコは相対的に新しいものでしょう。モーは「ア」が脱落したもの、また東北でのモーコ、モッコの「コ」は接尾辞が付加したものと考えられます。これを「蒙古」に結びつける人もいますが、それはあくまで民衆語源です。ちなみに、アモーの由来を狼の鳴き声を模したものと見る人がいますが、よくわかりません。

　一方、ガゴ類の語形（ガンゴ、ガゴ、ガゴゼなど）は、主として西日本に分布しています。モー類の分布と対照してみると明らかなように、ガゴ類はモー類の内側にほぼすっぽりとはまってモー類の分布を断ち切っています。このことから、モー類にくらべてのガゴ類の新しさを指摘することができます。注目されるのは、ガゴ類の分布域の先端である北陸や九州南部などに、ガガモー、ガモといったモー類とガゴ類が組み合わさったような語形が存在することです。出雲でのガガマの「マ」も各地の「モー」に対応するものです（一二一頁参照）。


「神仏」


次は、「神仏」をさす幼児語の岡山県付近に焦点をあてた分布図です。

　これらの幼児語の多くは仏の称名「南無阿弥陀仏《なむあみだぶつ》」に由来するもののようです。ナンマンダブツと称《とな》える大人の声に合わせる過程で、ナンナンサマから、ノンノンサマ、ノーノーサマ、ノノサマ、ノノサンなどが、また一方で、マンマンサマ、マンマンチャン、マンマンなどが生まれたものと推測されます。

　チンチンサマは、鳴らす鐘の音の模写でしょうか。いずれにしても、このように、幼児語のなかに神仏を意味することばが存在するということに注目すべきでしょう。これは、かつての地域

図60　妖怪を表す幼児語モー類の分布図

図61　妖怪を表す幼児語ガゴ類の分布図

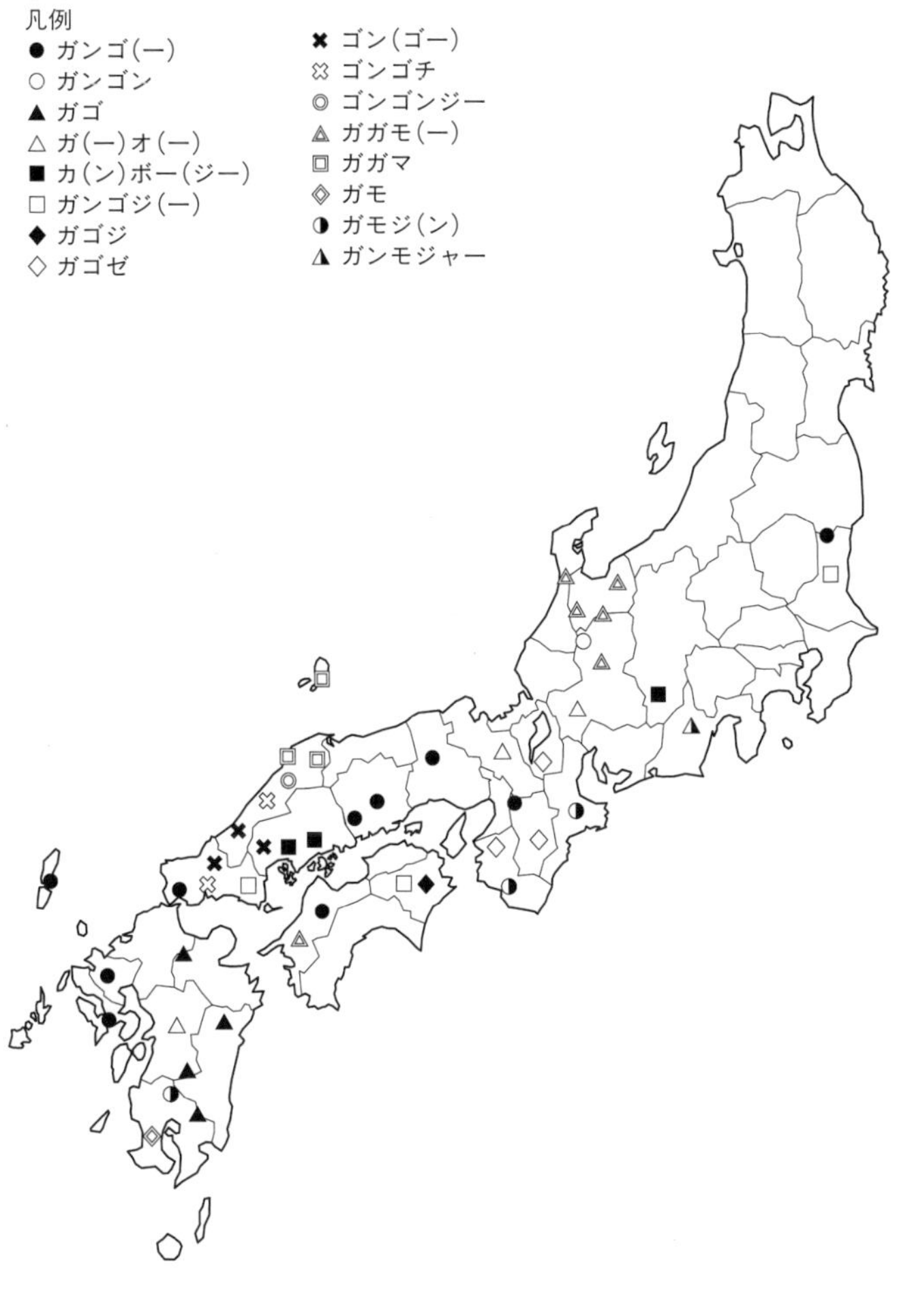

図62　岡山県周辺の「神仏」を表す幼児語の分布図

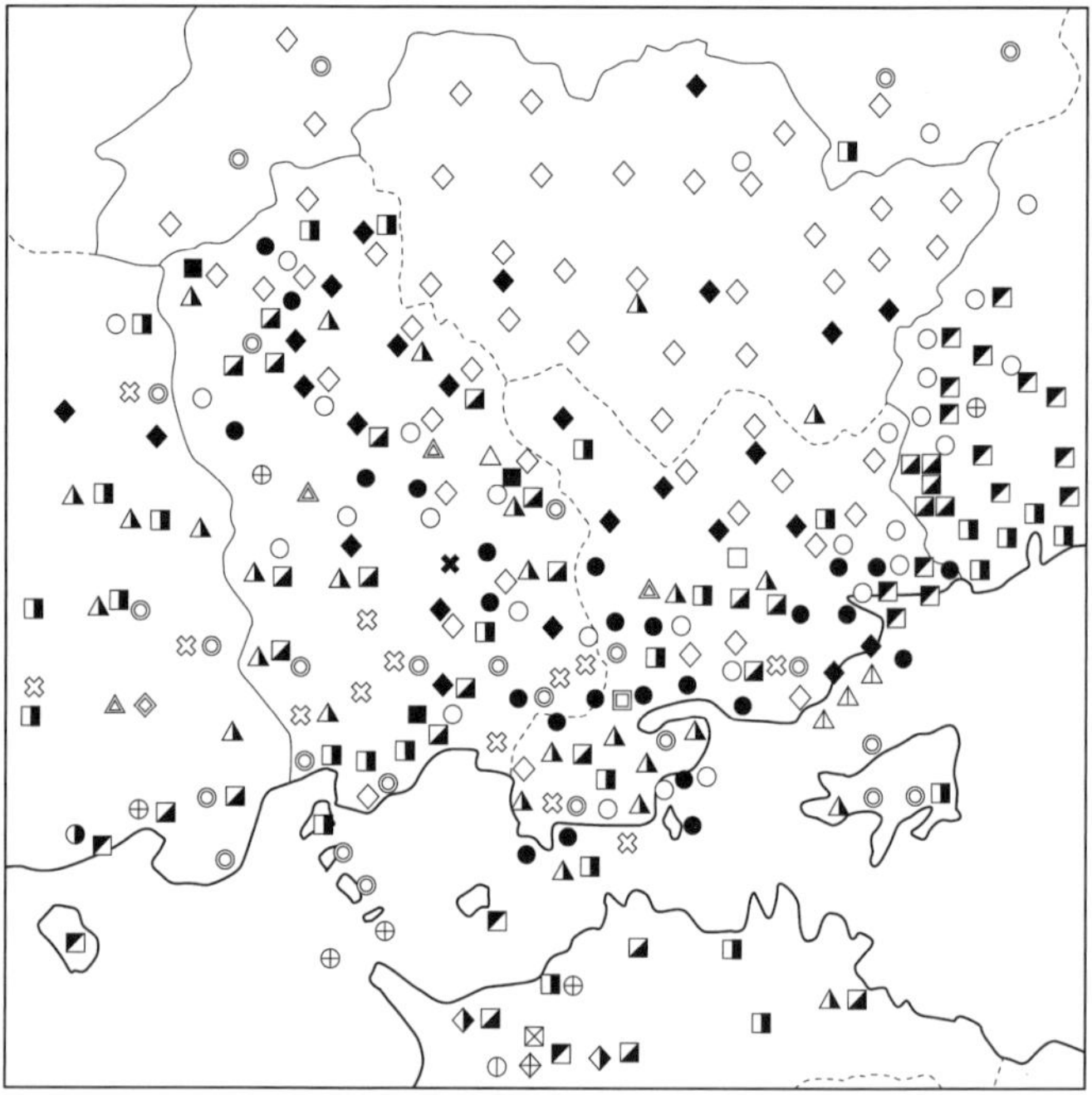

凡例

● ノノサマ
○ ノノサン
▲ ノンノン
△ ノーノサマ
■ ノーノサン
□ ノーノ
◆ ノーノーサマ
◇ ノーノーサン
✖ ノーノー
⯐ ノンノサマ
◎ ノンノサン
◬ ノンノ
⧈ ノンノーサン
◈ ノンノチャン
◑ ニョーニョーサン
◭ ノンノンサマ
◨ ノンノンサン
◆ マンマンサマ
◪ マンマンサン
◩ マンマンチャン
⊕ マンマン
⊠ マンマイサン
⯑ マンマサマ
⦶ マーマーサマ
⚠ チンチンサマ

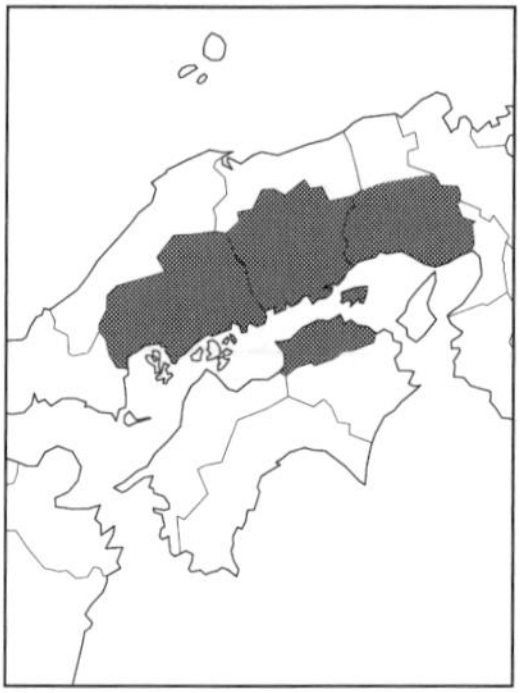

社会において幼児に神仏を畏《おそ》れ敬《うやま》う心を植え付ける教育がなされていたことを示す貴重な証拠でもあるわけです。

出典：鏡味明克「幼児語の方言分布の考察」『順正短大紀要』4　一九七四

若者語

ここでの「若者語」とは、今どきのことば、現代の若年層に多い言い回しのことをさします。若者はいつの時代にももっとも先鋭的に個人の自由を追求し、従来の規範からの解放を主張します。そのことは、ことばの規範に関しても同様です。自由に、勝手に新たな造語をつくりだしたり、すでにある語に新たな意味と用法を付加したりして使っています。それが「若者語」です。

「チガカッタ」

「違っていた」にあたる言い方としてチガカッタを使う若い人が増えています。この表現は東北南部や関東北部ではもともとから使われていたもののようです。それが首都圏の若者のことばに取り込まれたのです。図63は、東京と神奈川での老年層と若年層の「チガカッタ」使用を示したものです。若年層に明らかに増えていることがわかります。東京に入り込んだ「チガカッタ」は、東

図63 「チガカッタ」という表現に対する老年と若者の意識差

老年層の分布

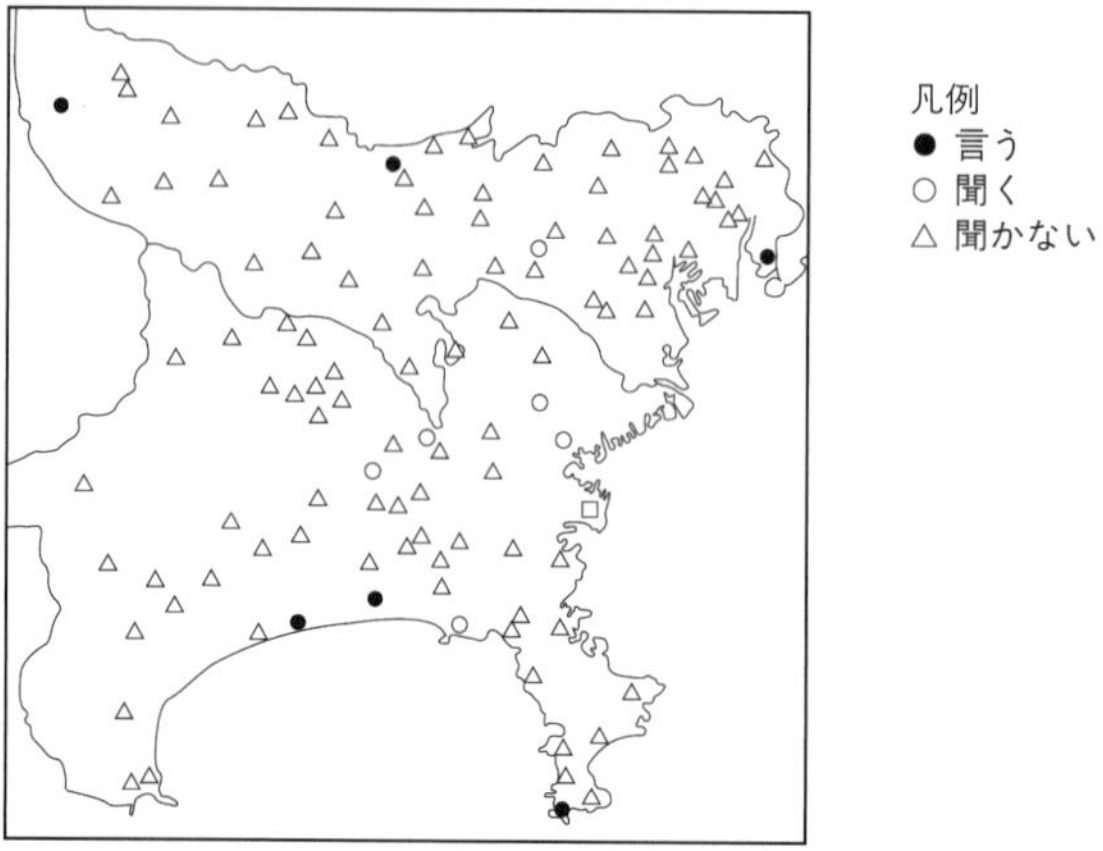

若年層の分布

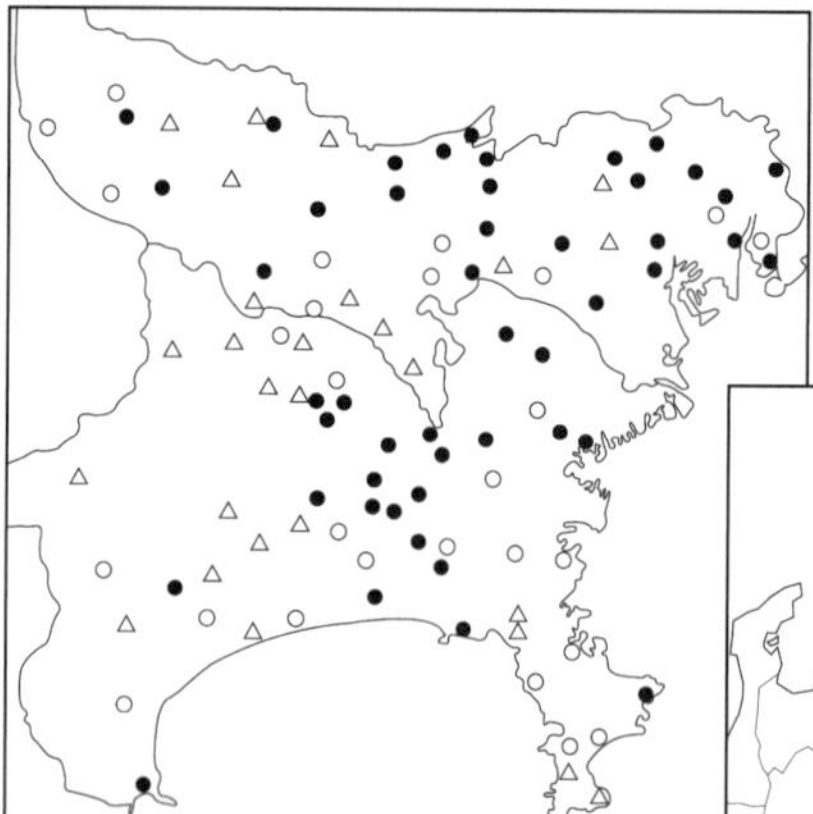

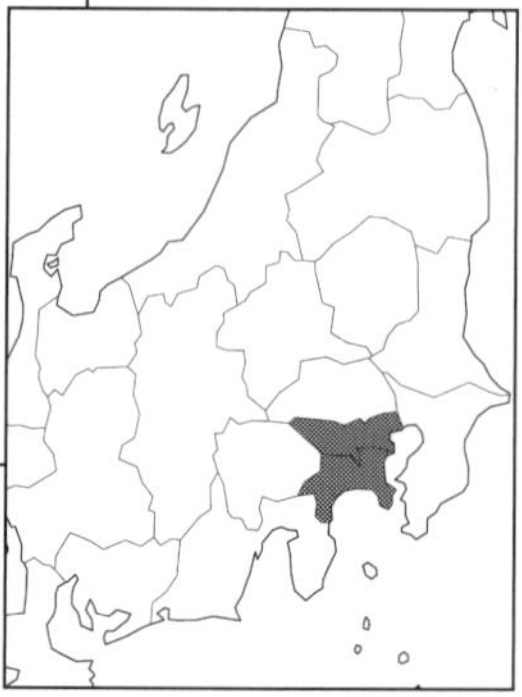

東京、神奈川での「チガカッタ」の使用状況は、老年層に比べて、若年層での使用状況が明らかに増していることがわかります。

北南部へ逆流するとともに、急速に全国に波及しつつあります。各地から、「チガカッタ」が若年層に使用されているとの報告が寄せられています。

この表現の発生に関しては、「違う」の意味が形容詞的なので、過去の継続的な状態を表すのに「カッタ」を付けた結果である、と解釈されています。「チガクナイ」「チガクテ」「チガクナッタ」のように活用するので、「チガイ」という形容詞が抽出され、その口語的な発現形「チゲー」が使われはじめました。「チゲーよ、そうじゃねーよ」のような言い方が、今、関東を中心に広がりつつあります。

出典：井上史雄編『東京・神奈川言語地図』自家版　一九八八

「メッチャ」

各地の若者は、「とても」「非常に」の意味を表す副詞をそれぞれに創造し、それを地域の指標として使っています。たとえば、チョー（東京）、デラ（名古屋）、メッチャ（関西）、ブチ（広島）、バリ（博多）などです。

ここでは、現在の京都でのメッチャの動態を見ることにしましょう（表13）。対象は、京都市内で生育した「京都生え抜き」の各世代です。

メッチャの使用者は、八〇代では四・三％で、聞いたこともない人が四五・七％なのですが、

表13　若者になるほど「メッチャ」の使用する人口が多い

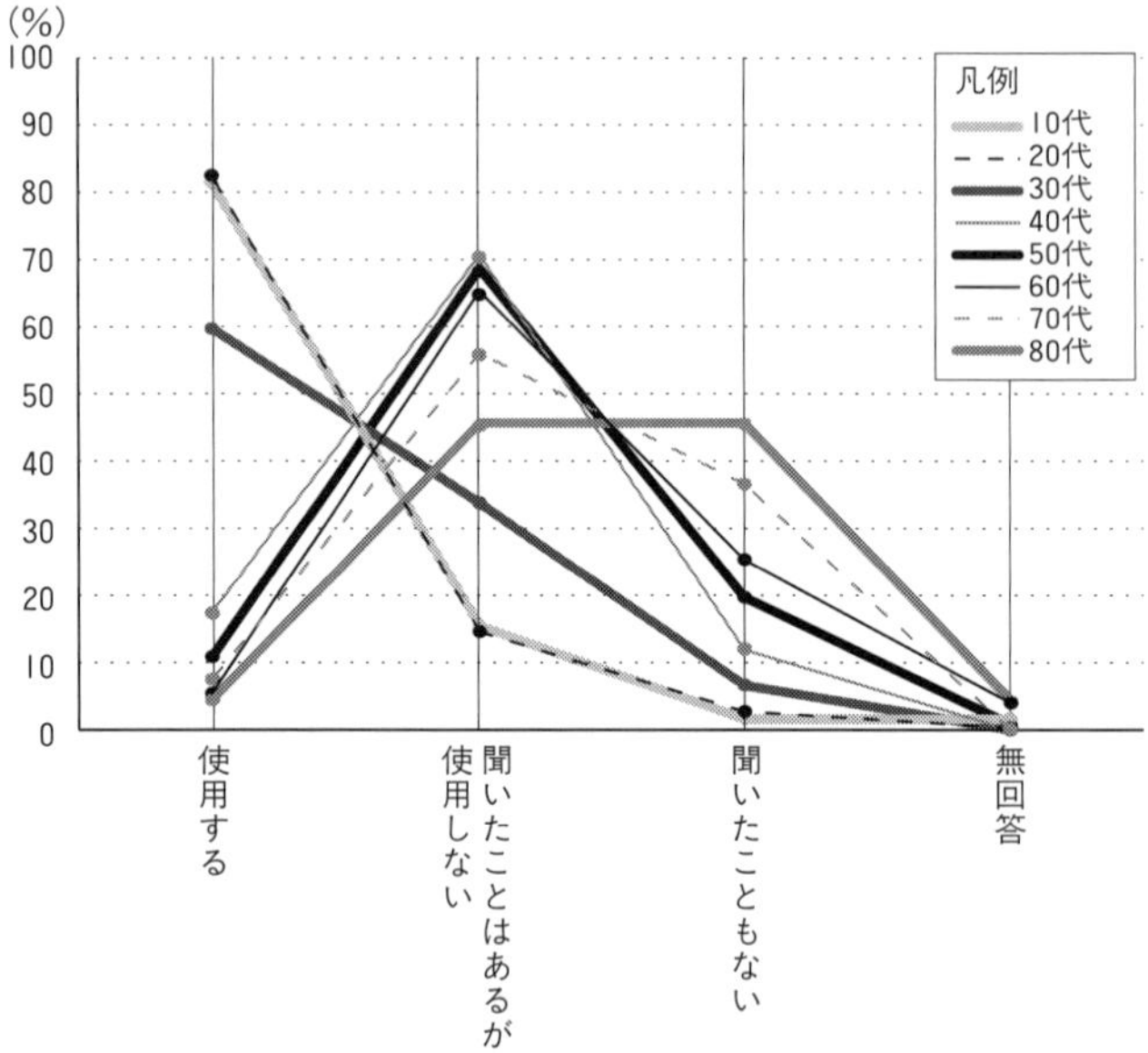

「メッチャ」は「メチャクチャ」に由来します。関西で発生した形式ですが、東京の若者語にも取り込まれ、東京から全国に波及しつつあります。

調査地：京都市

年代が若くなるにつれ、うなぎ登りに増加し、三〇代で五九・八％、そして二〇代以下では八二・三％の使用者がいます。

ただし、これらの形式は東京でも運用され、それにともなって急速に全国に波及し、しだいに地域性を希薄にしつつあることが認められます。最近の調査では、たとえばメッチャについて、東京で使う人約六〇％、仙台で使う人約五〇％、福岡で使う人約七〇％という結果が出ています。

全国的な普及が認められるのです。

出典：岸江信介・井上文子『京都市方言の動態』近畿方言研究会　一九九七

「ナニゲニ」

「何気なく。なんとなく。（それまではよくわからなかったが）実は、本当は」の意味。「あの店ナニゲニ趣味いいよね」「あいつ、ナニゲニ頭いいんだよ」などと使います。首都圏の若年層に発生した形式とも言われます。「さりげなく」の変形サリゲニも同様です。「もっとサリゲニやんなくちゃ」「座席をサリゲニ譲ったの」など。

図64は、文化庁文化部国語課が実施した「国語に関する世論調査」（一九九八〜二〇〇一）におけるデータを分析した結果です。全国を九ブロックに分けて集計しています。「ナニゲニ」は

図64　全国の「ナニゲニ」の使用状況分布図

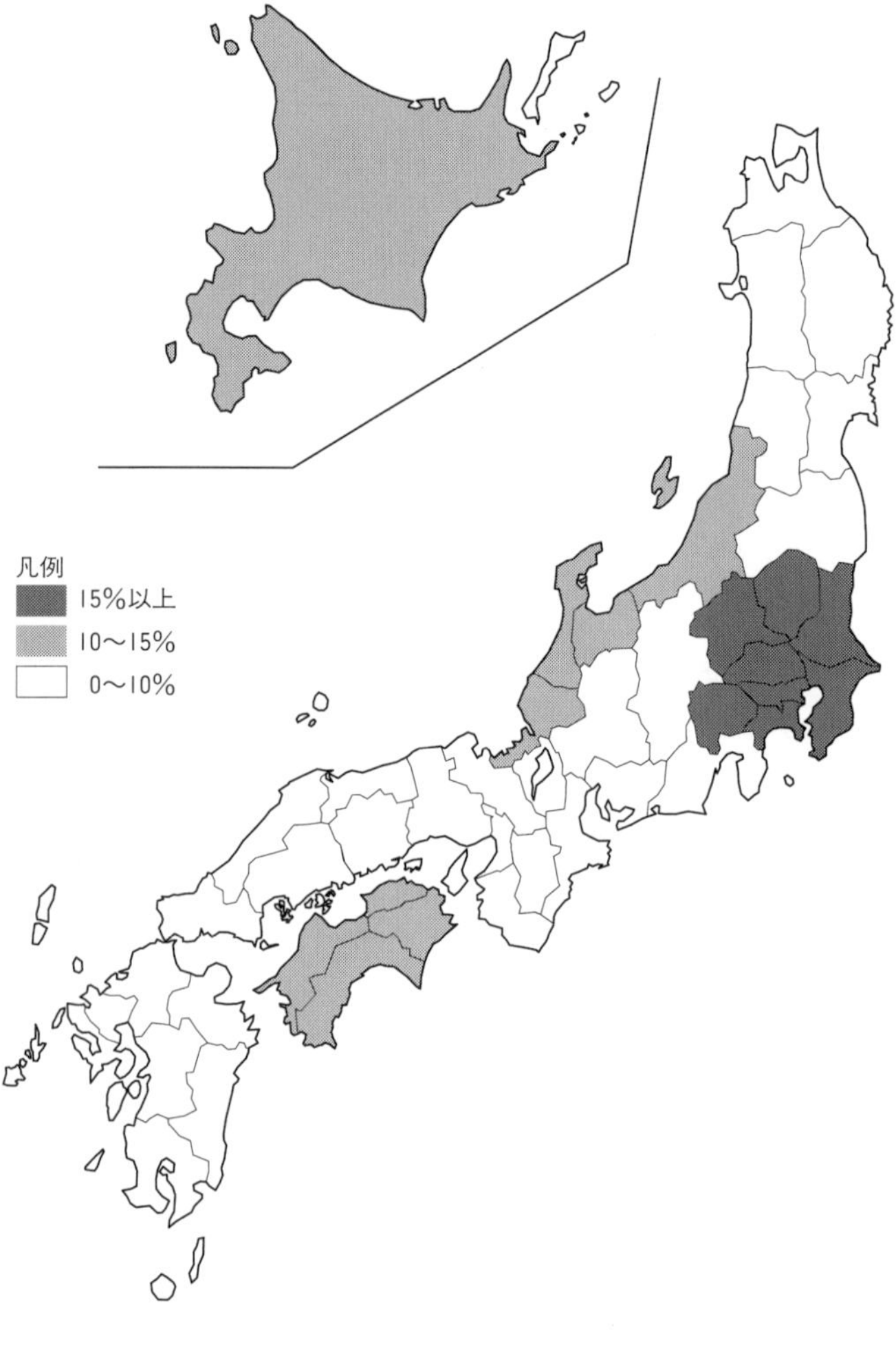

北海道や四国に飛び火しているものの、関東中心の分布で、全国的な広がりはこの段階ではまだ見られませんでした。

この形式については、「何気なく」「さりげなく」の「なく」に含まれていた意味が薄れ、「何気」「さりげ」にそれぞれ他の副詞と同じように「に」をつけることによって発生した表現と考えます。なお、「よさげに」「なさげに」など、首都圏では「〜げに」という言い方が増えていますが、これらは「〜そうに」という様態を表すものなので、「ナニゲニ」や「サリゲニ」と直接にかかわるものではないでしょう。

出典：篠崎晃一「新しい表現の地域差」『方言地理学の課題』明治書院　二〇〇二

学校用語

学校の授業などにかかわる表現（「学校用語」）には地域特有のものが多く存在します。それはその用語の多くが、仲間内の、いわばスラングとして発生したものだからでしょう。スラングには、その集団のメンバーの連帯感や互いの仲間意識を確認するといった機能があります。

「コージ（校時）」

図65は、「授業時間」を「コージ（校時）」と表現する東日本域における地点を示しています。

図65 「コージ（校時）」という表現を使うか

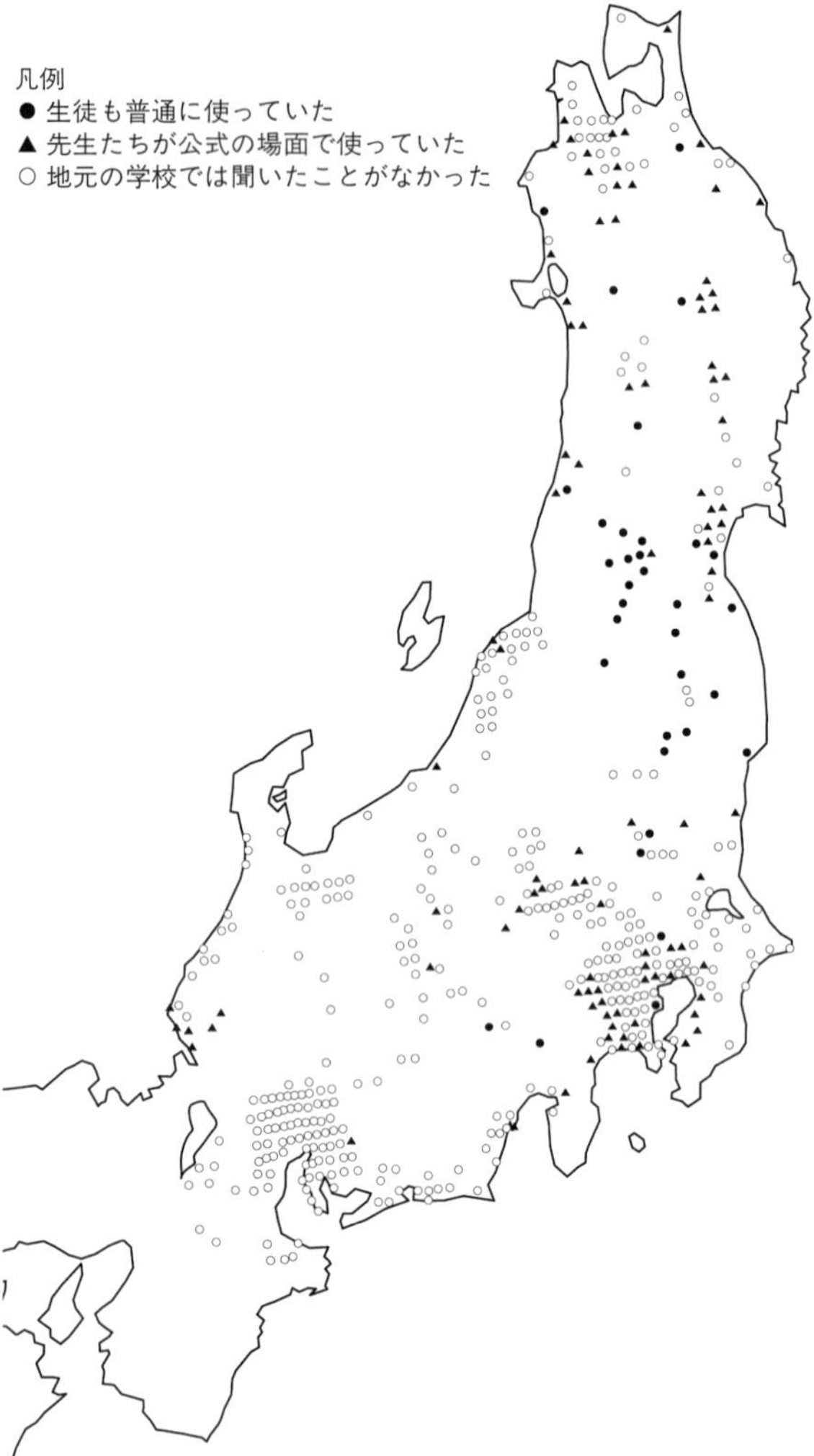

データは、一九九五年六月から一二月にかけて、各地の大学の学生を対象にアンケート調査をして得られたものです。

調査では、「学校の一時間目、二時間目……を表現するのに、イッコージ、ニコージのように、コージ（校時）ということばを使っていましたか」とたずねています。

「生徒も普通に使っていた」とする回答は、この図以外でも中国地方の各県、長崎県、宮崎県、鹿児島県、そして沖縄県などから得られています。

なお、これらの地域では、「先生たちが公式の場で使っていた」とする回答も多く存在します。

インターネットホームページ（ウェブサイト）を検索した結果では、「コージ」が全国に及んでいることがわかりました。ただし、その使用は小学校の場合に多い傾向にあるようです。

出典：高橋顕志・井上史雄『気づかない方言・全国分布図』自家版　一九九六

「ホーカ（放課）」

「放課後」ではなく、「休み時間」一般のことをホーカ（「放課」）と言うのは名古屋の周辺だけです（図66参照。データソースは「授業時間」の場合と同じです）。

文化祭などでの発表に使う、いわゆる「模造紙《もぞうし》」のことをビーシと言うのもまた名古屋の周辺だけです。なお、富山県ではガンピシ、香川県、愛媛県、沖縄県ではトリノコヨーシと言いま

図66 「ホーカ（放課）」という表現を使うか

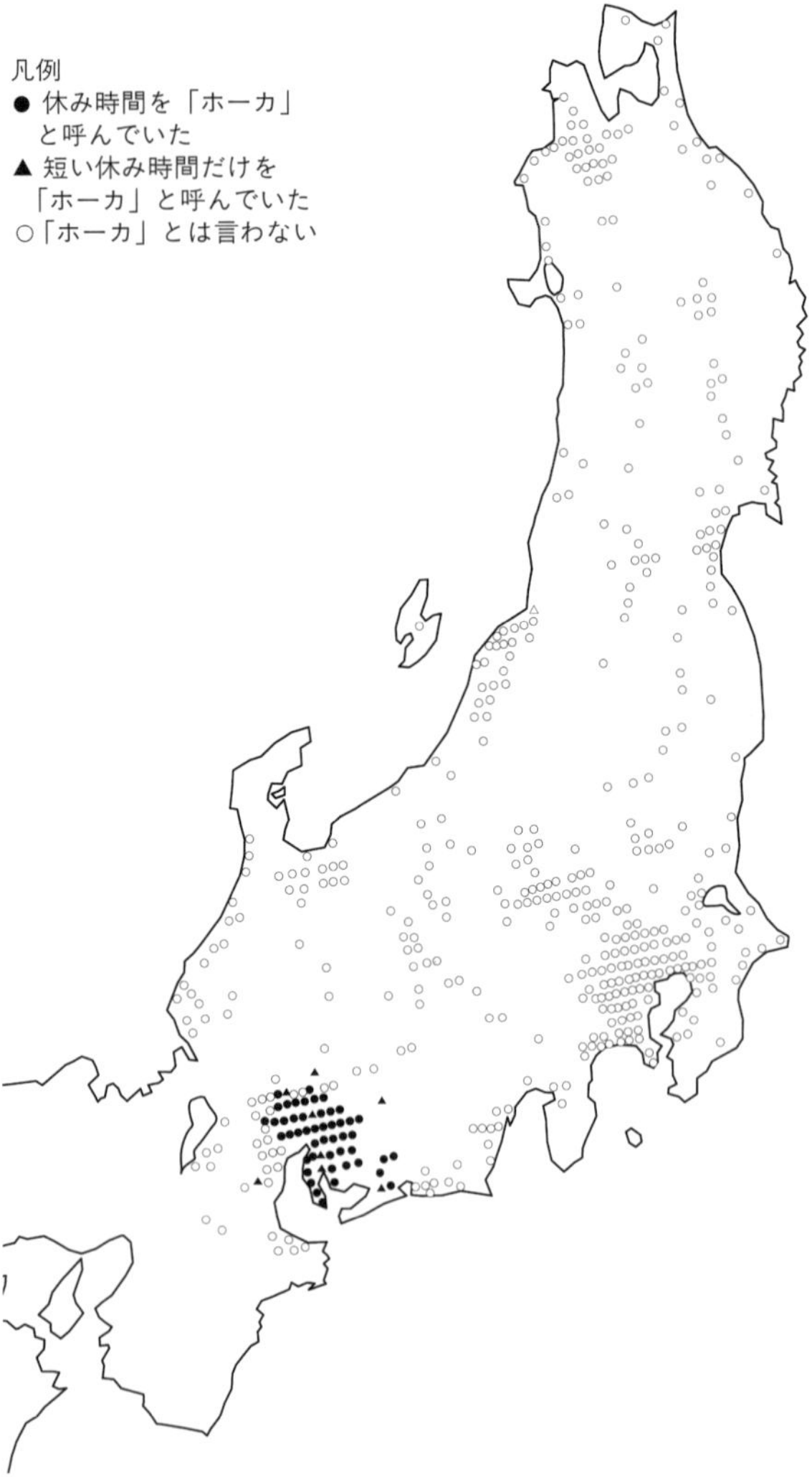

す。その他の地域はモゾーシです。

竹やプラスチックでできている物の長さを計る道具をモノサシではなく、単にサシというのは大阪から西の中国・四国地方と富山県、青森県などです。

体育館ではく靴、いわゆる「体育館シューズ」をカンバキと言うのは東京を中心とした関東地方です。

〈授業中、先生に指名されることがあります。そのことを、「もう、先生にカケラレタ？」とか、「変な問題にカカッタ」というように、「カケル」「カカル」ということばで表現することがありますか〉という問いに対して、〈私自身が使う〉と答える人は新潟県と山形県に集中して存在しています。

「ミズクレ係」

図67は〈小学校時代、クラスや学校で、「にわとり」や「小鳥」を共同で飼育し、順番を決めて世話をしたようなことがあると思います。そのとき、水を替えてやる係のことをなんと言いましたか〉と聞いて得られた結果です。このデータソースも「授業時間」の場合と同様です。

全域にミズヤリ係という言い方が存在しています。そのなかにミズアゲ係という言い方が散在します。両者は併用されるもののようです。

図67 「ミズヤリ係」の表現分布図

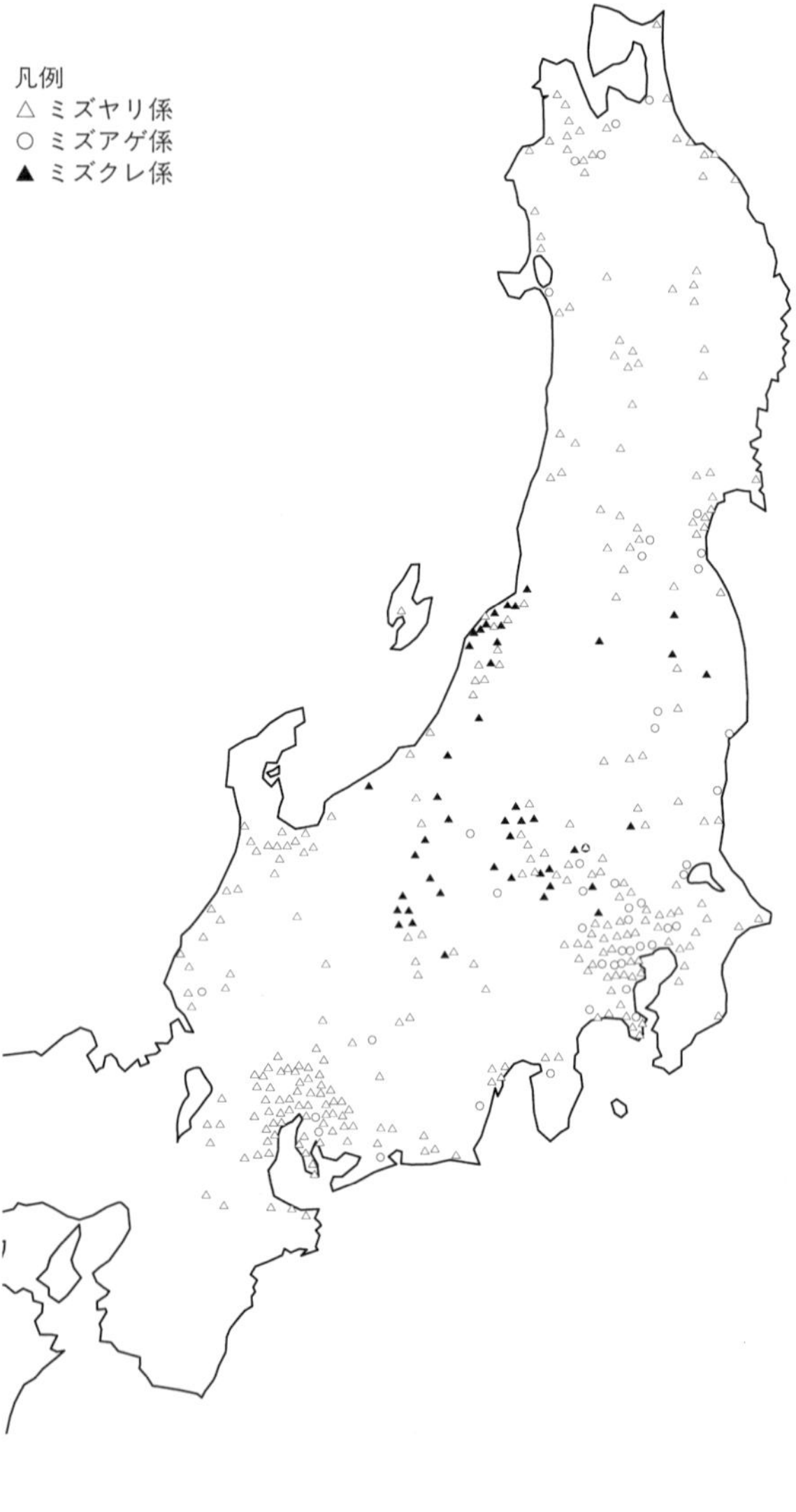

地域的な分布を示すものにミズクレ係があります。

ミズクレ係という言い方をするのは新潟、群馬、長野あたりです。

ところで、「やる」ということばは、その動作の主体が無償で所有権を相手に移すことを意味します。共通語では、相手が話し手にそれを移す場合は「くれる」が用いられ、「やる」とは区別されます。しかし、新潟、群馬、長野あたりの方言では、「やる」ことも「くれる」ことも、クレルと表現するのです。なお、東北地方ではケル、九州地方ではクルルと言います。古い時代には、中央でも「やる」と「くれる」を区別しないで「くるる」で表現していたようです。「ミズヤリ係」におけるミズクレ係という言い方は、このような方言分布の背景のもとに創造されたものと考えられます。

コンビニ・ファミレス用語

コンビニエンスストア、ファーストフード店、ファミリーレストランなどの従業員が使う特徴的なことばを、ここではコンビニ・ファミレス用語と呼ぶことにします。最近、これらの店で働く若い店員の接客のことばが気になってたまらない、という意見が多く聞かれます。

「ありがとうございます」

コンビニエンスストアには接客言語行動のマニュアルがあります。たとえば、コンビニLの電話応対マニュアルでの「あいさつ」の項には、次のように書かれています。

「ありがとうございます。コンビニL○○店○○（自分の名前）です」とあいさつします。

（注）明るく、大きな声ではっきりと名乗る。

そこで、全国のコンビニLに電話をかけて、その応対を調べてみることにしました。調査は、二〇〇一〜二〇〇二年にかけて学生の土持太郎さんと私が行いました。ここでは、その結果のうち、マニュアル通りに出現した「ありがとうございます」における卓立《たくりつ》を取り上げます。卓立とは、具体的には、文のどの部分が相対的に高く発音されるかということです（高い部分には▲を、低い部分には△という記号を付しました）。

図68では、とくに地域差があるようには見えません。あえて言えば、「ございます」を卓立させる言い方は周縁部に比較的多く出現しているということでしょうか。

ただし、注目したいのは、応対者の年層と性差との相関です。年層と性差については、声によって当方で判断したものではありますが、「ございます」が卓立するのは、明らかに若年層、しかも女性に比較的多く現れたのです。一方、卓立のない言い方は年配の女性に多く現れました。

図68 「ありがとうございます」の発音の世代差

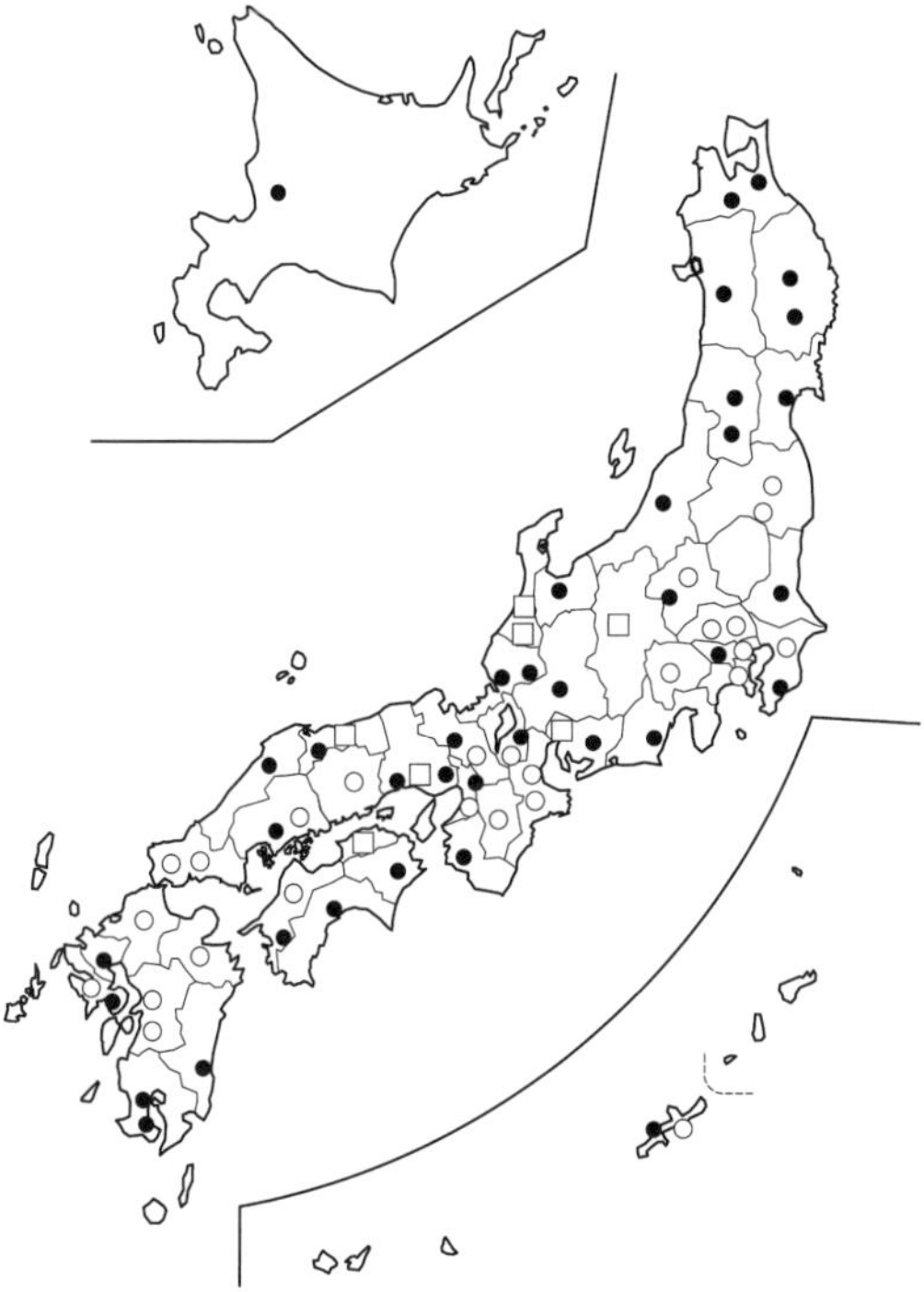

世代による使用頻度

	●	○	□
若い男性	10	5	2
若い女性	16	4	1
年配の男性	5	5	5
年配の女性	7	12	0

凡例

● ア《△》リガトウゴ《▲》ザイマス

○ ア《△》リガトウゴ《△》ザイマス

□ ア《▲》リガトウゴ《△》ザイマス

※ ▲は高く発音される部分

「よろしかったでしょうか」

・店員「いらっしゃいませこんにちは。店内でお召し上がりでよろしかったでしょうか？」

（ファーストフード店で）

・店員「ご注文のほう、以上でよろしかったでしょうか？」（ファミリーレストランで）

この時点で客としては、店内で食べるとも、注文は以上であるとも、まだ言っていないのです。それなのに、いきなり「過去形」でもって確認を求められることには違和感がある、というのが最近よく聞かれる意見です。

ＮＨＫ放送文化研究所放送研究部は、二〇〇一年一二月、全国で二〇〇〇人を対象にして、この表現について調べました。そのデータで年代差を見ますと、若い世代ほど「聞いたことがある」という回答をしていることがわかります（表14）。これは、若者のほうがファーストフード店やコンビニに行く機会が多いということとも関係するでしょうが、このことは、この表現が以前はあまり一般的ではなかったことの証拠ともなるものでしょう。

「聞いたことがある」を地域別に見た結果では、地域による違いがはっきりと現れています。「聞いたことがある」は北陸でもっとも目立ち、それは私の感覚と一致するのですが、北陸の場合サンプル数が少ないので、ここでは対象から除きます。北陸を除くと北海道でとくに多いことが指摘されます（六七人中四二人、六三％）。ちなみに北海道の方言では現在のことを表すとき

図69　地域別に見た「よろしかったでしょうか」の使用頻度

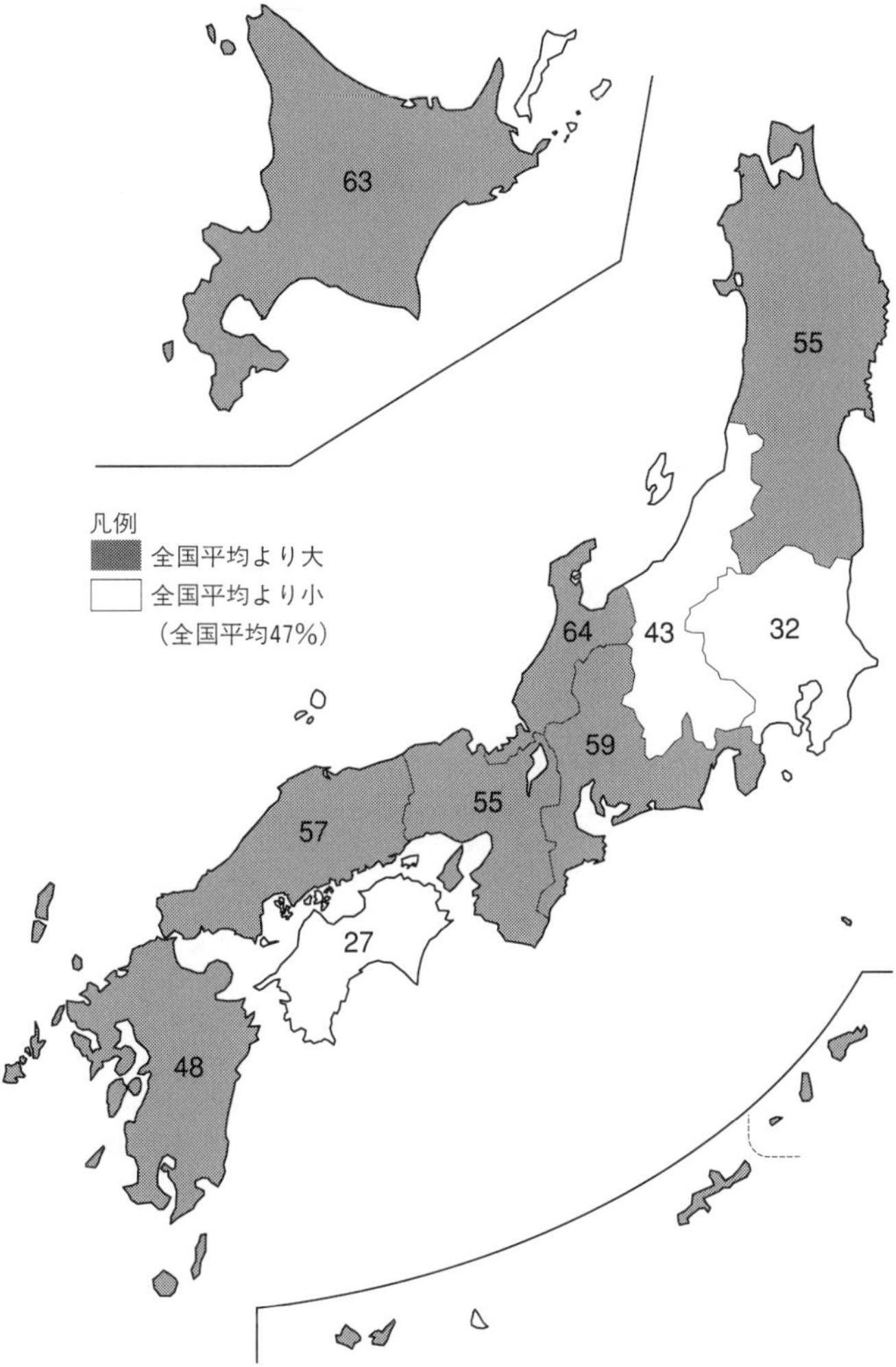

表14 「よろしかったでしょうか」ということばを知っていますか

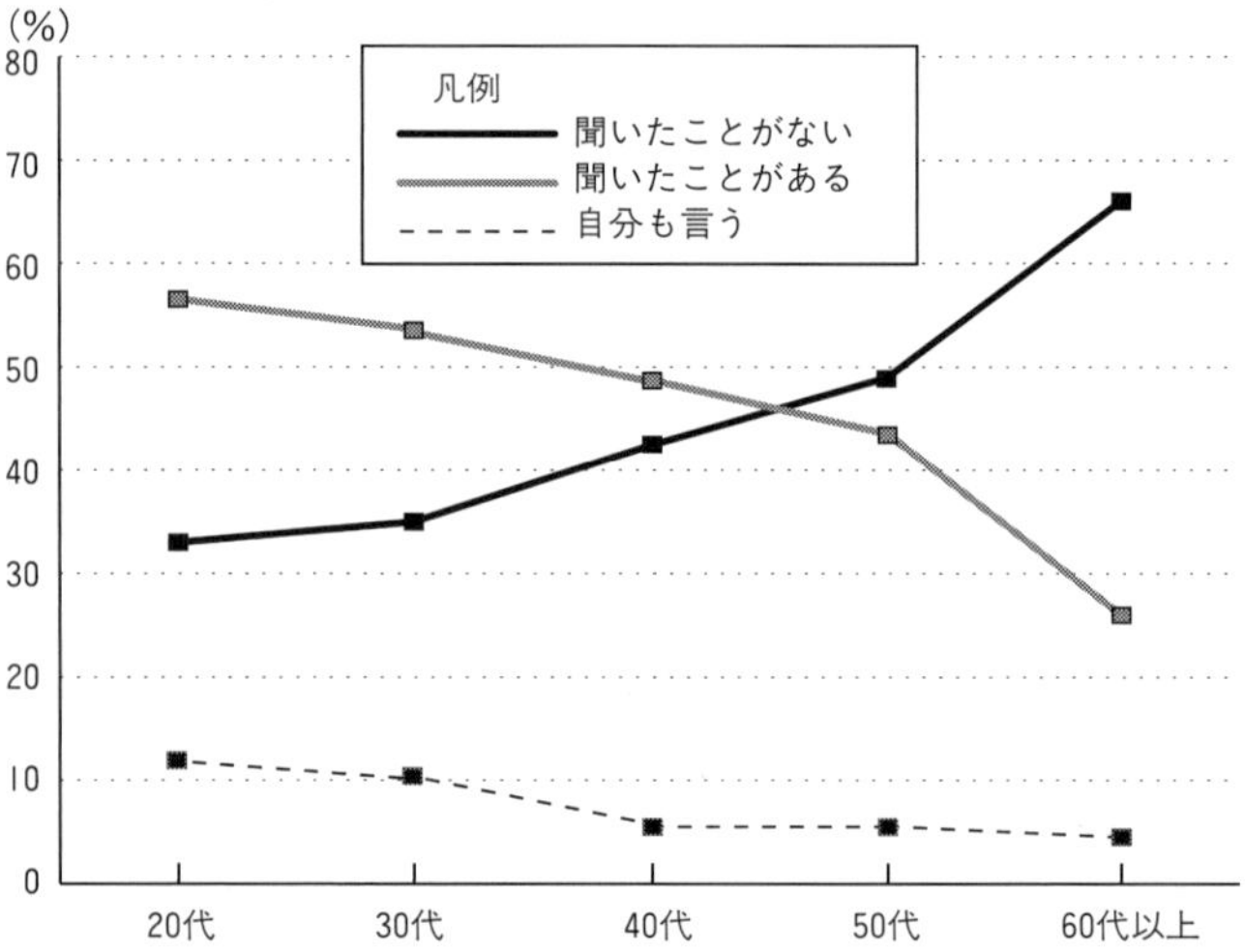

に「過去形」を使うことがあります。

たとえば、「おばんでした」「おばんでございました」などです。このほうが「おばんです」「おばんでございます」よりも丁寧になるとのことです。

このことは、「よろしかったでしょうか」が北海道起源である可能性を示唆《しさ》しているようにも思われるのです。

出典：塩田雄大「『よろしかったでしょうか』はよろしくないか〜平成一三年度（後半）ことばのゆれ全国調査から（1）〜」『放送研究と調査』二二七　日本放送出版協会　二〇〇〇

第四章　方言の底力を信じつつ

方言の動態――大阪弁を事例として

方言の動態の事例として、ここでは現代もダイナミックに展開しているように見える大阪弁を取り上げましょう。大阪弁の実態と動向を地図とグラフによって具体的に分析してみたいと思います。

データは、岸江《きしえ》信介《しんすけ》・中井《なかい》精一《せいいち》・鳥谷《とりたに》善史《よしふみ》編『大阪府言語地図』（真田信治主宰・近畿方言研究会　二〇〇一）によるものです。これは、大阪府下の全域（一六一地点）を対象とした実地調査で得られたものです。調査期間は一九九〇～九三年です。話者は各地点生え抜きの七〇歳以上の男女です。

グラフのデータは、真田信治・岸江信介編『大阪市方言の動向―大阪市方言の動態データ―』（大阪大学文学部社会言語学講座　一九九〇）によるものです。これは、大阪市内の全区（二四区）を対象としたものです。調査期間は一九八八～一九八九年です。話者は原則として大阪市生え抜きの一〇代～七〇代の男女、一一二八名です。ただし、本書のグラフでは、現時点に対応させて、世代を、調査時と一世代ずつ、ずらす形で作成しています。また、項目によって、一部の語形を割愛《かつあい》したものがあります。なお、最初の二項目については、岸江信介さんにもコメンテーターとなってもらいました。

「高くない」

図70によれば、「高くない」に対応する表現として数種類の語形が用いられています。これらの語形のうち、全体的に優勢な語形は、タコナイとタカナイです。しかし、この二語形は大阪府下においては錯綜して分布しています。

そこで、グラフによって、市内での推移を見ましょう。

まず、タカナイについて。八〇代での使用率は九・四％にすぎませんが、世代が下がるにつれ上昇し、二〇代では七二・〇％の高率になっています。一方、タコナイは中年層以下では、世代が下がるにしたがって使用率が減っています。タコナイの使用率がタカナイの使用率に取って代わられる世代は五〇代です。

なお、タコナイに関して、六〇代が七〇代・八〇代の使用率を上回っていることには理由があります。八〇代では、タコナイよりもさらに古いと考えられる長呼形タコーナイの使用率が高いからです。

タコーナイの使用率は世代とともに下がっており、二〇代では皆無となっています。

以上のことから、

タコーナイ↓タコナイ↓タカナイ

図70　「高くない」の表現分布図

表15　タコーナイ（高くない）の使用率は世代とともに下がっている

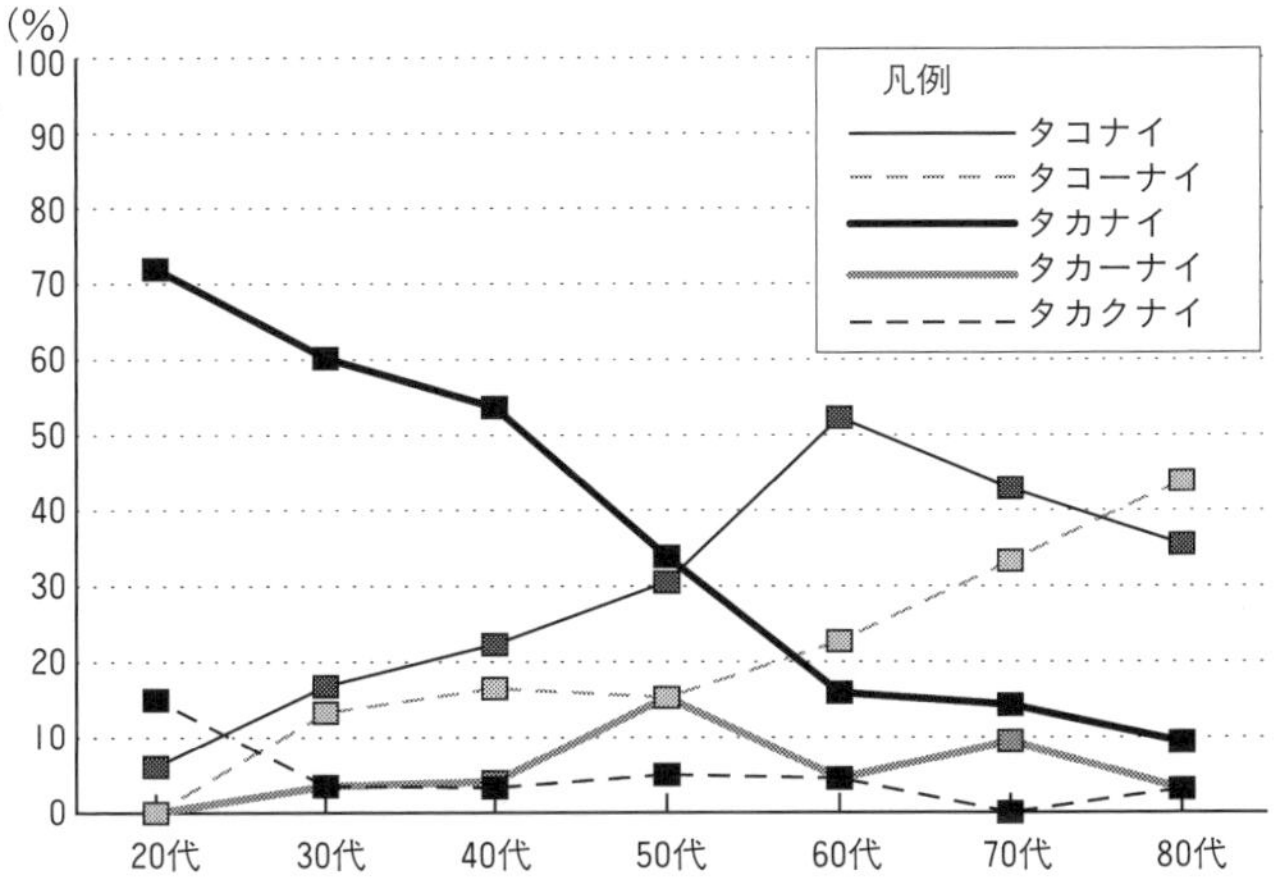

の変遷を認めることができます。

これらの語形のほかに、とくに二〇代では、標準語形のタカクナイを用いる傾向があり、とりわけ女性にその使用が目立ってきてはいます（二〇代女性で二二・一%）が、依然としてタカナイの圧倒的優位は動かないと言えます。

ところで、タコーナイからタコナイへの変化（短呼化）やタカナイからタカクナイへのシフトは説明できそうですが、タコナイからア段形タカナイへの変化をどう説明すればいいのでしょうか。

この点については、次項の「近くて」と併せて考えてみたいと思います。

「近くて」

「近くて良かった」というときの「近くて」をどのように言うかを聞いた結果です。

図71によれば、チコーテが圧倒的なことがわかります。短呼化したチコテは周辺部に分布しています。ただし、表16では、これらをチコ（ー）テとしてまとめて表示しました。

中・高年層ではチコーテ（チコテ）の使用が多く、市内の三〇代においても五〇％を超えています。一方、ア段形のチカーテ（チカテ）は全体的に使用率が極端に低いことが指摘できます。

「高くない」の場合の、タカナイがウ音便のタコナイを凌《しの》ぐ勢いであった一方で、チカーテ（チカテ）がまったく不振なのはなぜなのでしょうか。一般的には、ナイ、ナルといったア段音に続く場合、このア段音に影響されてタコナイがタカナイに、チコナルがチカナルに変化する（逆行同化）とされます。確かにチコテのように、テに続く場合はチカテとはなりにくいようです。

しかし、すべてがこの逆行同化で説明することができるかと言えば、必ずしもそうではないのです。たとえば、「ひどい」「あつい」「寒い」など、語幹末がオ段音やウ段音のものの場合にはこのような同化現象は起こらないからです。これらの語にナイ、ナルが接続した場合、いわゆるア段音化（例、寒い→サマナイ）形式は現れません。そうなると、語幹末がア段音の場合（例、「高い」「近い」「赤い」など）にのみ逆行同化が起こるということになりますが、もともとア段音であるものが逆行同化を起こして、もとに戻るというのも不自然です。

図71 「近くて」の表現分布図

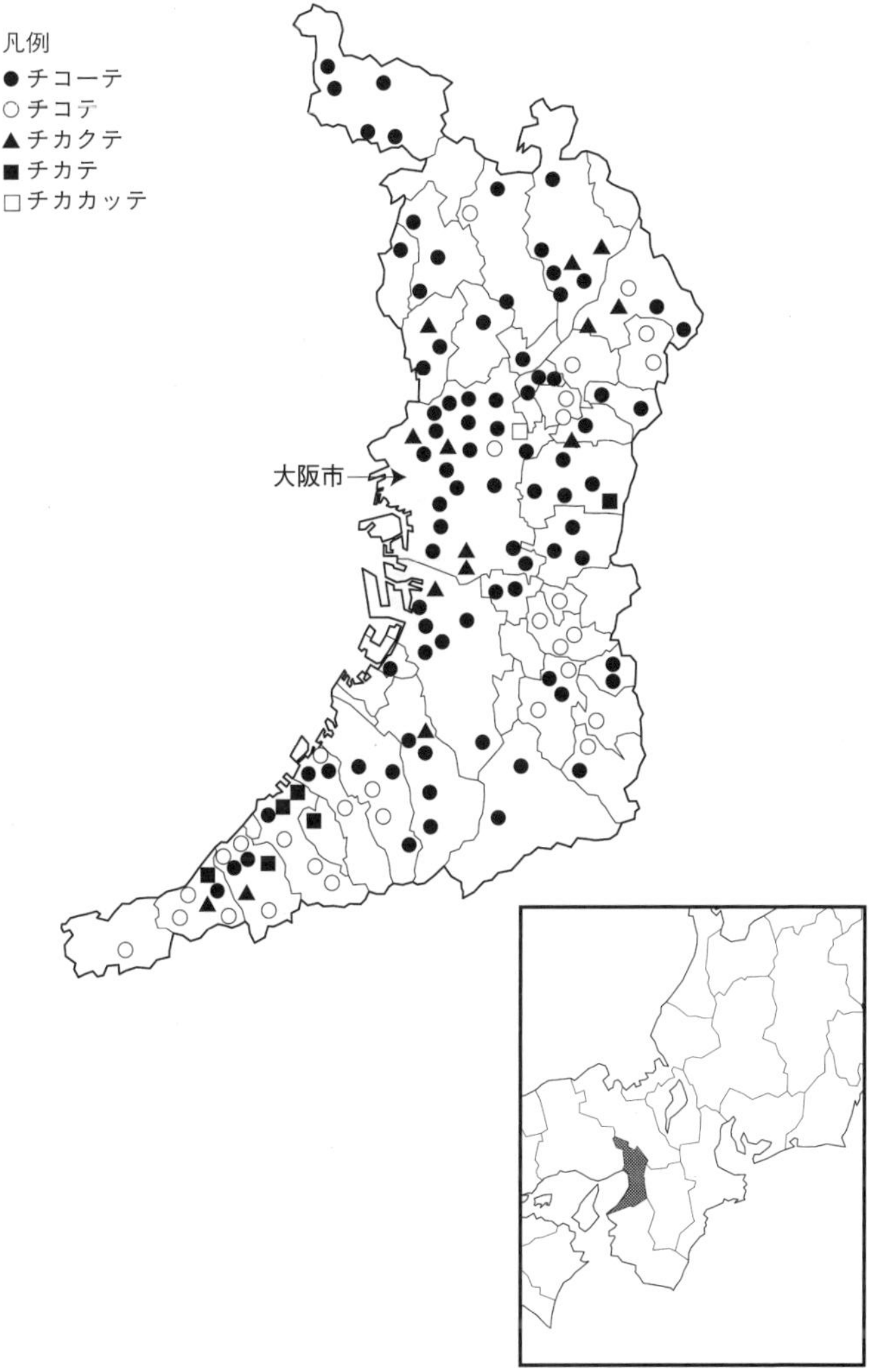

表16　チコーテ（近くて）の使用率が世代とともに下がっている

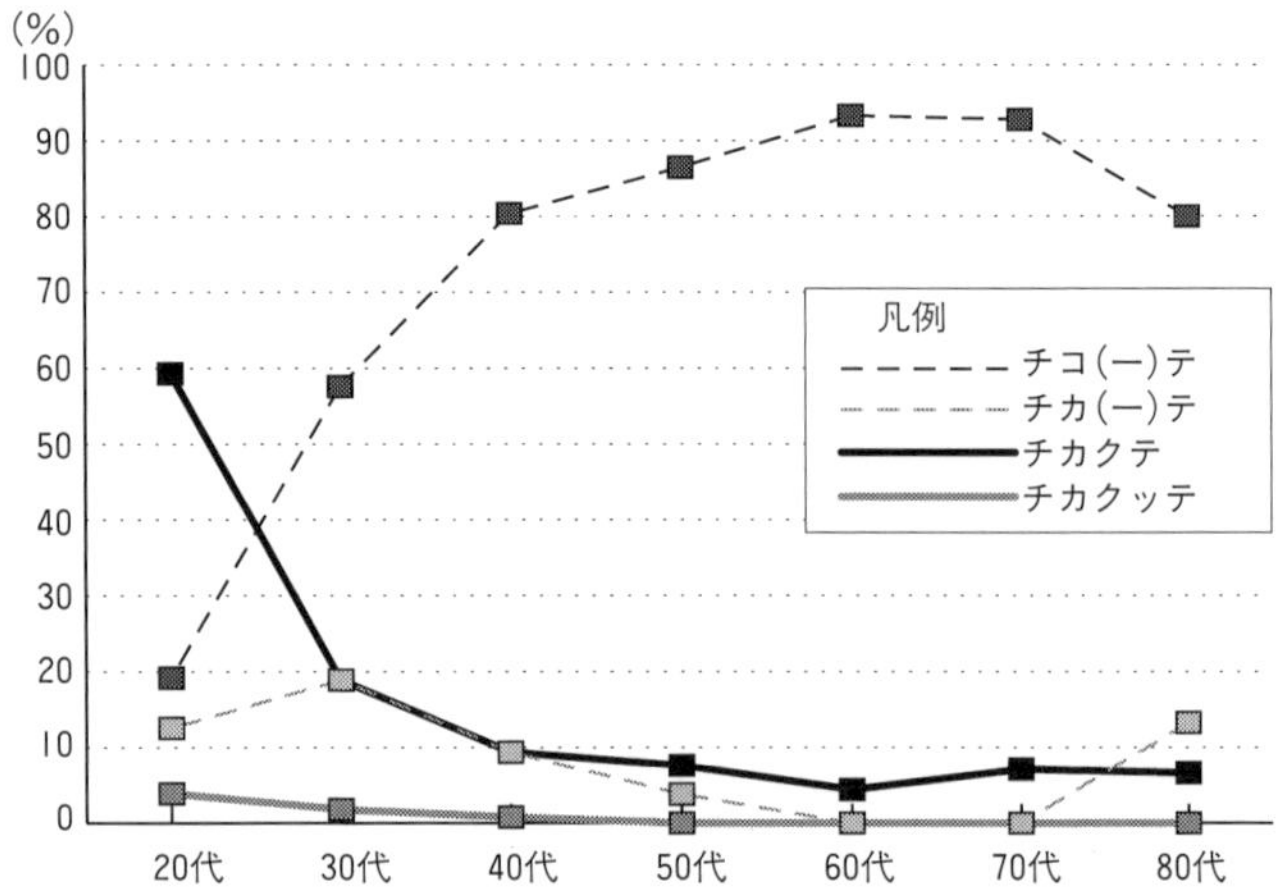

以上の理由から、タカナイ、チカナルといった傾向は、逆行同化の現象とするよりも、語幹末のア段音＋ナイ・ナルが、ア段音ということで、あえてウ段音形を取らなくても、ア段音そのままでよいといった構成意識が若年層を中心に働きだしているものと考えられます。

また、同時に標準であるタカクナイ、チカクナルといった語形も用いられており、これらのタカ、チカなどのア段音が干渉しているとも考えられます。

「来ない」

「来る」という動詞に関して、それを打ち消す「来ない」という表現に対応する現在の大阪での言い方です。この表現に対応する形式を文献で検証すると、かつての元禄期では「コヌ」という形が代表的でした。「ヌ」が「ン」に変わった「コン」という形は文化文政期あたりから多く現れてきます。

一方、元禄期では、「コヌ」をちょっと強調すると「キワセヌ」という形になりました。「来はしない」ということです。この「キワセヌ」はその後、「キワセン」という形に変わります。そして、幕末あたりになると、この「キワ」の「ワ」がしだいに「ヤ」の音に変わって、そしてさらに「セン」が「ヘン」という形に変わります。この「セ」が「ヘ」に変わるのは、サ行子音の弱化といわれる大阪方言の音声傾向の一つとされているものです。

たとえば、「ナサル」が「ナハル」に、「ソシテ」が「ホシテ」に、また「しましョ」というのが「しまヒョ」になります。この傾向の流れにおいて、「キヤセン」から「キヤヘン」という形が出てきたのです。

そして、「キヤヘン」になると、本来の「キワセン」に含まれていた強調のニュアンスが薄らいできました。「キヤヘン」が強調表現ではなくなって、ニュートラルな、単なる「来ない」という中立的な打ち消しのことばに変わってきたのです。そしてそのことと連動して、本来の「コン」という言い方があまり使われなくなりました。「コン」という表現は、使われても、以前とは逆に強調する言い方のものになってしまいました。

図72によれば、ケーヘンが大阪市を中心に、その外側にキエヘン、そしてキヤヘンが分布して

図72 「来ない」の表現分布図

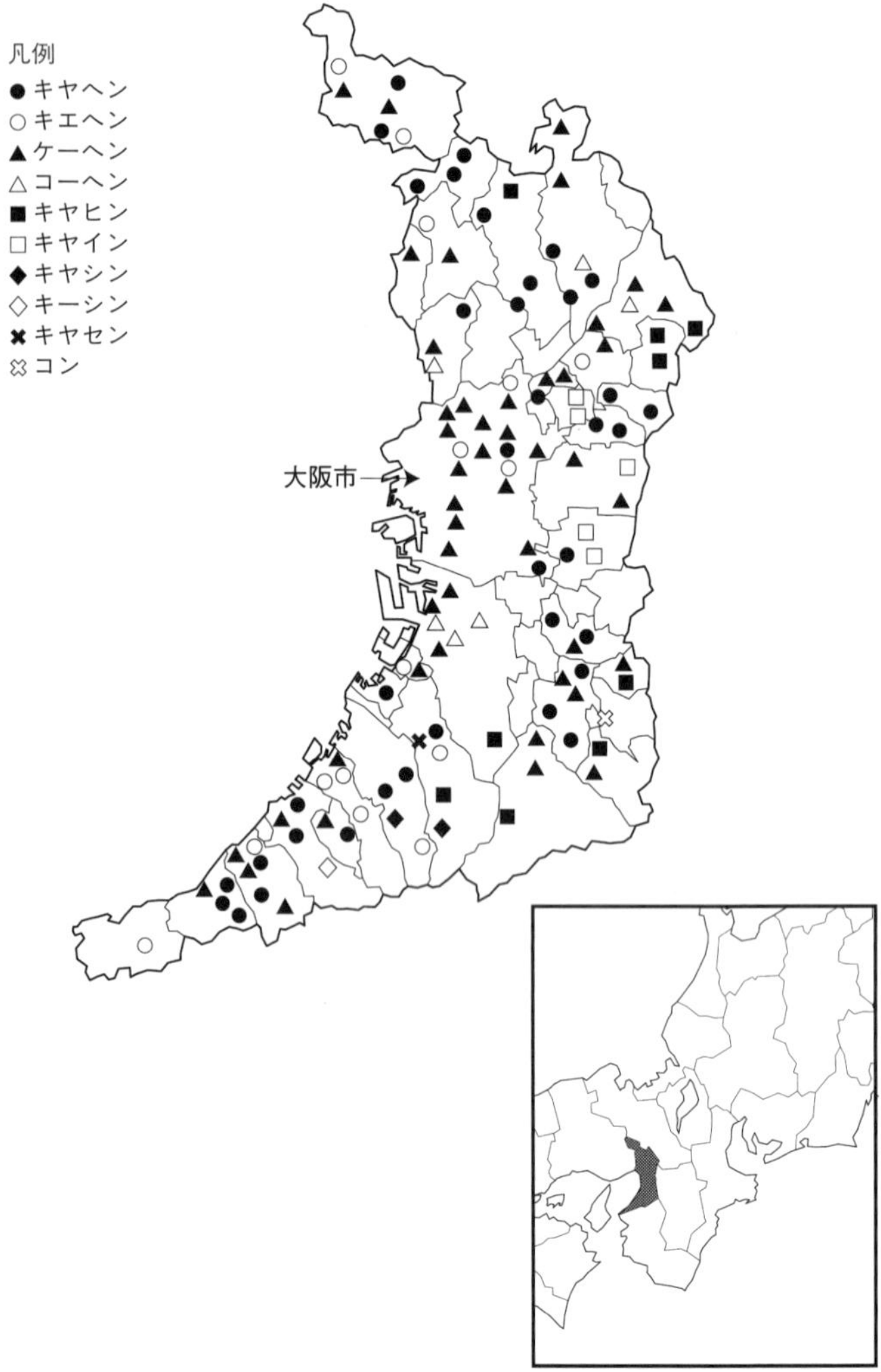

表17　若い世代でコーヘンの使用率が目立ってきた

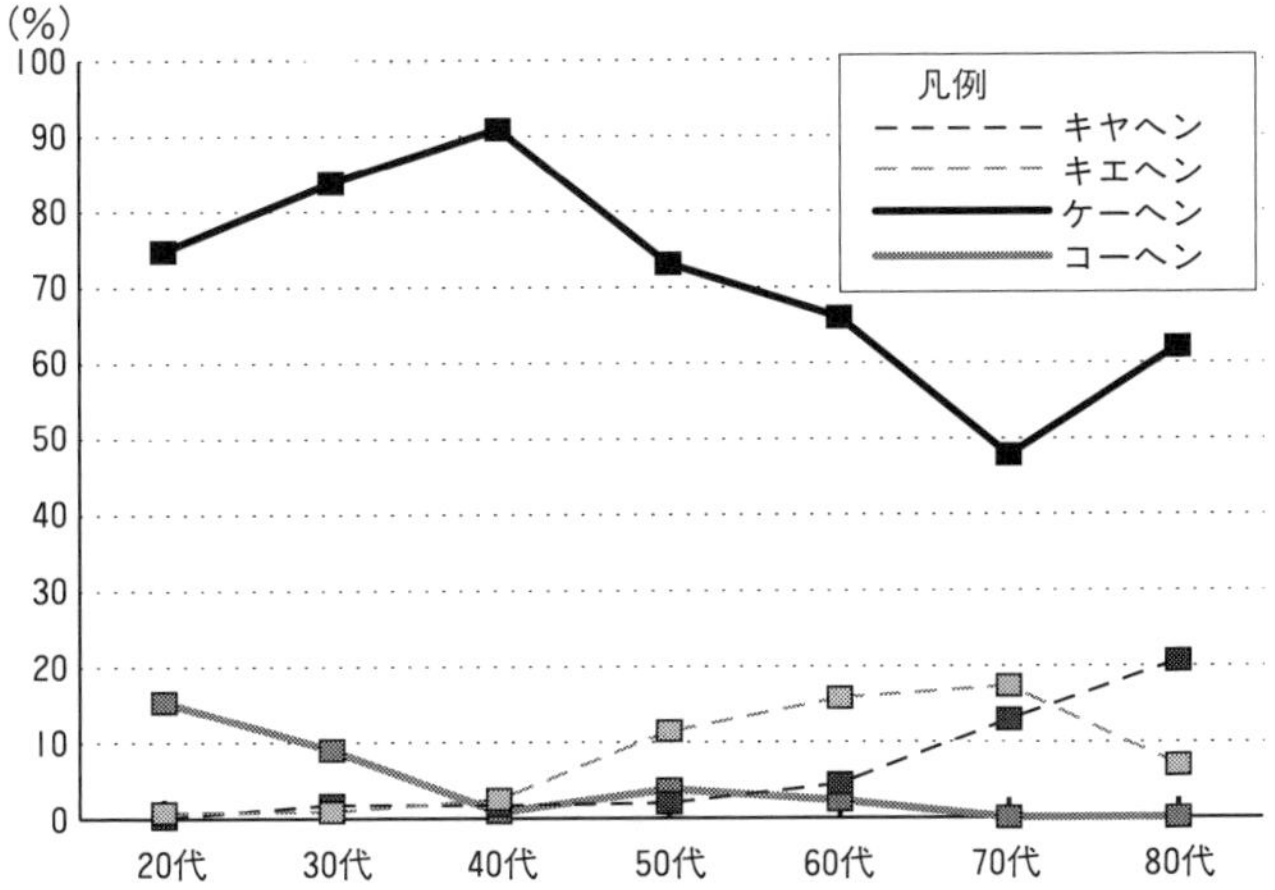

います。分布の様相からは、キヤヘン→キエヘン→ケーヘンの変化が認められます。

なお、北河内と南河内の近隣にはキヤヒンがあり、その間の中河内にはキヤイン（キャーイン）が分布していることから、キヤヒン→キヤインという変化があったものと見られます。市内においては、標準語形コナイの干渉を受けたと考えられるコーヘンが若い世代に使われはじめています。

「裂片（とげ）」

竹や木の削げた裂片のことを大阪では古くからソゲと称しました。文政年間に書かれた『浪花方言』には、

　　そげ。江戸で云ふとげ也

とあります。図73によれば、そのソゲの中

図73 「裂片（とげ）」の方言分布図

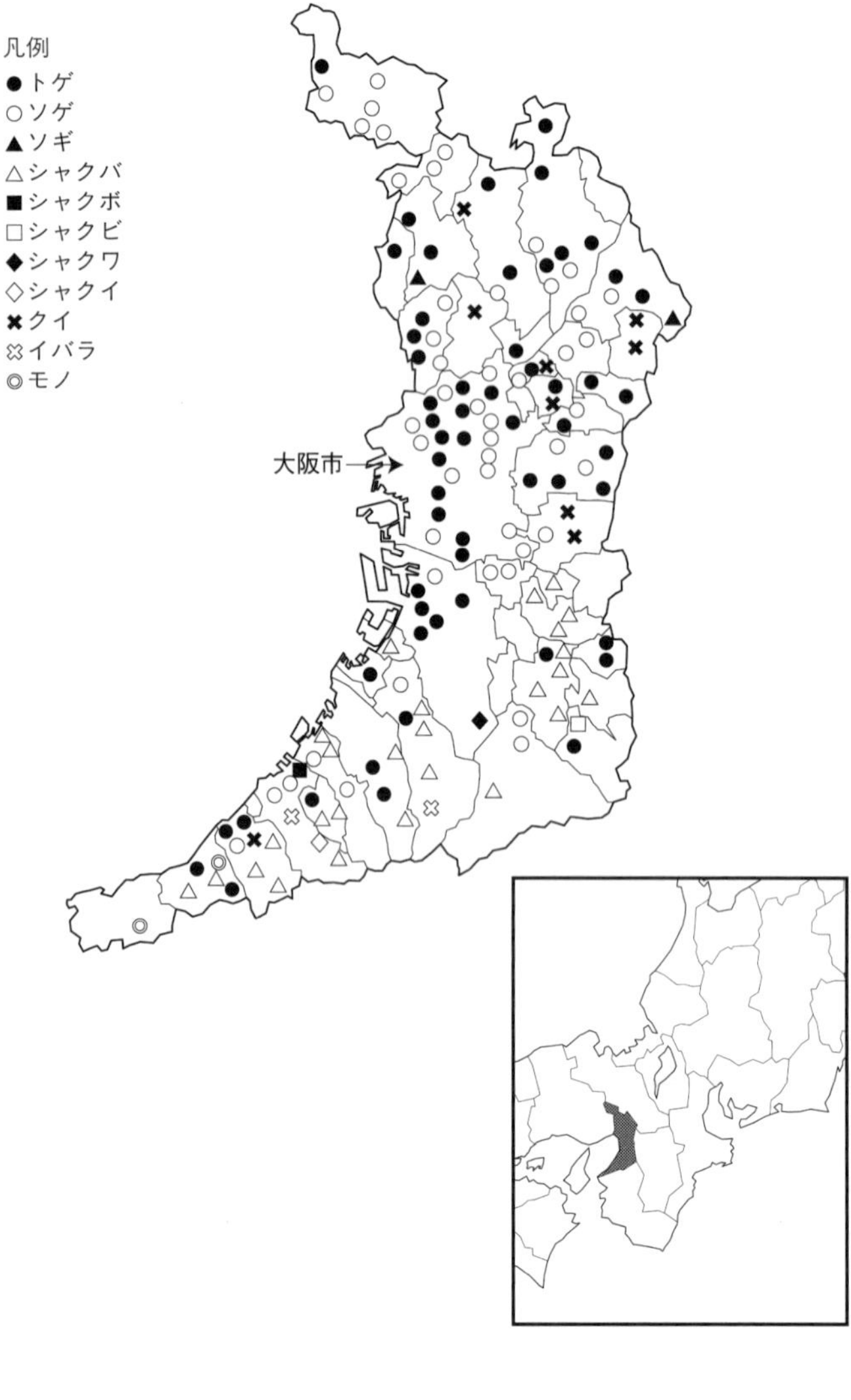

表18　裂片（とげ）をクイと表現するのは70代以上に限られる

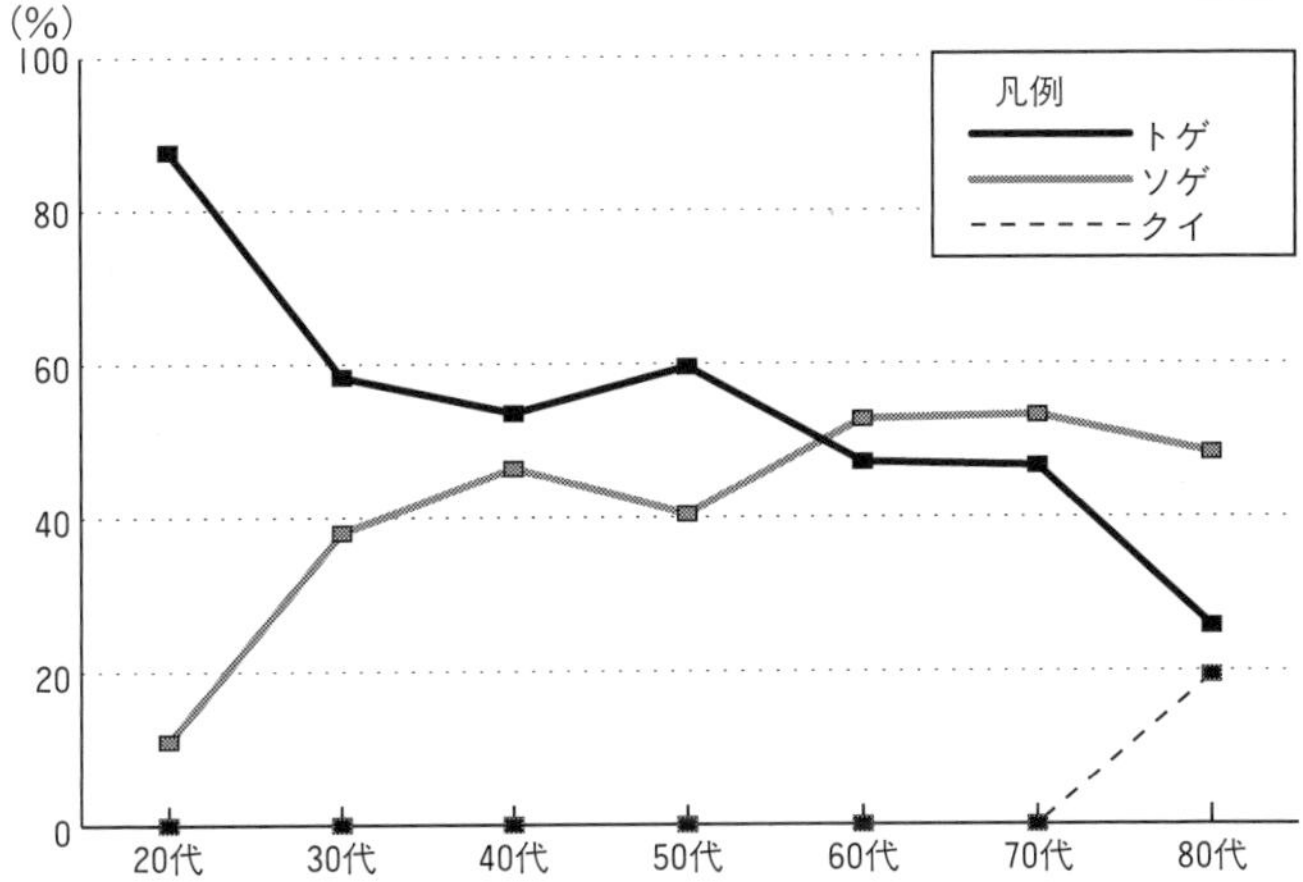

心は北部の摂津地域にあります。これに対して、南部の河内・和泉地域にはシャクバが強い勢力を張っています。なお、クイという語が市内の老年層にも散見します。いずれにしても、市内の動向は、

ソゲ→トゲ

という明らかな変化です。

ちなみに、東京ではこの「裂片」と「ばら・さんしょうなどの刺《とげ》」を区別しないでトゲと言います。そして、区別しないことが普遍的なことのように思っています。しかしそれは事実に反します。関西では、「刺」のほうはハリとかイバラとか言うのですが、いずれにしても「裂片」と「刺」とは別語で表現されるのが西日本での一般だったのです。しかし、大阪でも、両者を区別しないで、ともに

図74 「黄金虫（こがねむし）」の方言分布図

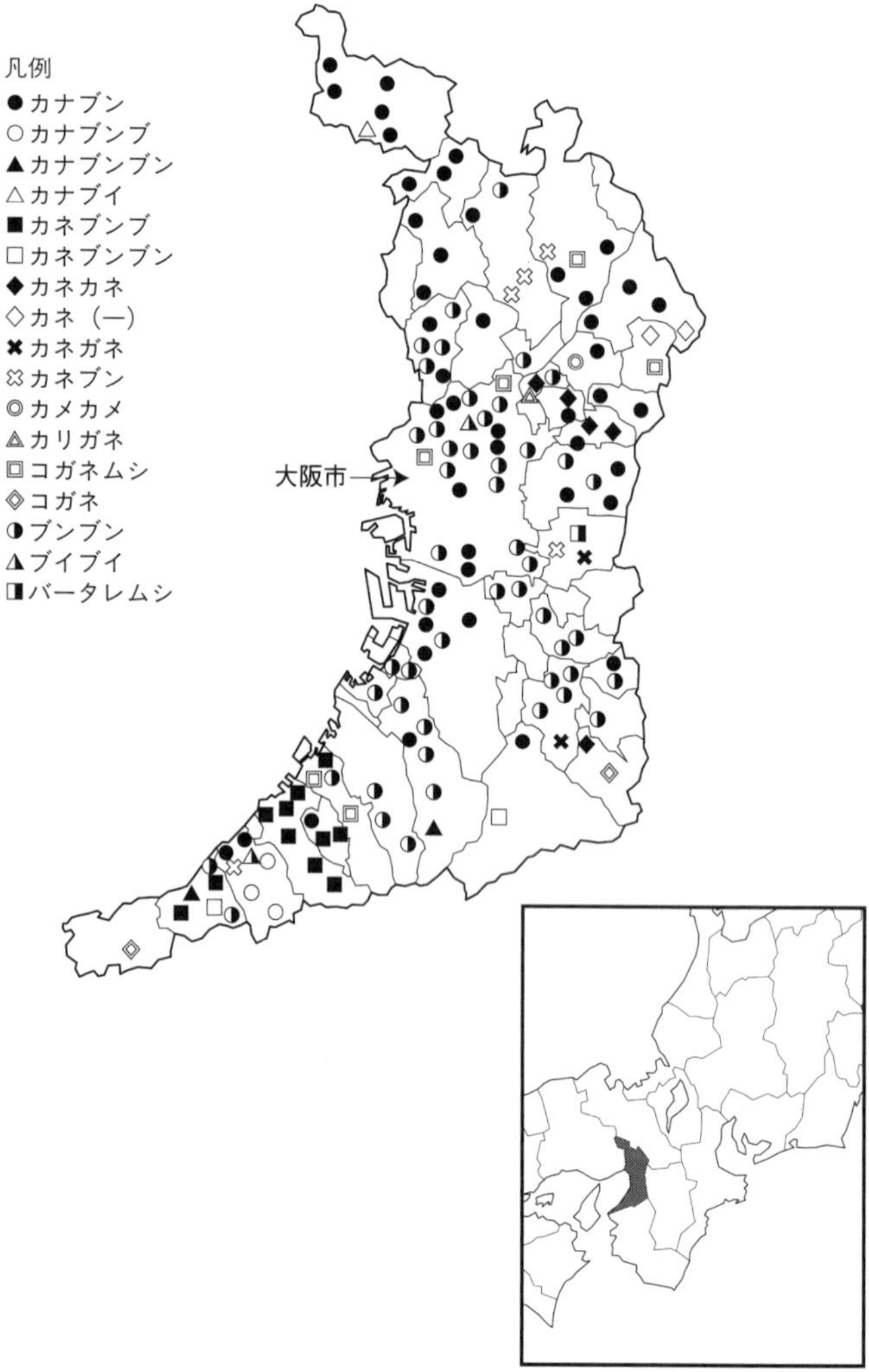

表19　ブンブンからカナブンへの交替がはっきりわかる

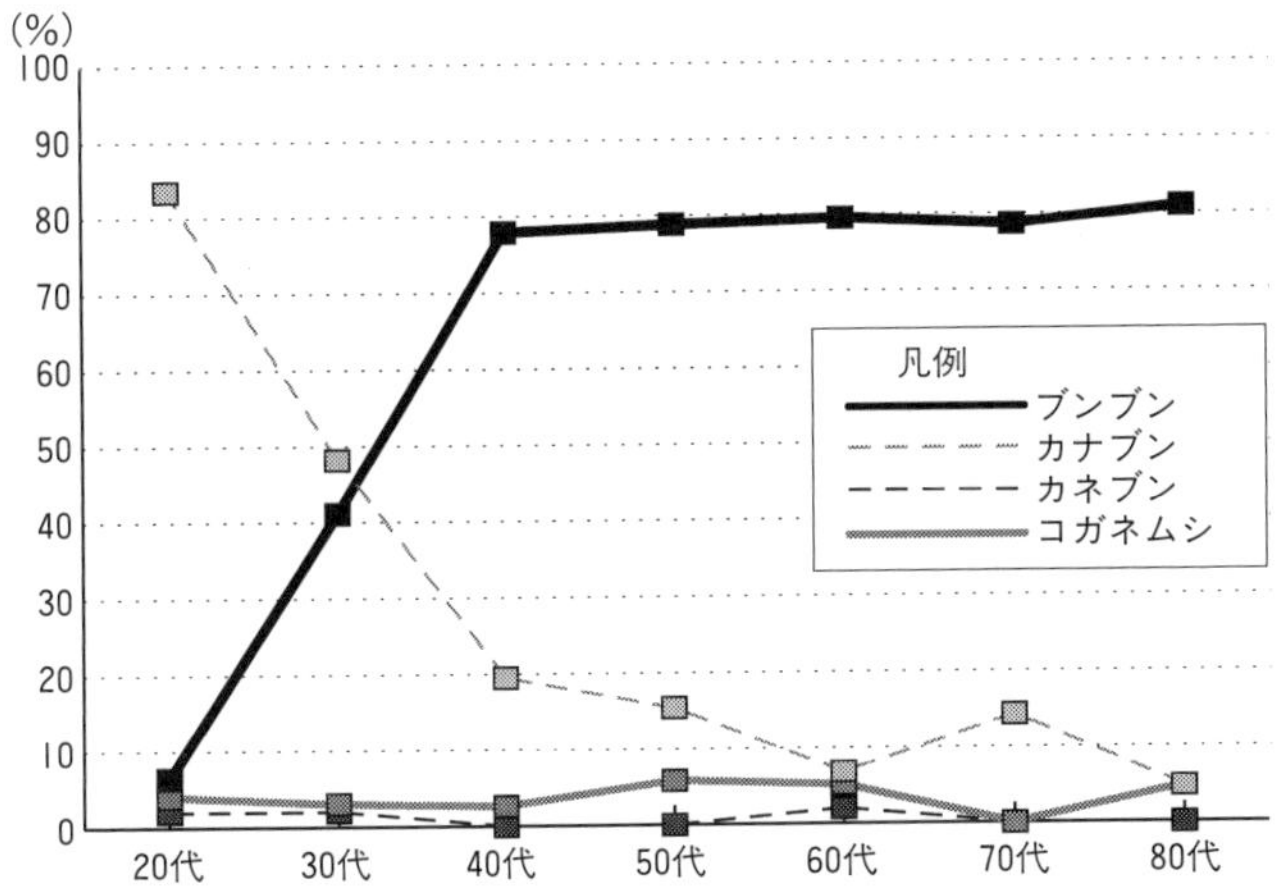

トゲと表現する人々がしだいに増えつつある状況が認められます。

「黄金虫（こがねむし）」

「夏の夜など、光のあるところに飛んでくる虫です。背中は緑色で光っています。この虫を何といいますか」とたずねて得られた回答ですから、それは「黄金虫（こがねむし）」の名称であるはずです。しかしながら、ここでは、コガネムシ科の甲虫「かなぶん」の名称も回答されているようです（そもそも、「こがねむし」と「かなぶん」とが当地では区別があいまいです）。

図74によればブンブンとカナブンが錯綜して分布しています。なお、カネブンブという語形が泉佐野市周辺に集中的な分布域をもっ

図75 「茹卵（ゆでたまご）」の方言分布図

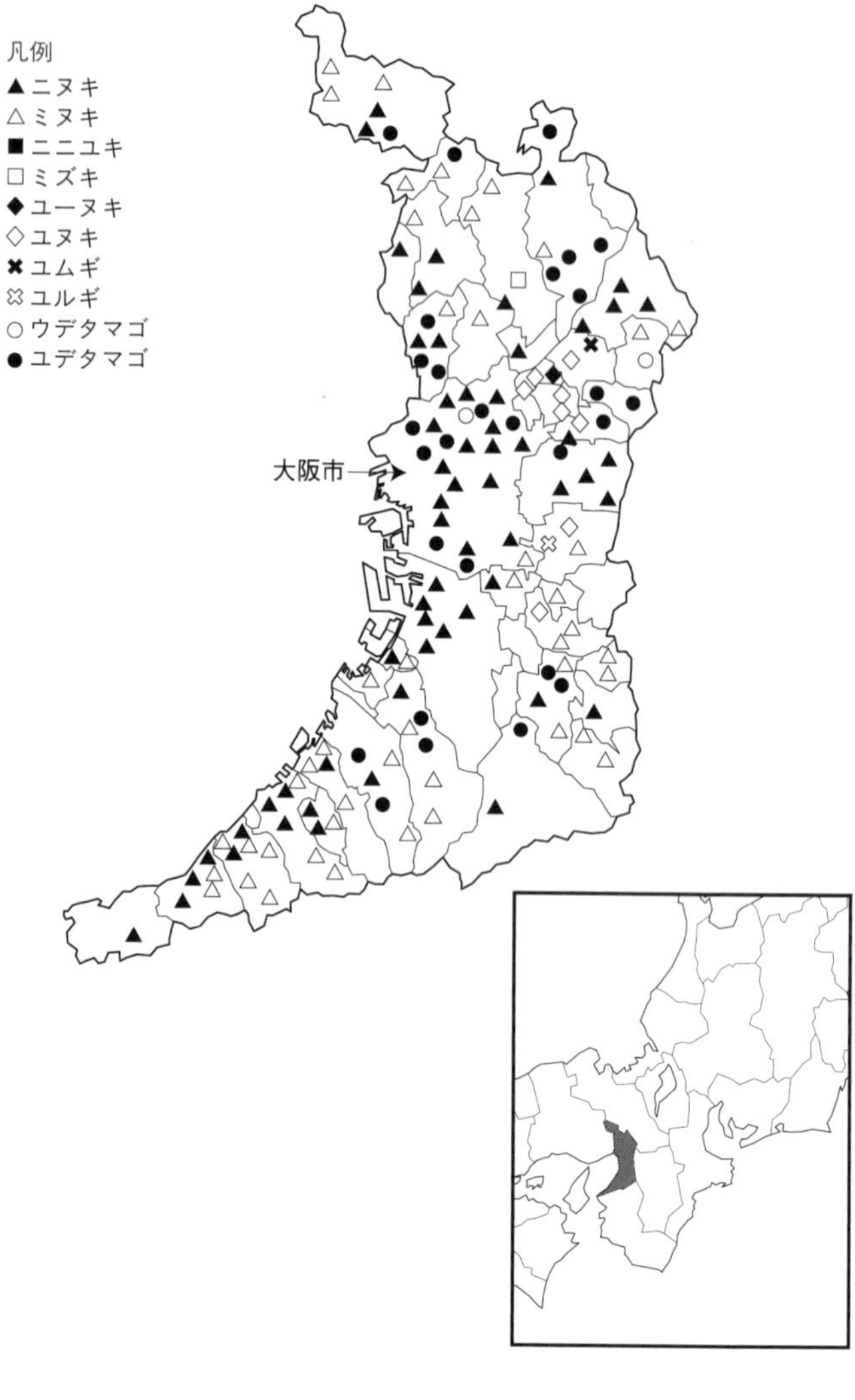

表20　ニヌキ、ミヌキという語について

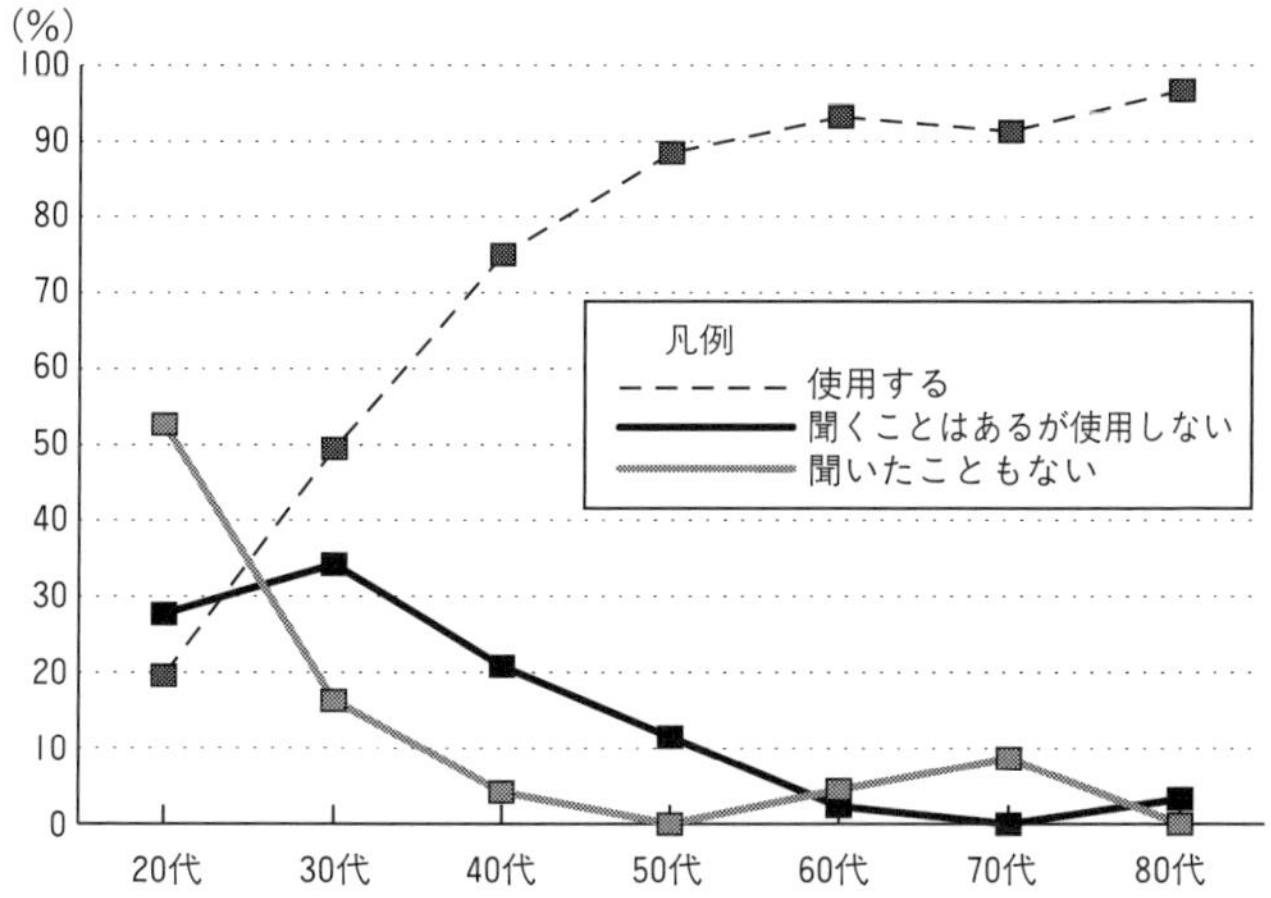

ています。

表19によれば、市内におけるブンブンからカナブンへの交替があざやかです。

「茹卵（ゆでたまご）」

ニヌキは「煮抜き卵」（十分に煮る）という解釈から、ミヌキは「実抜き卵」（実を抜いて食べる）という発想から生まれた表現であると考えられます。図75におけるミヌキの周圏的分布の様相からは、ニヌキに対してのミヌキの相対的な古さを推定することができそうです。

ただし、文献によれば、「ニヌキ」のほうが古く、本来の形のようです。たとえば、浄《じょう》瑠璃《るり》の『長町女腹切』（一七一二年頃）に、

髭寄せて頬ずりは、わさびおろしに煮抜

きの玉子、いたそな顔のいたいたし

とあります。また、『浪花聞書』(一八一九年頃)には、

煮ぬき玉子　ゆで玉子也

とあります。

いずれにしても、市内においては、これら方言形の衰退・消滅の状況が明らかに認められます。そして、現在の若年層の人にとっては、ニヌキ、ミヌキともに理解語彙でさえもなくなってきているのです。

メディアによる東京語の影響

たとえば、東京での「ダメじゃないの」という表現にぴったりする伝統的大阪弁は「あきまへんがな」でしょうが、これはすでに古くさい表現になっていて、現在では「アカンやないの」、あるいは「アカンやんか」が対応するかと思います。「あきまへんがな」が敬遠され、「ダメじゃないの」の部分ごとに対応させて置き換えた、分析的な「アカンやないの」といった中間的な言語変種が生成されるメカニズムに注目すべきです。

私は、関西で力強く生き残っている形式は、対応する東京語が存在するものが多いと見ています。たとえば、前述の「ダメ」に対応する「アカン」、「じゃ」に対応する「や」、また、「バカ」

に対応する「アホ」などもしかりです。

このことは逆の面からも証明できます。すなわち、東京語に直接対応する形式の存在しない伝統的表現、京都での「はんなり」「ほっこり」、大阪での「けったいな」「なんぎや」などは、おしなべて退縮の傾向にあるからです。このような地域独特の表現は確実に姿を消していっているのです。そして、談話の展開にまで東京語の影響が見えます。生まれたときからテレビに囲まれて育った世代にはとくにそれが顕著です。テレビをはじめとするメディアによって、思考や行動の全国的な画一化が進んでいるのです。

地域人が、方言を単に方言の色合いをした言語変種によって置き換えてしまい、本来の発想そのものの損失にほとんど気づいていない、といった深刻な事態を認識すべきでしょう。

消滅の危機に瀕《ひん》した方言

欧米の学界で、言語の「絶滅」の危機が叫ばれ、「危機言語」(endangered languages) を対象とした研究が盛んになったのは、一九九〇年代に入ってからです。日本でも、この時期以降、各地で方言回帰への動きがとくに目立つようになりました。方言が市民権を獲得し、九〇年代の後半からは、メディアでも、また行政のレベルにおいても、サブカルチャーとしての方言の推奨《すいしょう》が謳《うた》われています。

私は「危機言語」記録プロジェクトの一環として、日本語を対象とした「消滅の危機に瀕した方言の研究」(Endangered Dialects of Japan) を課題とした調査研究を進行させています。この研究では、伝統方言が消滅に瀕している地域を重要地点として、これまでに蓄積されてきたその方言のデータを言語変化の観点から総合的に見直すとともに、今まで埋《う》もれていた資料を公開できる形に整理すること、また、当該地域で詳細なフィールドワークを行い、その事象を確実に記述することを目的としています。

日本語の場合、そこにはあくまで言語変種間の闘争があるのであって、日本語という言語が消滅するわけではありません。しかし、言語変種としての純粋(伝統)方言の記述調査は、掛け値なしで、ここ数年が勝負である、と私は考えています。

本当に純粋方言というものが存在するのかどうかは実はわからないのですが、私の経験では、少なくとも今までの教科書に載せられていたような伝統的方言を確実に記述することができるのは、やはり明治生まれの人が最後のような気がします。大正生まれになるとかなり変形しているように思われます。たとえば、富山県での調査データで見ますと、沿岸部や平野部の山間よりの地域における、中舌の母音、いわゆるズーズー弁的要素は、もう明治の生まれでないと聞かれないという実態があります。

また、たとえば八丈島方言。この方言ではもう少しの余裕さえ残されていないほどに深刻です。中年層以上の世代をのぞけば、わずかな方言語彙、わずかな方言語法を知識としてもつだけで、話せないどころか聞き取りもできない、といった状況にあります。中高年層でさえ、地区によっては東京語による浸食が著しく、体系的な伝統方言の所有者はすでにまれな状態で、これまでかろうじて保たれてきた独自の体系が、ほぼ完全に東京語の体系に置き換わり、今まさに絶滅しようとしています。若年層では地域差がほとんど感じられないほどに東京語化が進んでいるのです。

そして沖縄。

沖縄が一九七二年に本土に復帰して、すでに三〇年。敗戦後の米軍政下での「アメリカ世（ユー）」よりも復帰後の「ヤマト世（ユー）」のほうが長くなりました。しかし、広大な米軍基地は依然として存在し、二一世紀を迎えても「基地の島」の現実を背負いつつ人々は暮らしています。

第二次大戦後の米軍統治時代、本土との切り離し政策ともかかわって、「沖縄語」教育の本格的な検討がなされ、一部でウチナーグチ（沖縄口）が称揚されました。しかし、一九四八年以降は本土での教科書が輸入されて使用され、ウチナーグチは教育用語にはなりませんでした。

ちなみに、沖縄では日本本土語をヤマトゥグチと言い、これに対する伝統的琉球語をウチナーグチと称してきました。このウチナーグチという表現は、おおむね首里、那覇など沖縄本島南部のことばを指しています。本島北部、宮古、八重山などのことばはそのなかの方言として位置づけられて、琉球文化圏内ではウチナーグチとはあまり言わないようです。

「祖国復帰」が叫ばれた六〇年代、若い人たちはみな本土に行くことを望みました。復帰をにらんでの「方言をなくしましょう」運動が巻き起こりました。そこには本土と同一化したいという気持ちが無意識的に働いていたのです。そして実際にウチナーグチが急激に衰退しはじめたのがこの時期なのです。

一九七二年の復帰以降は、方言禁止の風潮が方言尊重へと変化してきます。そこには、「ことばの消滅はアイデンティティの消滅につながる」といった文化人たちの危機意識が反映していたことが推察されます。

さて、現在のウチナーグチの使用度ですが、状況としては、ほぼ、

・六〇代以上：概ね自由に操《あやつ》れる。
・三〇代〜五〇代：聞けばわかるが正しく話すことはできない。
・二〇代以下：聞くことも話すこともほとんどできない。

といった様相にあります。ウチナーグチも、まさに危機に瀕している言語なのです。

日本が空間的な広がりをもつ限り、日本語に地域的な違いが存在するのはごく自然なことです。しかし、そのことと、それぞれの地域の伝統的方言が保たれるか、ということとはまったく

別のことなのです。

伝統方言は今、急激に、そして確実に消滅していっています。

かつて、日本語学者、徳川宗賢《とくがわむねまさ》さんが、方言の記録の重要性を説いて、「文献による中央日本語史研究は後世でも可能である。したがってそれは先送りしてもいい。今はともかく古文献をひもとく手を一時休めて、この列島から消えつつある方言の収集に日本語研究者のすべてがかかわるべきではないか」と、熱っぽく説いていたことを思い出します。

方言の収集、記述について

各地の伝統方言の記述ということに関しては、日本語方言の一応の区画に基づいて、それぞれの方言のアウトラインはいろんな形で報告されています。しかし、それらの大部分はあくまでもトピックの羅列で、方言の「本格的記述」というものにはほど遠いものであることも事実なのです。追究すべき事象はまだ山ほどあるわけです。徹底的な総合記述という点から見れば、日本語方言を対象とした研究は実は少ないのです。

そのようななかにあって、特筆すべき業績は、山浦玄嗣《やまうらはるつぐ》さんによる『ケセン語大辞典』(上・下、無明舎出版、二〇〇〇)だと思います。対象は、岩手県南部、気仙地方の方言です。

私は、これは世界に誇れる、総合記述のモデルとなるものであると評価するものです。一地域の方言を対象として、例文を含む教科書と文法書を備えたものとしては最大級のものです。方言というと山浦さんは気にいらないかもしれませんね。山浦さんは、ケセン語を日本の方言としてではなく、ひとつの独立した言語としてとらえ、その各ジャンル（文字・音韻・音調・文法・語彙・用例）を統一して総合的に記述したのです。辞書では、収録した三万四〇〇〇語のすべてに、その語が実際に用いられるさまざまな意味合いや場面を想定した豊富な用例が添えられています。「方言ではなく、日本語ともアラビア語ともフランス語とも対等」の一言語であるとの自負から、その三万四〇〇〇語には「日本語にもある」ことばも含まれます。山浦さんは開業医ですが、診察室に日々やってくる地元の患者とのやりとりから採集した用例も多いのです。表記は独自に編み出したケセン語正書法（ケセン式ローマ字）を用いて音韻、アクセントを明記し、用言の語幹末子音を明示しています。そして、ケセン語をまったく知らない人も学習が可能のような配慮がなされています。

本当はこのようなものが各地で出てくるべきなのです。しかし、それはもちろんすぐにできるものではありません。山浦さんにしても、これはもう二〇年以上もの歳月をかけての仕事なのです。この研究をモデルとして、それを、生涯の仕事として取り組む人々の存在が必要です。そのような人々を養成することが、また、そういった体制づくりがわれわれに求められています。

さて、この辞書の語彙数は三万四〇〇〇という膨大なもので、そこには「日本語にもある」ことばも含まれているというわけなのですが、たとえば、キジュン（基準）とかコーアツ（高圧）などという語が収録されています。そこで私が少し気になるのは、私自身の経験上のことなのですが、語彙には、その使用における層があると考えることにかかわる点です。ここでのキジュンとかコーアツということばは、本当にケセンという地域社会において基底層としてあるものなのかということです。そこにはいろんな雑多なものも混じり込んでいるのではないか。患者が、医師の前なので、少しフォーマルなことばづかいをした、ということもあるのではないか。患者の口から出たことばだからとして、そのすべてがケセン語と言えるかどうか。「耳で聞いてないことばはないし、すべてアクセント記号を付けてある。生きていることばだけを集めた」と山浦さんは言いますが、語彙の層別のことを考えると、そこは少し気になるところでもあります。必ずしも批判するわけではありません。しかし、このことは音韻や文法の体系と同様に語彙の体系というものを考えるときの方法論として、確認しておきたい点です。

私は、地域社会には二つ、あるいは三つの言語層があると考えています。その一つは、基底層というべき、vernacular（生活語）に属する語彙です。これは、地域社会において最初に学ぶ言語です。これに対して、その上層部というべき、公的、基準的な言語があります。日本列島で言えば、東京語を基盤として発達した共通語がそれです。

以上の観点から、私が富山県の山岳部の五箇山で一九二四年生まれの一女性を対象に継続してきた調査の結果では、基底層の部分は、どうも一万語を超えないのではないかと思うのです。その立場から、ケセンの場合の三万四〇〇〇語という数が気になったというわけなのです。ただ、この一万語を超えないという点は、数え方にもよるでしょうし、一般化していいものかどうか、まだ自信がないのです。基底層というものが vernacular に属する語彙であって、それは学校に入ってから学ぶ学習語彙とは異なるレベルのものだというふうに言っても、問題は、そういうものが明確に記述できるものかどうかということです。一般には、そういうことをきっちりと内省できる人は実はあまりいないのではないでしょうか。そもそも、これは学校に入ってから習ったことば、これは本来の生活の場でのことば、と弁別し内省報告できるものなのかどうかという方法論的なことがあります。ただし、私は、シャープな話者であれば、それができるのではないか、という思いもまた一方で持っています。そのような観点で、私は一九七三年以来、もう三〇年近くになりますが、個人の基底層における語彙の記述調査を継続しているのです。

おわりに

どういう脈絡《みゃくらく》においてであったのかは忘れたのですが、トンボの尻尾切りのことが同僚との間で話題にのぼりました。

幼い頃の私の遊びに、トンボの「オンボ（尻尾）チギリ」というのがあります。赤トンボを捕まえて尻尾をちょん切り、そこに一輪の野花を挿《さ》して、飛ばすのです。トンボは花を携えながら飛んでいきます。見上げると空いっぱいに赤トンボの群れ、そのなかで花を携えたのがひときわ目立ちました。得意になりました。

同僚の女性は「先生って残酷なんですね」と言いました。そこでさらに私のホタル潰《つぶ》しのことを口にしました。

夏の夜には家の周り一面にホタルが乱舞しました。道に群れているホタルを足で踏み潰すのです。道に蛍光が拡がり散って冷たく光りました。妖艶でした。

同僚は「ひえー」という声を発しました。

＊　＊　＊

家の玄関に巣を掛けたツバメの一羽が部屋のなかに迷い込んだのです。それを見つけた飼い猫がそれを追いかけました。ツバメはあわてて逃げ、戸の上部のガラス窓めがけて突進しました。そしてガラスにぶつかって棚の上に落ちました。猫はあっという間にそのツバメにとびかかり一気に飲み込んでしまいました。その瞬間が脳裏にスローモーションのように蘇ってきます。本能のなせる業であったでしょうが、猫はそのあと自分でも一体何が起こったのかがわからないような、きょとんとして、情けない顔をしていました。

つがいを失った一羽が新しい相手を連れてきたのは、それからしばらくしてからのことでありました。

＊　＊　＊

家の前の石垣をクライミングしていたときのこと。ある拍子に石の間に目をやって驚きました。蛇と目が合ったのです。澄んだ目でした。細い舌をぺろぺろっと出しました。大きな青大将でした。見つけた父がそれを引っ張り出して、口を裂《さ》き、皮をべろべろっと剝《は》ぎました。その肌は全身ピンク色でした。父はそれを五センチ程ずつに切り刻み串に刺しました。

夜、その肉片は囲炉裏で炙《あぶ》られました。

＊　＊　＊

飼っていた鶏の首を、父が鉈で切り落としているのを見たのはいくつの頃だったでしょうか。

激しく抵抗する鶏を無理やり押さえて、首をはねたのです。首のない鶏は、立ち上がるやいなや一〇メートルほど駆《か》けました。そして倒れました。

後にコマーシャルで襟巻《えりま》きトカゲの駆けるのを見て、あの鶏の駆け様を思い出しました。

＊　＊　＊

大切にしていた隣家の犬の最期は忘れられません。狩人が鉄砲でその犬を離れた場所から撃ち殺したのです。雪の上に血が飛び散りました。そのときは意味がわからず大人を恨みました。あとから聞いたところでは、隣家の主人が老いた犬に配慮して、狩人に処分を依頼したのだということです。

ふるさと五箇山には《縄文》がまだ生きていました。

真田信治

真田信治

1946年、富山県に生まれる。文学博士。東北大学大学院を修了。大阪大学大学院教授を経て、大阪大学名誉教授。専門は日本語学、社会言語学。

著書には『脱・標準語の時代』(小学館)、『標準語の成立事情』『方言は絶滅するのか』(以上、PHP研究所)、『関西・ことばの動態』(大阪大学出版会)などがある。

講談社+α《プラスアルファ》新書 133-1 C

方言《ほうげん》の日本地図《にほんちず》

ことばの旅

真田信治《さなだしんじ》

2002年12月20日第1刷発行
2025年 8 月 6 日第16刷発行

発行者——— 篠木和久
発行所——— 株式会社 講談社
東京都文京区音羽2-12-21 〒112-8001
電話 編集(03)5395-3522
販売(03)5395-5817
業務(03)5395-3615

装画——— 五十嵐晃
デザイン——— 鈴木成一デザイン室
カバー印刷——— 共同印刷株式会社
印刷——— 株式会社新藤慶昌堂
製本——— 株式会社国宝社

KODANSHA

定価はカバーに表示してあります。

落丁本・乱丁本は購入書店名を明記のうえ、小社業務あてにお送りください。

送料は小社負担にてお取り替えします。

なお、この本の内容についてのお問い合わせは第一事業本部企画部「+α新書」あてにお願いいたします。

Printed in Japan
ISBN4-06-272168-6

講談社＋α新書

とらえどころのない中国人のとらえかた　現代北京生活事情　宮岸雄介
住んでみて初めてわかった彼らの素顔と本音。56もの民族が共存する万華鏡国家を読み解く！　838円　332-1 C

その「家」の本当の値段　あなたが払うお金は、住宅の価値に見合っていますか？　釜口浩一
これだけは教えたくなかった価格査定の秘密！納得してマイホームを手に入れるための必読本　800円　333-1 D

東大理Ⅲ生の「人を巻き込む」能力の磨き方　石井大地
確実に相手の心をとらえて結果を出す攻めのコミュニケーション。恋愛にプレゼンに使えるゼ!!　743円　334-1 C

奇跡のホルモン「アディポネクチン」　メタボリックシンドローム、がんも撃退する！　岡部正
命にかかわるやっかいな病気の特効薬は、なんと、私たちの体の中にあるホルモンだった!!　800円　335-1 B

病院に行っても病気が治らない日　岡部正
保険が使えない、医者がいない……。これからの医療と向き合える「患者力」の鍛え方とは？　800円　335-2 B

カイシャ英語　取引先を「Mr.」と呼んだら商談が破談？　ディビッド・セイン
社会人必携!!　日本語で学ぶ英語マナーブック。TPO別!!　仕事の英語と欧米文化がわかる！　800円　336-1 C

「70歳生涯現役」私の習慣　東畑朝子
未知の70代、80代を元気で送るキホンのキ！簡単な習慣を続けることで美味しく楽しく！　800円　337-1 A

私塾で世直し！　実践！「イジメ」「不登校」から子供を救った闘いの記録　河野敏久
〝熱血教師〟だった筆者は、学校に失望して塾を開き、「いじめも差別もない」真の教育を目指した！　800円　338-1 C

日本の地名遺産「難読・おもしろ・謎解き」探訪記51　今尾恵介
地名は歴史のタイムカプセル！　ナゾの地名、ヘンな地名を訪ね歩き、隠された物語を発見!!　876円　339-1 D

仕事のできる人の話し方　工藤アリサ
IQは不要、人生を決めるのはあなたの言葉!!八万人のデータが示す成功法則と会話の実例を。　800円　340-1 C

下流にならない生き方　格差社会の絶対幸福論　真壁昭夫
百人百通りの解釈が成り立つ「格差論議」の不毛を一刀両断。実務派経済学者の提言・直言！　800円　341-1 C

表示価格はすべて本体価格（税別）です。本体価格は変更することがあります

講談社＋α新書

タイトル	著者	内容	価格	番号
あなたも狙われる「見えないテロ」の恐怖	NBCR対策推進機構	N（核）B（生物）C（化学）R（放射能）兵器による「21世紀型テロ」が日本を襲ってくる	800円	342-1 C
悪女たちの残酷史	岳 真也	古今東西の悪女ベスト20を4つのタイプに分類。淫蕩、凶暴、冷血。女は誰でも突然、変身する!!	838円	343-1 C
人が集まる！ 行列ができる！ 講座、イベントの作り方	牟田静香	応募殺到のヒット講座を連発するカリスマ担当がノウハウ公開！ 胸に響く言葉で人を呼べ！	800円	344-1 C
古戦場 敗者の道を歩く	下川裕治 著・編 『週刊ビジュアル 日本の合戦』編集部編	源平、戦国、幕末と38の合戦の流れを追いながら史跡を訪ねる。地図と写真入り、歩く合戦史	800円	345-1 C
「看板英語」スピードラーニング	大森洋子	短くて覚えやすい。簡単で面白い！ 街なかで見かける看板やラベルで、気軽に楽しく英会話	800円	346-1 C
日本史偉人「健康長寿法」	森村宗冬	歴史が物語る超健康の秘訣を、科学的に証明！ 長寿の偉人ベスト30に学ぶ誰でもできる健康術	800円	347-1 C
大手私鉄なつかしの名車両をたずねる旅 夜行列車でローカル線へ	松尾定行	東急“青がえる”は熊本へ、美電京王5000系は琴平へ。「あの頃の電車と私」に再会する旅!!	838円	348-1 D
ゴルフ 巧くなる人ならない人	江連 忠	格好よくやりませんか!! ゴルフも品格が大切です。ゴルフ上達と人生はよく似ているんです	800円	349-1 D
「現代病」ドライマウスを治す	斎藤一郎	クッキーが食べづらい、ペットボトルが手放せない、舌が切れた。「唾液」の異変を疑おう！	800円	350-1 D
花の都パリ「外交赤書」	篠原 孝	官僚機構の内側でしか見えない代議士先生や、お役人方のトホホな実態。パリの風物も満載！	800円	351-1 C
「No《ノー》」は言わない！ ナンバー1ホテルの「感動サービス」革命	林田正光	リッツ・カールトンの人気の秘密！ 伝説のホテルマンが明かす「ホスピタリティ」の神髄!!	800円	352-1 C

表示価格はすべて本体価格（税別）です。本体価格は変更することがあります

講談社＋α新書

他人《ひと》の力を借りていいんだよ 「縁生《えにし》」で生きなおす仏教の知恵　大下大圓
引きこもり、ニート、家庭不和から末期がん患者まで、悩める老若男女がすがる住職の金言！　838円 353-1 A

意外とこわい睡眠時無呼吸症候群　成井浩司
たかがいびきと侮ることなかれ！ 自覚なき病気の本当の恐怖と実体が、今ここに明かされる！　800円 354-1 B

国家情報戦略　佐藤優　高永喆
北朝鮮の工作は陸軍中野学校のコピーだった!? 情報の第一人者と超大物スパイの諜報大戦争!!　800円 355-1 C

正面を向いた鳥の絵が描けますか？　山口真美
私だけうまく描けないのはいったい何故？ 絵は心の世界。視覚と脳の不思議な関係を探る　800円 356-1 C

70代三人娘、元気の秘訣　俵萠子　吉武輝子　樋口恵子
70代でも夢と希望を持って生きている三人！ NHKで放映されて大人気。旬はこれから！　781円 357-1 A

一度も植民地になったことがない日本　デュラン・れい子
ヨーロッパでは9・11テロをカミカゼと呼ぶ。なぜか？ フツー目線の赤裸々な日本人評満載　838円 358-1 C

地震がくるといいながら高層ビルを建てる日本　デュラン・れい子
ベストセラー『一度も植民地になったことがない日本』の2作目。日本の常識が不思議になる　838円 358-2 C

食養生読本 中国三千年奶奶《ナイナイ》の知恵　パン・ウェイ
中国に伝わる「医食同源」の考え方にそって、季節ごとに何をどう食べたら健康になるか紹介　800円 359-1 B

蚊が脳梗塞を治す！ 昆虫能力の驚異　長島孝行
医・衣・食・住、これからの人類、地球は昆虫の力が守ってくれる。目からウロコの驚異の世界！　800円 360-1 C

自分のＤＮＡ気質を知れば人生が科学的に変わる　宗像恒次
新発見！ 遺伝子に裏づけされた「本当の自分」を見つけることで真の幸福を手に入れられる！　800円 361-1 A

金持ちいじめは国を滅ぼす　三原淳雄
「金持ち優遇はけしからん」は正しいのか!? 経済のご意見番が、ノー天気ニッポン人に活!!　800円 362-1 C

表示価格はすべて本体価格（税別）です。本体価格は変更することがあります

講談社＋α新書

書名	著者	内容	価格	番号
時代劇の色気	島野功緒	水戸黄門、大奥、忠臣蔵、鬼平、新撰組。時代劇の王道をエピソードたっぷりに斬りまくる！	800円	363-1 D
なぜ若者は「半径1m以内」で生活したがるのか？	岸本裕紀子	コンビニ、ケータイで完結する若者と、これからの競争社会はどんな化学反応を起こすのか？	800円	364-1 C
朝、出勤前に月30万円稼ぐ！「商品トレード」超投資術	福永晶	あのジム・ロジャーズが推奨する商品トレードでサラリーマンが大儲け。驚異のノウハウ公開	800円	366-1 C
自治体倒産時代	樺嶋秀吉	北海道夕張市では人工透析すら受けられない。住民の命も奪いかねない財政破綻が連発する！	800円	367-1 C
医療的育毛革命	佐藤明男	飲む育毛剤で男性型脱毛症の99％が改善！ 五千人の治験者が実証した最前線治療を詳細に解説	800円	368-1 B
浮動票の時代	長島一由	最新の選挙必勝戦術とは？ 最強の政治改革術とは？ そして今、有権者はどう行動すべきか	800円	369-1 C
家計崩壊 「見えないインフレ」時代を生きる知恵	深野康彦	40代以下は誰も金利・物価上昇の怖さを知らない。食卓を直撃した一斉値上げに隠された真実	800円	370-1 C
理不尽な気象	森田正光	観測史上最高気温を記録した猛暑、平安時代以来の暖冬……地球温暖化との関係を詳細解説！	800円	371-1 C
江戸秘伝　職養道のすすめ	佐藤六龍	儲けるためなら手段を選ばず、嘘やハッタリも駆使する過激なビジネス指南書を本邦初公開！	800円	372-1 C
「占い」は信じるな！	佐藤六龍	論理は破綻し、詐欺同然の手口すら横行する！ 運命学の大家が初めて明かす占い業界の「深層」	800円	372-2 C
夫婦って何？「おふたり様」の老後	三田誠広	居間で一日中ゴロゴロして食事を待つ夫は妻を絶望に追いやる。あと20年幸福に暮らす知恵！	800円	373-1 A

表示価格はすべて本体価格（税別）です。本体価格は変更することがあります

講談社＋α新書

長男・長女はなぜ神経質でアレルギーなのか	逢坂文夫	母親の体内の化学物質が第一子の性質を作る！マンション・住宅業界が騒然となること必至!!	800円 374-1 B
生命保険の「罠」	後田亨	保険の宣伝コピーはどこまで信じられる……!? 元大手生保の営業マンが業界の裏側を大告白！	800円 375-1 C
犬は自分で生き方を決められない	Deco	「犬は一生3歳児」「かかるお金は200万円」知っていそうで知らない犬の新常識・新マナー	800円 376-1 C
「強い心」を作る技術	岡本正善	メンタルトレーニングの第一人者が、逆境に負けないタフな心を磨く極意を親子に実践伝授！	800円 377-1 C
メンタル失敗学 エゴグラムで読み解く「5つの性格」	岡本正善	人はなぜ、同じ過ちをくり返すか？ メンタルタイプ別失敗克服法で成功があなたの手の中に	800円 377-2 C
武道vs.物理学	保江邦夫	三船久蔵十段の「空気投げ」からグレイシー柔術の隠し技まで武道の奥義に科学のメスを入れる	800円 378-1 C
腸内リセット健康法	松生恒夫	大腸ガン、便秘、メタボリック、アレルギーに克《か》つ！ 1週間でできる「健康な腸」づくり!!	800円 379-1 B
京都・同和「裏」行政 現役市会議員が見た「虚構」と「真実」	村山祥栄	終結したはずの同和事業の闇に敢然と立ち向かった若手市議がタブーの現場で見た実態とは？	800円 380-1 C
江戸の歴史は大正時代にねじ曲げられた サムライと庶民365日の真実	古川愛哲	時代劇で見る江戸の町と暮らしは嘘ばっかり!! 武士も町人も不倫三昧、斬捨御免も金で解決！	800円 381-1 C
九代将軍は女だった！ 平成になって覆された江戸の歴史	古川愛哲	徳川幕府が隠蔽してきた驚愕の史実を超満載！科学が解き明かした九代将軍家重の正体とは!?	800円 381-2 C
韓国人を愛せますか？	朴《パク》倧玄《チョンヒョン》	「近くて遠い」韓国と日本の距離は縮まったのか？ 韓流「友情・愛情・セックス観」を知ろう	800円 382-1 C

表示価格はすべて本体価格（税別）です。本体価格は変更することがあります

講談社+α新書

韓国人は好きですか？　朴 倧玄
ヒット作『韓国人を愛せますか？』第2弾。韓流「パワー・オシャレ・甘え・ジョーク」集！
800円 382-2 C

肝臓病の「常識」を疑え！ 世界的権威が説く肝臓メンテナンス法　高山忠利
酒の飲み過ぎ→肝炎→肝硬変→肝がんは古い常識。正しい知識があれば、肝臓病は怖くない！
800円 383-1 B

がん予防に実は「日光浴」が有効なわけ ビタミンDの驚きの効力　平柳 要
紫外線は悪者ではない!? 最新の医学研究で効果が示された、ビタミンDの画期的がん予防力
800円 384-1 B

日本を救うインド人　島田 卓
未完の人材大国が、ジリ貧日本の福の神になる。日本が生き残るためには、インドと手を組め！
838円 385-1 C

9割がよくある病気　山田恵子
外来患者の9割がありふれた病気であり、その数は30。心臓病も糖尿病も理解すれば怖くない
838円 386-1 B

やせる！ 若返る！ 死ぬまで現役「レインボー体操」　高橋賢一
お金も時間もかからない、83歳が教えるメタボ撲滅、生涯立って歩ける不老のカラダづくり！
800円 387-1 B

勝負食 トップアスリートに学ぶ本番に強い賢い食べ方　石川三知
プレッシャーの中でいかに自分を発揮するか。勝って壊れない体作りのための食べ方を教示！
800円 388-1 B

モーツァルトが求め続けた「脳内物質」　須藤伝悦
「モーツァルトの奇跡」と呼ばれる癒しの効果を世界で初めて科学的に解析した衝撃の必読書！
800円 389-1 B

日本の「食」は安すぎる 「無添加」で「日持ちする弁当」はあり得ない　山本謙治
「安いものを求めすぎる」姿勢が食品偽装問題を引き起こす。本来あるべき「食」のあり方とは!?
800円 390-1 C

「幸せなお産」が日本を変える　吉村 正
命を懸け、2万例以上の自然分娩に取り組んできた産科医が、産科学の誤りと現代社会を批判
800円 391-1 B

朝型人間の奥義　税所 弘
最新・最古の健康法。心・身・脳に効く。それぞれのライフスタイルに合わせた合理的実践術
800円 392-1 C

表示価格はすべて本体価格（税別）です。本体価格は変更することがあります